事例研究

事業承継・M&A

支援ガイドブック

公認会計士・税理士
岸田 康雄

ロギカ書房

はじめに

～事業承継支援は「課題を見つけること」がすべて～

　事業承継支援の本質は、問題の所在を特定することにあります。問題を的確に見つけ出すことができれば、事業承継はほぼ解決したと言えるでしょう。ここで重要なのは、支援者が必ずしも課題の解決策まで提示する必要はないという点です。

　中小企業の事業承継をサポートする人々は多岐にわたり、行政機関から金融機関、士業に至るまで様々です。行政機関、特に中小企業庁などは、国民のための無償の行政サービスとして事業承継支援を提供します。他方、行政機関以外の支援者は、ビジネスとして商品やサービスを提供する側面があります。

　実際、国内において事業承継をサポートする多くの人々は公益のためではなく、ビジネスとして活動しています。結果として、多くの場合、適切な事業承継の方法が採用されず、支援者自身の利益が優先される傾向があります。金融機関や士業はボランティアではなく、ビジネスとして支援しているため、顧客の利益が常に最優先されるわけではありません。

　たとえば、行政機関の職員は支援する企業数の目標に集中し、銀行員や証券営業マン、生命保険セールスマン、税理士などは自身の商品やサービスの販売を目指して事業承継支援に取り組んでいます。

　しかし、残念ながらこれらの支援者が単独でお客様の問題を解決できるわけではありません。事業承継は非常に複雑です。たとえば、銀行員は財務や納税資金の問題にしか対応できず、生命保険セールスマンは退職金や遺産分割に関連する生命保険の販売に注力しています。M&A 仲介業者は相手探しを売り物とし、税理士は税務申告の代理に限定しています。

　事業承継は多面的であり、それぞれの専門家が持つ特定の領域の問題にのみ対処することが一般的です。しかし、事業承継の成功には、これらの様々な分野の専門家が協力し、統合的なアプローチを取る必要があります。

事業承継の支援において、**本当に重要なのは、お客様が抱える問題を網羅的に理解し、正確に把握することです**。現実には、多くの場合、事業承継の支援は様々な専門家によって行われますが、彼らが提供する解決策は、しばしば彼らの専門分野や利益に限定されがちです。これは、本質的な問題を見落とし、結果として大きなトラブルを招くリスクがあります。

　たとえば、業績が悪化し事業再構築が必要なお客様に対して、生命保険セールスマンが遺産分割用の保険商品を勧める場合や、自社株式の承継を贈与で済ませることが可能であるにもにもかかわらず、銀行員が法人設立と株式買取りの融資を提案するケースがあります。

　これらのアプローチは、お客様の実際のニーズや問題点を見過ごし、支援者の商品やサービスの販売に重点を置いているため、事業承継が成功したとは言えません。

　お客様自身が事業承継における問題点を十分に理解していない場合、彼らはこのような限定的なアプローチに満足してしまうことがあります。しかし、本質的な問題は解決されず、結果として、後で大きなトラブルに発展する可能性があります。

　したがって、事業承継を真に成功させるためには、支援者がお客様の抱える問題を全面的に把握し、それに基づいて適切なサポートを提供することが不可欠です。問題点を正確に捉え、課題を見つけることこそが、事業承継支援における最も重要な役割なのです。

　事業承継は複雑で、多岐にわたる問題を含んでいます。専門家であっても、これらを完全に網羅するのは困難です。そこで、本書では事業承継に関わる典型的な問題点を明確にするために、「**フレームワーク**」という概念を用いています。このフレームワークは、事業承継の問題を３つの主要な分野に分類し、それぞれの領域で発生し得る問題点を探索し、特定するための道しるべです。

　事業承継に関わる問題は以下の３つのカテゴリーに大別されます。

✓ 「**事業性の問題**」：事業の持続可能性や成長性など、事業そのものに関わる問題点

✔ **「経営者の生き方の問題」**：退職後の老後生活や後継者のキャリアプランなど個人的な側面

✔ **「承継手続きの問題」**：承継プロセスに伴う法律、財務、税務

　支援者は、これらの分野に注目し、それぞれの領域での問題点を特定する必要があります。問題がなければよいのですが、問題がある場合には見逃すことなく対処する必要があります。

　たとえば、生命保険セールスマンや証券営業マンであっても老後資金の準備だけでなく、事業再構築やM&Aの支援が求められます。税理士であっても、税務申告だけでなく、事業再構築やM&Aの支援が求められます。

　本書に示された「フレームワーク」は、これらの広範囲に渡る問題点を効果的に特定し、取り組むための基盤を提供します。このフレームワークに沿って問題点を確認し、見落としている問題がないかを3分野全体で検討することが重要です。どんな状況でも、見落とされている問題点は存在する可能性があります。そのため、支援者には問題点を漏れなく発見し、それに対処するための広範囲にわたるアドバイスが求められています。

　そして、**事業承継の問題を正しく理解し、適切な支援を提供するには、お客様の視点に立つことが不可欠です**。専門知識だけに頼るのではなく、お客様の実際の状況や感情、目指すゴールを深く理解する必要があります。特に、経営者の生き方に関わる問題は、専門知識とは別の次元で考えるべきものです。

　お客様の視点に立つためには、まずお客様との信頼関係を築くことが大切です。信頼関係が築けていないと、お客様は本音を話してくれません。そのためには、お客様の話に耳を傾け、理解を深めるためのコミュニケーションを重視しなければなりません。

　また、事業承継の全体像をつかむためには、お客様個人だけでなく、その周囲の関係者にも目を向けることが重要です。家族、従業員、メインバンク、顧問税理士などの関係者からの意見や情報も収集し、それらを総合的に考慮した上で、支援策を検討する必要があります。

本書は、2018 年 9 月に刊行された『事例で学ぶ！事業承継支援完全マニュアル』の判型を改め、情報をアップデートし新たな書籍として刊行するものです。

　本書では、フレームワークを簡略化し、廃業に伴う経営資源引継ぎの解説を追記しています。

　また、前書では、M&A に関して、「買手 / 売手」という用語を使用しておりましたが、中小 M&A ガイドラインに準拠して「譲受け側 / 譲渡し側」という用語に変更いたしました。

　事業承継の支援者の皆さまが、本書の「フレームワーク」を活用することによって、多くの中小企業の事業承継を成功に導かれることを祈ります。

　最後に、本書を企画時から刊行まで担当していただいた株式会社ロギカ書房の橋詰守氏には心より感謝を申し上げます。

　2024 年 9 月

公認会計士・税理士　岸田　康雄

目次

はじめに

第1章
事業を構成する経営資源　1

1. 経営資源引継ぎとは何か　2
（1）経営資源の引継ぎとその課題 ……………………………………………… 2
（2）経営資源の集約と生産性向上 ……………………………………………… 3
（3）経営資源引継ぎの誤解と現実 ……………………………………………… 5
（4）経営資源引継ぎ支援の重要性 ……………………………………………… 7
（5）経営資源引継ぎの具体例 …………………………………………………… 12
（6）引き継ぐべき経営資源の選択 ……………………………………………… 14

2. 廃業の進め方　18
事例 …………………………………………………………………………………… 18
　【問1】経営資源の引継ぎ手続き
　【問2】含み益がある建物と土地（事務所と工場）に対するアドバイス
　【問3】不動産の時価評価と借入金返済
　【問4】事業価値が高評価の場合の、事業譲渡によるM&Aに対するアドバイス
解説 …………………………………………………………………………………… 23

第2章
事業承継支援の基礎　29

1. 事業承継の支援が求められる3つの側面　30

2. 事業承継フレームワーク　32
（1）問題のマトリックス ………………………………………………………… 32
　事業承継フレームワークのマトリックス　33
（2）親族内承継に係る問題 ……………………………………………………… 37
　【A-1】親族内承継に係る事業性評価の問題　37
　【A-2】親族内承継に係る経営者の生き方の問題　46
　【A-3】親族内承継に係る承継手続きの問題　58
（3）従業員承継に係る問題 ……………………………………………………… 70
　【B-1】従業員承継に係る事業性評価の問題　70
　【B-3】従業員承継に係る経営者の生き方の問題　72

【B-6】従業員承継に係る承継手続きの課題　75

（4）第三者承継に係る問題 ……………………………………………………… 79

　　　【C-1】第三者承継に係る事業性評価の問題　79

　　　【C-2】第三者承継に係る経営者の生き方の問題　85

　　　【C-3】第三者承継に係る承継手続きの問題　86

3. コンサルティング業務の顧客獲得　96

事 例 ………………………………………………………………………………… 96

　　　【問1】コンサルティング業務のビジネスモデル

　　　【問2】契約を獲得する雑談のポイント

　　　【問3】会話を弾ませる「質問」のポイント

解説 ………………………………………………………………………………… 100

4. 対話による問題発見と支援者の役割　118

事 例 ………………………………………………………………………………… 118

　　　【問1】事業承継を決断させる支援者の支援

　　　【問2】銀行員や生命保険の営業担当者が提案する支援

解説 ………………………………………………………………………………… 121

5. PMI による第三者承継の成功　126

（1）PMI とは何か …………………………………………………………… 126

（2）PMI の考え方 …………………………………………………………… 127

（3）統合作業の3つの領域 ………………………………………………… 128

（4）シナジー効果 …………………………………………………………… 130

第3章
親族内承継の事例研究　137

1. 贈与税の納税猶予制度（特例措置）　138

事 例 ………………………………………………………………………………… 138

　　　【問1】事業承継税制の適用要件

　　　【問2】事業承継税制の「特例措置」

　　　【問3】贈与すべき先代経営者の株式数（比率）

　　　【問4】事業承継税制の認定申請書、年次報告書、継続届出書の提出期限

　　　【問5】認定取消のケース

解説 ………………………………………………………………………………… 141

2. 事業承継税制と資産承継　154

事 例 ………………………………………………………………………………… 154

　　　【問1】「資産保有型会社」および「資産運用型会社」の定義

　　　【問2】事業承継税制における「事業実態要件」

　　　【問3】株式承継のメリットとデメリット

　　　解説 ………………………………………………………………………… 157

3. 金融機関からの資金調達　162
　　事例 ………………………………………………………………………… 162
　　　　【問1】会社で経費に算入できる退職金の上限
　　　　【問2】株式評価額が高く、個人財産が少ないケースの提案
　　　　【問3】株式評価額が低く、個人財産が多いケースの提案
　　解説 ………………………………………………………………………… 165
　　本事例のまとめ（遺産分割の問題）………………………………… 171
　　解説 ………………………………………………………………………… 173

4. ファミリー・ビジネスの基本　176
　　事例 ………………………………………………………………………… 176
　　　　【問1】ファミリー・ビジネス係る重大な問題とは
　　　　【問2】問1の解決策の提案
　　解説 ………………………………………………………………………… 178

5. 経営環境の変化への適応　186
　　事例 ………………………………………………………………………… 186
　　　　【問1】業績悪化時の事業承継
　　　　【問2】業績悪化の原因が一過性の場合
　　解説 ………………………………………………………………………… 188

6. 少数株主　192
　　事例 ………………………………………………………………………… 192
　　　　【問1】株主に係る諸問題
　　　　【問2】後継者が代表取締役に就任するべき時期
　　解説 ………………………………………………………………………… 194

7. 事業用資産である土地の承継　198
　　事例 ………………………………………………………………………… 198
　　　　【問1】土地（工場の敷地）の評価額
　　　　【問2】「土地の無償返還に関する届出書」が提出されている土地の評価額
　　　　【問3】株式評価額が上昇した場合の相続財産の価額
　　　　【問4】小規模宅地等の特例の適用による評価減
　　解説 ………………………………………………………………………… 201

8. 後継者による事業性評価　208
　　事例 ………………………………………………………………………… 208
　　　　【問1】事業性評価が必要な理由
　　　　【問2】ローカルベンチマークの活用
　　解説 ………………………………………………………………………… 211

9. 事業性評価の進め方　220

事例 ·· 220
　　【問1】商流図から読み取る質問事項
　　【問2】売上高を増やすための提案
　　【問3】ＳＷＯＴ分析と強みを活かす戦略
解説 ·· 226

10. 経営承継と後継者教育　230

事例 ·· 230
　　【問1】後継者教育の考え方
　　【問2】後継者の社内教育における職務経験のさせ方
　　【問3】後継者に教えるべき「社長の仕事」
　　【問4】後継者に求められる資質
解説 ·· 234

11. 引退する経営者の気持ち　242

事例 ·· 242
　　【問1】社長交代しようとしない経営者へのアドバイス
　　【問2】社長引退後の生活についてのアドバイス
解説 ·· 244

第4章
従業員承継の事例研究　249

1. 後継者の決意と覚悟　250

事例 ·· 250
　　【問1】従業員が経営者になるメリットとデメリット
　　【問2】従業員が後継者となる場合の具体的な検討事項
解説 ·· 251

2. 過大な債務　260

事例 ·· 260
　　【問】債務の承継に関する指導
解説 ·· 262

第5章
第三者承継の事例研究　267

1. マッチングと条件交渉　268

事例 ·· 268
　　【問1】譲受け企業を決定する段階

【問2】M＆A仲介業者との業務委託契約
【問3】株式価値の計算方法
【問4】譲渡し側と譲受け側が提示する株式価値の差異
【問5】価格交渉で譲渡し側が不利となる理由

解説 ･･･ 272

2. 譲渡スキームの選択　284

事例 ･･ 284

【問1】株式譲渡と事業譲渡の相違点（税負担と手取り額の観点）
【問2】相続税対策上、株式譲渡ではなく事業譲渡を選ぶべき理由
【問3】譲受け側が事業譲渡を選択する理由
　　　　（財務デュー・ディリジェンス・株式譲渡契約書の補償条項の観点）

解説 ･･ 287

3. 従業員と第三者の選択　296

事例 ･･ 296

【問1】親族外の後継者候補が具体的に検討すべき課題
【問2】従業員の後継者候補が事業承継を拒否した場合
【問3】第三者承継を有利に進める戦術

解説 ･･ 298

4.M&A における価値評価と税務　302

事例 ･･ 302

【問1】年売法による株式評価
【問2】株式譲渡に係る税金と手取り額（退職金支払い前）
【問3】株式譲渡に係る税金と手取り額（退職金支払い後）
【問4】譲受け側候補先へのM＆A提案のアプローチ方法

解説 ･･ 309

5. M&A の売却プロセス　316

事例 ･･ 316

【問1】譲受け側候補先へM＆A提案を持ち込む際の書類
【問2】関心を示した候補先への次の一手
【問3】事業計画書の重要性と譲受け側の活用
【問4】「意向表明書」の記載すべき内容
【問5】意向表明前に譲渡し側からの希望譲渡金額提示の是非

解説 ･･ 320

第6章
自社株式の相続税評価　335

1. 株式評価の計算例（1）　336

　　事例 ……………………………………………………………………… 336
　　　　【問1】会社規模の判定
　　　　【問2】類似業種比準価額の計算
　　　　【問3】純資産価額の計算
　　　　【問4】発行済株式1株当たりの評価額の計算
　　解説 ……………………………………………………………………… 339

2. 株式評価の計算例（2）　348

　　事例 ……………………………………………………………………… 348
　　　　【問1】会社規模の判定
　　　　【問2】1株当たりの年配当金額・利益金額の計算
　　　　【問3】類似業種比準価額の計算
　　　　【問4】1株当たりの評価額の計算
　　　　【問5】持株会社に現物出資される株式の評価額の計算
　　解説 ……………………………………………………………………… 351

著者紹介

第1章

事業を構成する経営資源

1. 経営資源引継ぎとは何か

（1）経営資源の引継ぎとその課題

　帝国データバンクによれば、2022年の全国の休廃業・解散企業件数は、5万3千件でした。その中で黒字廃業は54%です。現預金などの資産を残している企業で、事業再建を含め将来を悲観し、自主的に廃業・解散を行う「あきらめ廃業」の機運が高まっていると言われています。

　この点、廃業と同時に経営資源を確実に引き継ぐことができるかどうかが問題となります。特に重要となる知的資産（顧客関係、技術・ノウハウなど）です。しかし、ここで専門家による支援が行われないことによって、経営資源引継ぎが行われず、経営資源を消失させているケースが多いのです。ここに行政機関・金融機関や専門家の支援が求められます。

　残念ながら、現在は、行政機関や金融機関から間違った支援が行われています。行政機関からは、延命措置に過ぎない持続化補助金が支給され、金融機関からは、実質無利子無担保の緊急融資（ゼロゼロ融資）が行われています。これらは、中小企業の収益性改善に寄与するものではなく、単なる延命策にすぎません。業績悪化によって引退を希望する経営者を無理やり働かせている状態になってしまいます。一時的に延命することができても、数年後にはお金を使い切ることになるでしょう。

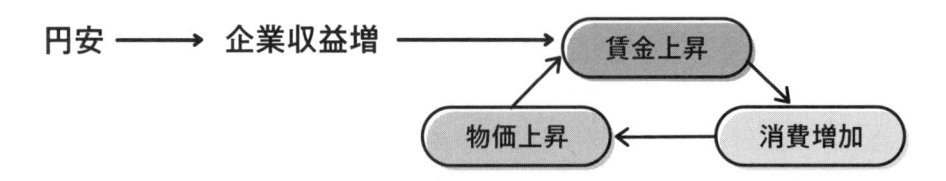

　岸田首相が「賃金と物価の好循環」を目指すと言いますが、我が国の中小企業が賃上げできないのは、生産性が低すぎるからです。この背景には、事業の規模が小さすぎること、ロボット、AIなど最新のデジタル技術を

活用するためのIT投資の資金が無いことです。しかし、引退を目前に控えた高齢者とって生産性向上などといっても無理な話です、資金力も無ければ、経営者本人の体力もやる気もないからです。

中小企業の生産性を抜本的に高める方法は、同業他社へ経営資源を集約して、事業規模を拡大することです。これが、日本経済全体に必要とされるものなのです。

（2）経営資源の集約と生産性向上

廃業と同時に、価値ある経営資源を消滅させてはいけません。社会的な損失となってしまうからです。そこで、経営資源を第三者に引き継ぐことが求められます。高齢者がどんどん廃業し、若い経営者の事業にどんどん経営資源を集約していけば、中小企業の生産性は向上し、賃上げが実現することでしょう。

多くの中小企業は、最新のデジタル技術を導入できるほどの資金力を持っていませんが、事業規模を拡大して資金力を強化すれば、それが可能となるはずです。

ここで簡単な事例を考えてみましょう。従業員10人の小規模企業が3社あり、それぞれ後継者に対する事業承継に成功する場合と、そのうち2社が廃業して、残りの1社に経営資源が引き継がれる場合です。

【ケース①】従業員10人の会社3社が単独で生き残る

【ケース②】経営資源が引き継がれて従業員 30 人の会社 1 社に統合される

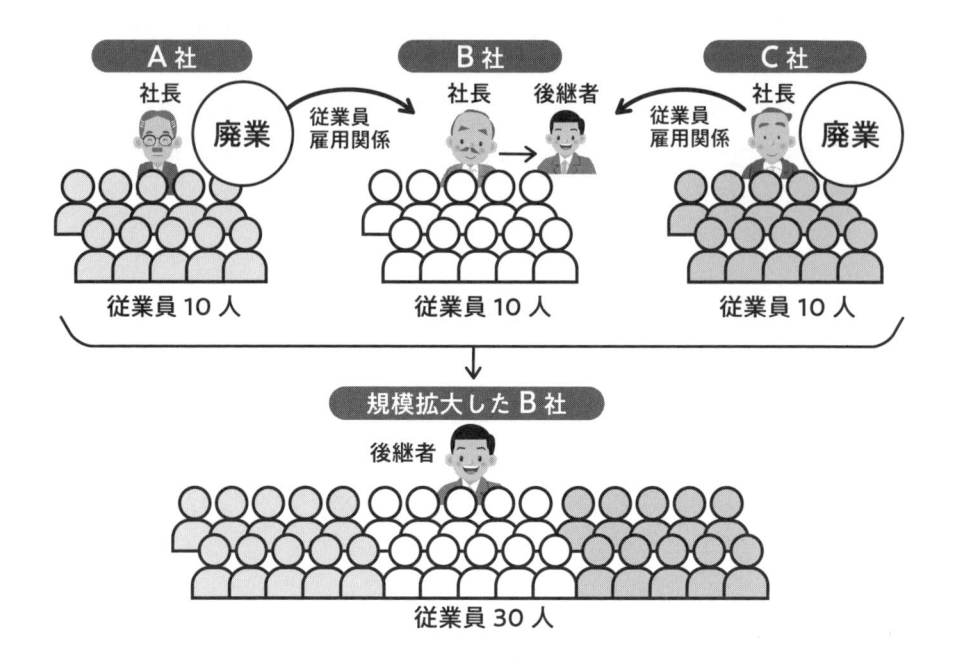

　3社が単独で生き残るケースと3社が1社に統合されるケース、どちらの事業のほうが生産性を改善できるのでしょうか。

　この点、3社が統合する方法には2つの選択肢があります。1つは、吸収合併などの組織再編によって、事業＝すなわち経営資源を丸ごと引き継ぐ方法です。

　もう1つは、価値ある経営資源だけを引き継ぐ方法です。この事例であれば、従業員（雇用契約）と顧客関係だけを引き継ぎます。不動産や運転資金などは引継ぎません。そうすると、統合された事業において、本社経費など間接コストが削減されます。また、営業活動においても、広告宣伝費や人材採用・教育コストなどの営業コストを削減することができます。それゆえ、生産性を向上させることができるのです。

　事業規模を拡大させ、生産性を向上させることができれば、従業員の賃上げを行ったり、最新のデジタル技術へ投資したりすることができます。結果として事業者の数は減少しますが、雇用の規模（30人）を維持しつつ

給与水準が上昇します。我が国の中小企業に求められている事業承継は、このような方法だと考えられます。

（3）経営資源引継ぎの誤解と現実

我が国では「事業承継の支援が求められる」といわれますが、この表現は正確ではありません。**実は、支援者に求められることは「事業の承継」の支援ではありません。その構成要素である「経営資源の引継ぎ」の支援なのです。**

この点、理解できていないメディアの報道が、誤解を招いています。たとえば、以下のような新聞記事です。

【日本経済新聞 2022.2.21】

中小企業経営者の高齢化が進み、後継者不足が深刻だ。2025 年までに平均引退年齢の 70 歳を超える経営者は 245 万人に増え、このうち半数は後継者が決まっていない。このままだと廃業が急増し約 650 万人の雇用が失われるとの試算もある。どうすれば事業承継が進むのか。

【日本経済新聞 2015.1.26】

休業・廃業や解散をする企業の 5 割は経常損益が黒字だ。経産省によれば、廃業の増加によって 25 年までの累計で、約 650 万人の雇用と約 22 兆円の国内総生産（GDP）が失われる可能性がある。

これらの記事には大きな間違いがあります。「約 650 万人の雇用が失われる」という点です。人手不足の現在、他社への転職によって雇用が失われることはありません。

仮に事業承継を推進するとしても、間違った支援策が実施されています。えば、以下のような支援策です。

　この支援策にも大きな間違いがあります。「税制面で承継を後押しし、日本経済を支える中小企業の存続につなげる」という点です。事業承継に係る税負担が重い企業は、優良企業です。優良企業が存続の危機に陥っているなんて、おかしな話です。

　微妙に問題のある記事がこちらです。

　この記事の間違いは、「高齢の経営者にとって事業の継続が深刻な課題になっている」という点です。

　これまで事業を営んできた経営者は、高齢となり、引退して穏やかな老後生活を過ごしたいと考えています。彼らにとって、事業の存続が課題になることはありません。むしろ、円滑に引退し、老後資金をどのように準備するかが課題となります。

　また、「希望する企業の経営者と面談を進めている」ことは間違いではないのですが、この面談よりも先にやるべきことは、その事業を譲り受けることを希望する企業の経営者との面談を行うことです。

（4）経営資源引継ぎ支援の重要性

　実は、本書のタイトルである「事業承継支援」についても、表現が正確ではありません。現在の我が国の経済に求められることは、実は「事業承継」ではなく、「経営資源引継ぎ」です。本書のタイトルを正しく訂正すれば、「経営資源引継ぎ支援」ということになります。

　事業は、経営資源によって構成されます。経営資源とは、経営学では、ヒト・モノ・カネ・情報という4つの要素に大別されます。このうち4つ目の「情報」という経営資源の意味がわかりづらいため、中小企業庁の「事業承継ガイドライン」では、**「目に見えにくい経営資源」＝「知的資産」**だと書き換えられていました。ヒトというのは後継者や従業員、モノというのは有形資産、カネというのは運転資金、そして知的資産というのは、知的財産権だけでなく、信用力・ブランド、技術・ノウハウ、顧客関係や人脈を意味しています。

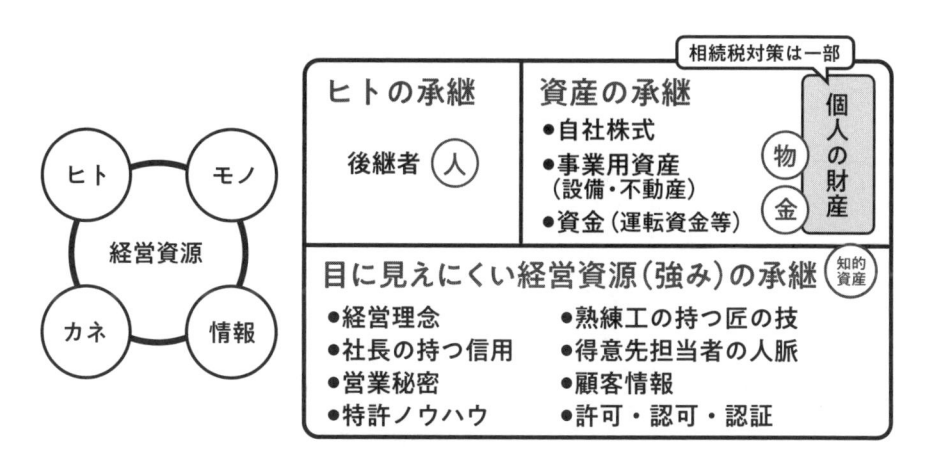

　「事業」とは、経営資源が組み合わされて作られた、お金を稼ぐ仕組みです。経営資源の塊なのです。そのまま引き継ぐことができれば、今すぐお金を稼ぎ続けることができます。このように経営資源を引き継ぐことを「事業の引継ぎ」、すなわち「事業承継」といいます。

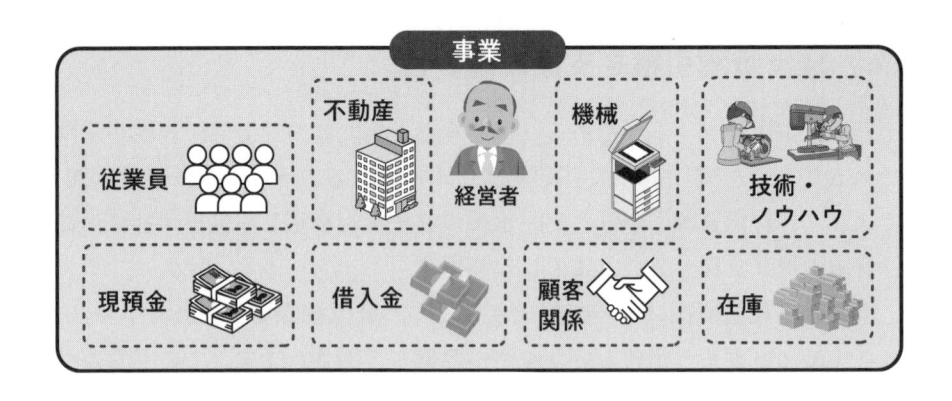

　また、この経営者が事業を直接所有する形態は「個人事業」ですが、事業を**法人という箱に入れてパッケージ化し、間接所有する形態があります。**これが「法人（会社）」です。

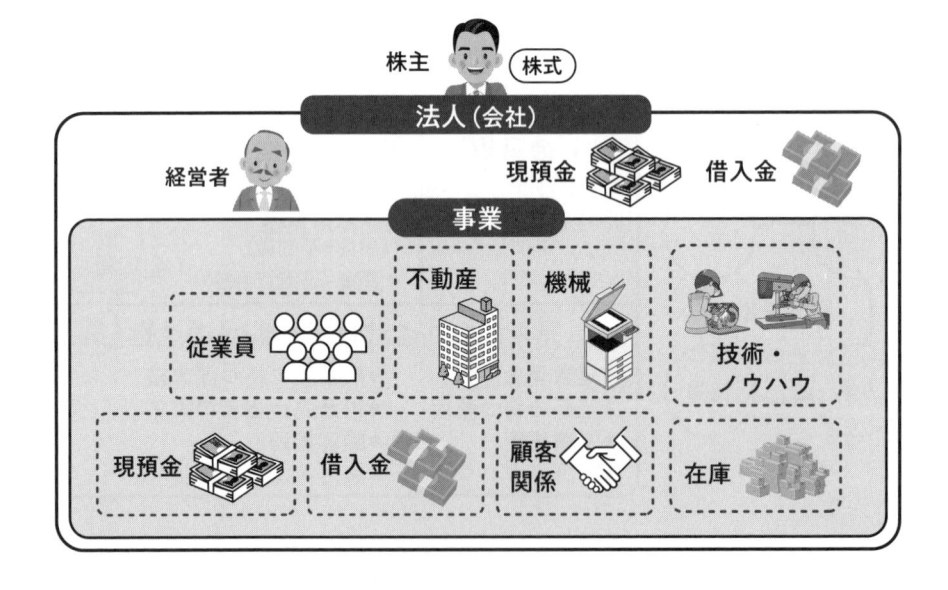

　事業を承継すること、法人（会社）を承継すること、どちらでも構いません。組み合わされた経営資源のセットを、壊さずに後継者へ承継できればよいのです。

　しかし、後継者がいないために廃業すること、後継者がいても承継する

ことができず廃業することもあります。「廃業を防げ」などと言って、これを問題視する必要はありません。事業の構成要素となっている経営資源のうち、価値のあるものを後継者へ引き継ぐことができればよいからです。

事業とは、前菜、スープからメインディッシュ、デザート、ドリンクまですべて揃ったコース料理だと考えたらよいでしょう。これを提供することが事業承継です。

これに対して、経営資源は単品のアラカルトです。レストランは、前菜のみ、メインの肉料理・魚料理のみ、デザートのみをアラカルトとして提供しています。これを提供することが「経営資源引継ぎ」です。

中小企業の経営者が廃業するとしても、その構成要素である経営資源をバラバラにして個別に引き継ぐことができます。

一般的に、「廃業」という言葉には、回避すべきもの、事業の終わりだという否定的イメージが伴います。また、法人（会社）の解散・清算手続きを示したり、破産手続きなど倒産のケースで使われたりすることもあります。いずれも誤解を招きやすい使い方です。

「廃業」というのは、「事業を継続しない」ことを意味しています。「事業を継続しない」というのは、これまでお金を稼ぎ続けてきた経営資源の組み合わせを止め、バラバラに解体することです。逆に「事業を継続する」ことは、これまでお金を稼ぎ続けてきた経営資源の組み合わせを、他者がそのまま使い続けることを意味します。

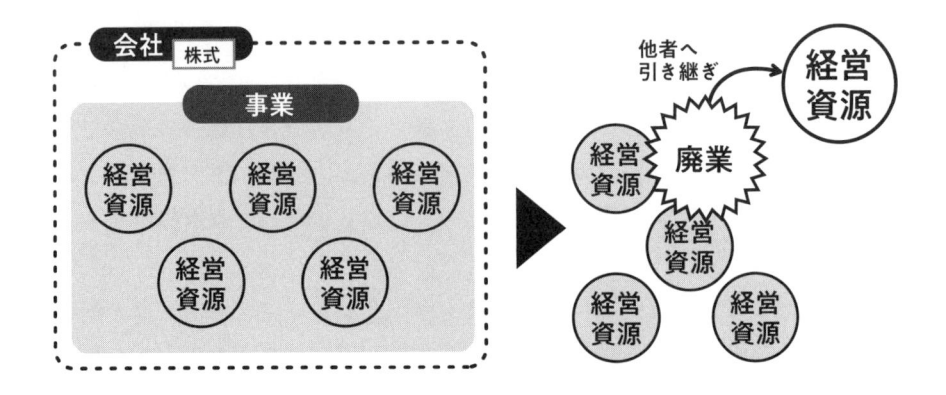

　現経営者が「廃業」した場合、何もしなければ、お金を稼ぐ機能は停止してしまいます。そして、時間がたつと、事業を構成していた経営資源は消滅します。こうなると社会的損失が発生します。そこで、一般的に、事業を継続してくれる後継者を見つけようとするのです。

　しかし、事業という経営資源のセットをそのまま引き継ごうとしても、お金を稼ぐ力が低下していれば、相手は見つかりません。儲からない事業など、誰も欲しくないからです。その場合、**事業の構成要素をバラバラにして、その一部の経営資源だけを引き継ぐのです**。これが「経営資源引継ぎ」です。

　親族内承継、従業員承継、第三者承継のいずれの方向であっても、経営資源の組み合わせをバラして引き継ぐことは可能です。一般的に言われる「事業承継」というのは、経営資源の組み合わせをそのまま継続させるケースに過ぎません。つまり、**「経営資源引継ぎ」には、事業を継続させるケース（事業承継）と継続させないケースの2つある**ということなのです。

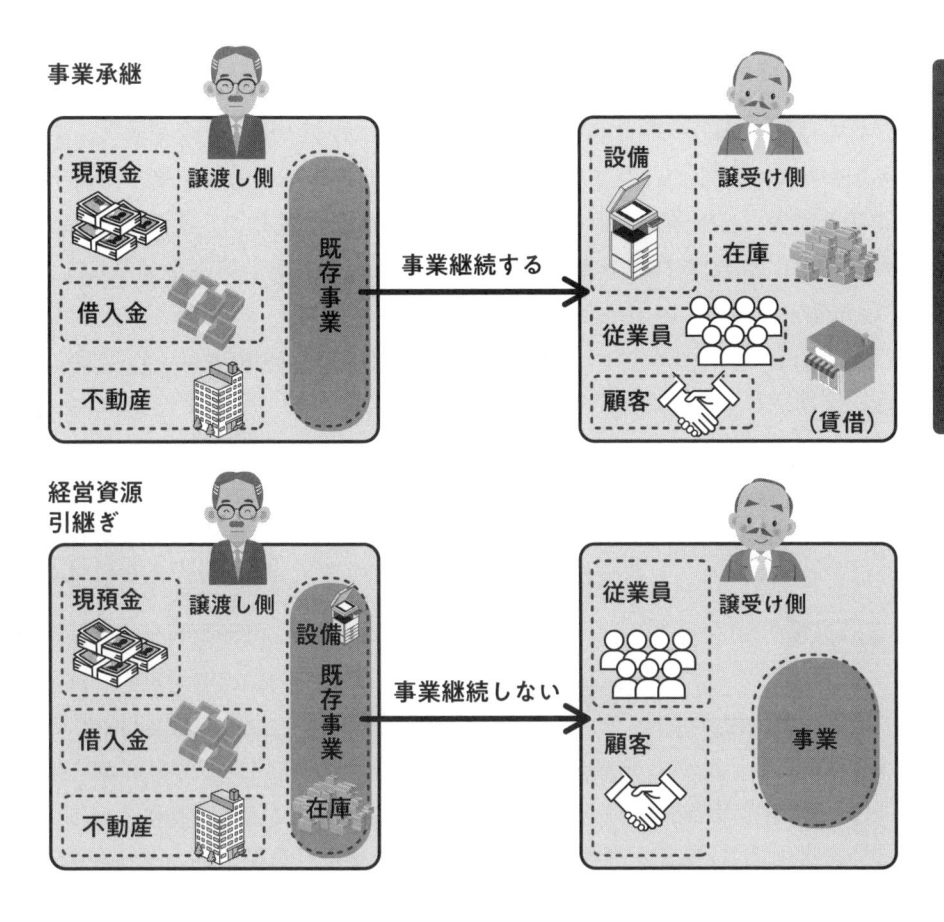

　一方の譲受け側では、経営資源を単品で1つだけ取得しても、事業を営むことはできません。不足する経営資源は自ら投入することが必要です。その際、これまでと同じ経営資源を投入して組み合わせ、同じ事業を開始することもできますし、異なる経営資源を投入して組み合わせ、新しい事業を開始することもできます。**事業とは経営資源の組み合わせですから、後継者が好きな事業を作ればよい**のです。

（5）経営資源引継ぎの具体例

　日本政策金融公庫総合研究所によれば、経営資源の引継ぎの定義を「事業をやめたり縮小したりする際に自社が保有している経営資源を、他社や開業予定者、自治体、その他の団体などに、事業に活用してもらうために譲り渡すこと」とされています。この際、「従業員」、「機械・車両などの設備」、「販売先・受注先」の引継ぎ割合が高いと報告されています。

　中小企業白書によれば、経営者引退に伴う経営資源引継ぎは、以下のように整理されています。

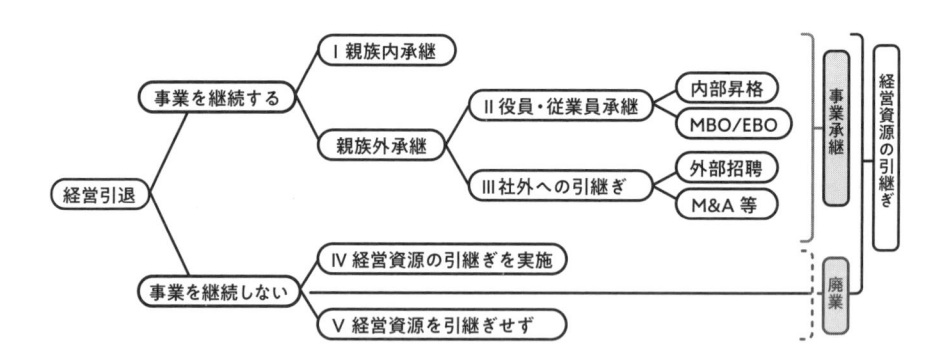

　経営者引退は、事業が継続されるか否かによって「事業承継」と「廃業」に分けられます。また、「廃業」には、経営資源の引継ぎが実施されるケースと実施されないケースに分けられます。

　中小企業白書に掲載されていた事例に基づいて、理解を深めましょう。

【事例】

複数店舗を運営する家具小売事業者が、１店舗をそのまま第三者へ譲り渡した。

　営業している状態のままで店舗を引き継ぐ場合、１店舗の運営に必要となる経営資源がパッケージとして譲渡され、一部の事業が継続するため、

「事業承継」だと言えます。仮に店名が新しくなり、インターネット通販など販売方法が変更されたとしても同様です。

【事例】

複数店舗を運営する家具小売事業者が、閉店した店舗の土地・建物、什器備品、在庫をセットで第三者へ譲り渡した。

　営業活動が停止し、事業が継続していないため、「経営資源引継ぎ」だと言えます。譲受け側は、以前のように家具店として営業することもできますし、建物を改装し、商品を入れ替えて自動車販売店など別業種での営業を開始することも可能です。買収した経営資源の使い方は自由ですから、様々な事業の選択肢があります。

【事例】

１店舗を営む家電小売事業者が廃業したが、顧客関係（個人情報のデータベースと人間関係）を従業員へ引き継いだ。

　営業活動が停止し、事業が継続していないため、「経営資源引継ぎ」だと言えます。個人情報データの引継ぎには、個人情報保護法の規定に違反しないよう、顧客の同意を得る必要があります。また、人間関係の引継ぎには、廃業する経営者が後継者と同行して顧客を訪問し、店長・営業担当者が交代することを顧客に説明しなければいけません。

　譲受け側は、顧客関係だけでは家電小売店を営むことはできません。従業員、店舗、運転資金、在庫などが不足しますから、自ら準備しなければいけません。しかし、これらの経営資源は外部から容易に調達することができます。

　顧客関係は外部から調達することはできません。したがって、**顧客関係など知的資産さえ引き継ぐことができれば、後継者が新たに事業をスター**

トすることができます。知的資産が最も価値の高い経営資源なのです。

　事業承継の支援者が、絶対に理解しておかなければいけないことがあります。それは、**「事業」とは、経営資源が組み合わされて作られた、お金を稼ぐ仕組み**だということです。経営資源の集合体、有機的に一体化されたシステム、これが「事業」です。単体では価値は生みません。価値を生む、お金を稼ぐ力があるのは、経営資源が組み合わされているからです。

　我が国の数多くの**中小企業が回避すべきことは、「廃業」ではなく、「経営資源の引継ぎが行われないこと」**です。このことを理解できている支援者と理解できていない支援者では、顧客に対するアドバイスに大きな差が出ます。しっかりと理解してください。

（6）引き継ぐべき経営資源の選択

　事業を法人（会社）でパッケージ化している場合、その経営者は株主となっています。ここでの事業承継には注意が必要です。なぜなら、承継すべき経営資源だけでなく、承継すべきではない経営資源までが法人という箱に入ってパッケージ化されているからです。

　親族内承継であれば、法人を丸ごと承継しても問題ないでしょう。しかし、従業員や第三者承継において、**法人を丸ごと承継すべきでない場合には、どの経営資源を承継するのか選択しなければいけません。**

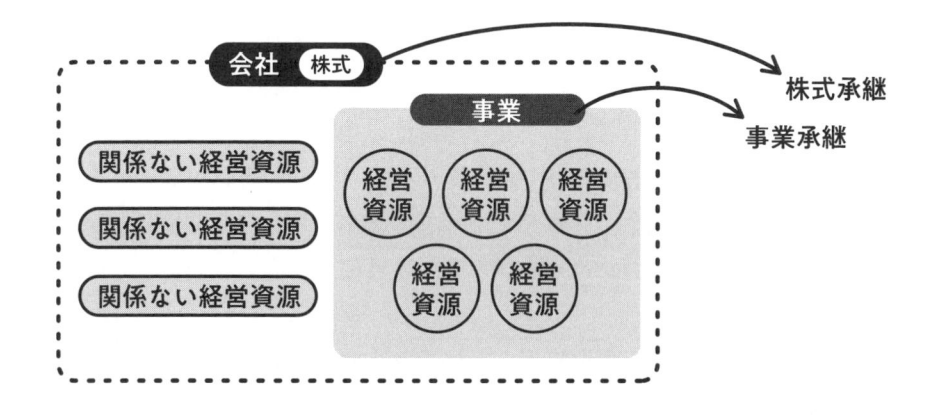

承継すべきではない経営資源は、事業と関係のない資産です。非事業用資産とも言います。たとえば、余剰資金として持つ金融資産（上場有価証券や生命保険、オペレーティング・リース契約など）や投資用不動産、設備資金・運転資金とは関係のない借入金があります。

金融資産や投資用不動産は、実質的に現金のようなものです。親族内承継であれば子どもに継がせても問題ないでしょう。しかし、従業員や第三者承継のために有償で譲渡する場合には、後継者は「現金を払って現金を買う」ようなもので、おかしな話となります。

実務において、株式評価額が高すぎて従業員承継できないという悩み相談を受けることがありますが、その法人の資産構成を調査すると、ほとんどが余剰資金であったと判明するケースがあります。

設備資金・運転資金と関係のない借入金も同様です。返済義務を譲受け側に引き継がせることになるからです。借入金を抱える法人を丸ごと譲渡しする場合、譲受け側の立場から見れば、代金の一部を後払いさせられるようなものとなります。

実務において、借入金が重く債務超過となっていて従業員承継できないという悩み相談を受けることがありますが、現経営者の個人財産について聞いてみると、十分に返済できる資金力を持っていたことが判明するケースがあります。

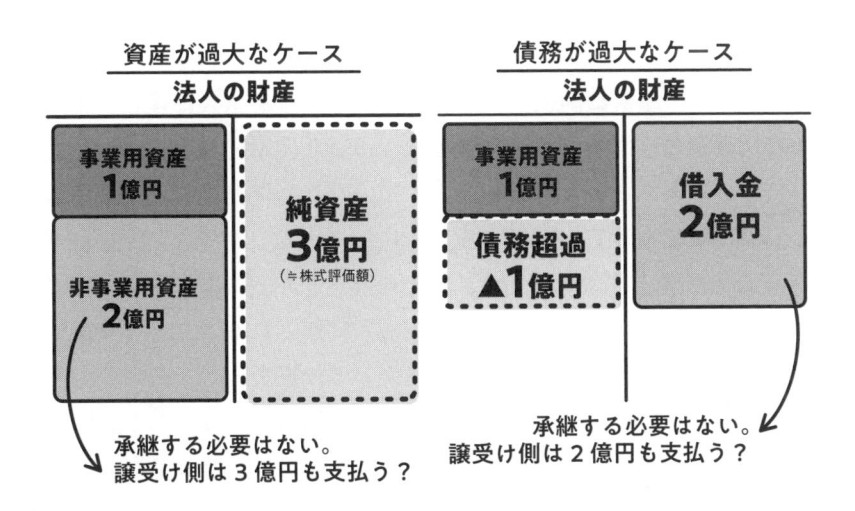

このような問題を抱えつつ従業員や第三者承継を検討する場合、事業に関係のない経営資源を除外して、必要な経営資源のみ承継できるような手続きをとります。実務でよく採用されるのは以下の2つのスキームです。

1つは、**事業承継を行う前に、事業に関係のない経営資源や借入金を、法人から経営者個人に移しておく方法**です。余剰資金を移す方法には、役員報酬や退職金の支払い、剰余金の分配（配当金、自社株買い）があります。また、借入金を移す方法とは、経営者個人が法人の新株発行を引き受けて資金を払い込み、その資金で借入金を返済することです。

この方法によって、承継すべきではない経営資源が消えてしまえば、法人（会社）というパッケージの中は、最低限必要な経営資源だけが含まれた状態になります。結果として、事業承継の手続きとして、「株式譲渡」を選択することができるようになります。

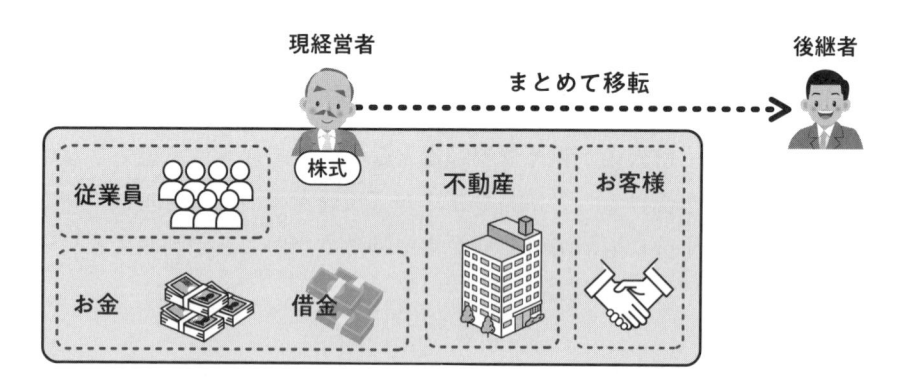

もう1つは、**事業に関係ない資産または借入金を法人に残し、事業に必要な経営資源のみを抽出する方法**です。つまり、不要なものは残し、必要なものだけ承継するということです。この際、経営資源をセットで承継するならば「事業譲渡」を選択することになりますが、経営資源をバラして承継するならば「経営資源引継ぎ」を選択することになります。いずれにせよ、承継されなかった経営資源は、法人に残されることになります。

残された余剰資金は、経営者が引退後の老後資金として自由に使えばよいでしょう。不動産投資を行って、子どもへ相続させることも可能となります。逆に、法人に残された借入金は、経営者が責任持って返済しなけれ

ばなりません。**返済できなければ自己破産するか、相続時に子どもが相続放棄することとなるでしょう。**

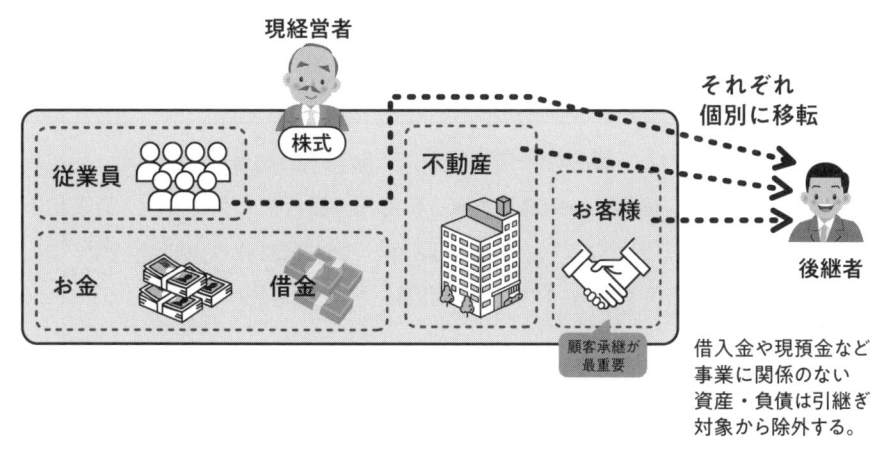

株式譲渡と異なる点であり、事業譲渡や経営資源引継ぎの最大のメリットは、未払残業代などの簿外債務や、訴訟や税務調査などの偶発債務といったリスク要因を排除することができることです。

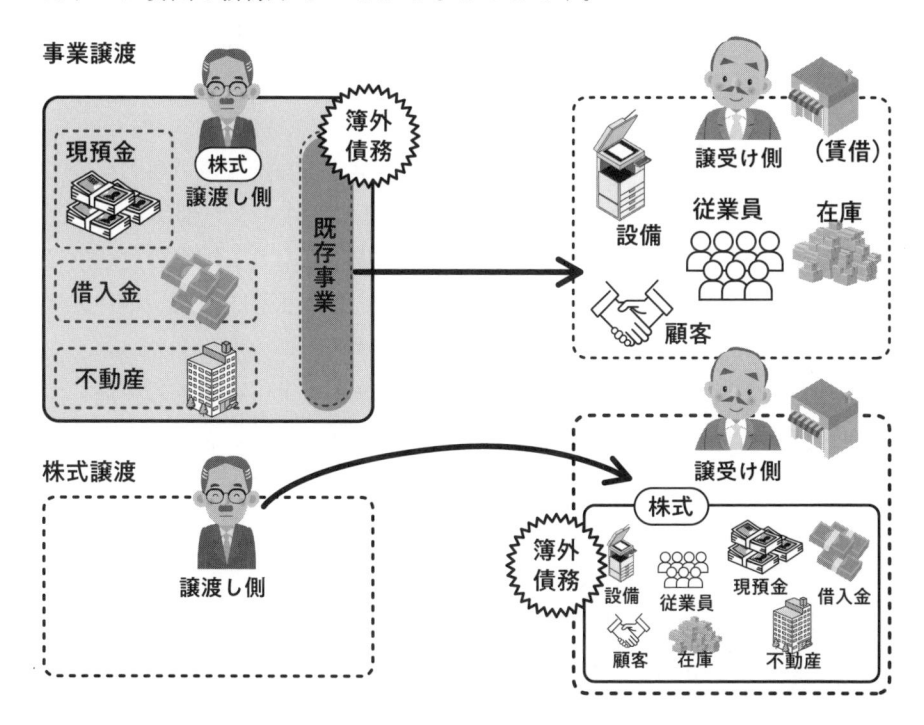

2. 廃業の進め方

事例

　甲社長（75歳）は、都心の一等地にあるA社（自動車部品製造業、従業員数20人、売上高10億円、当期純損失▲3千万円、銀行借入金2億円、債務超過▲5千万円）の創業者であり、株式1,000株（発行済株式の100%）を所有し、これまで代表取締役社長として50年間働いてきました。

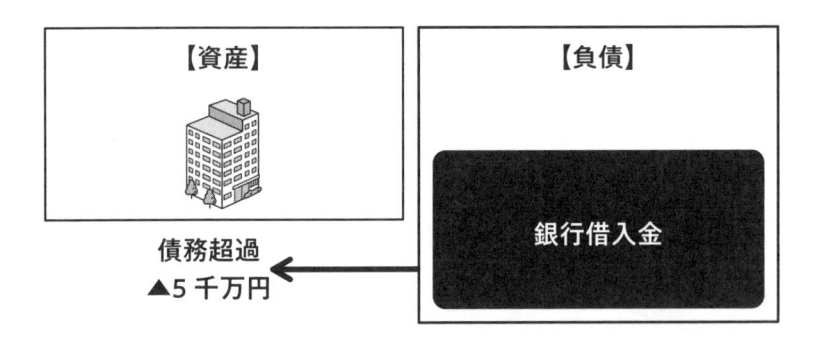

　得意先の大手自動車メーカーが、ガソリン車の生産から電気自動車の生産へと切り替えていることから、A社が販売するエンジン部品の売上高の減少が止まりません。昨年から営業損益は赤字となり、回復の見込みはありません。純資産についても債務超過になってしまいました。甲社長は、事業を存続することができないと考えています。

　甲社長は、75歳となり健康上の不安も出てきたため、そろそろ引退して、夫婦で長期の海外旅行に出るなど、老後生活を開始したいと考えました。

　後日、事業承継支援の専門家であるあなたは、甲社長から事業承継について相談を受けました。

....

甲社長： 日本では、経営者の高齢化が問題となっているようです。
　　　　　東京商工リサーチの2022年の調査によれば、全国の社長

の平均年齢は 63 歳となっているようですね。

あなた：　高齢の経営者にとって、事業承継が課題です。一般に中小企業経営者は、自分の子息・親族・従業員から後継者を探します。黒字体質で将来性のある企業なら、後継者が見つからなかったとしても、社外から経営者を招聘したり、M&A で事業を売却したりすることができます。

甲社長：　それでも、後継者のいない経営者の多くは M&A ではなく廃業を考えるのではないでしょうか。

あなた：　そうですね。国税庁によれば、全国の法人企業の約 65% が赤字だと言われています。赤字体質で将来性がない企業では、後継者を見つけることも、売却先を見つけることもままなりません。そのため、多くの経営者が、「自分の代限りで廃業しよう」と考えます。

甲社長：　古い企業が淘汰されるのは仕方ないですね。

あなた：　それに加えて、新型コロナ・ウィルス対策で提供された無利息・無担保の融資の元本返済に苦しめられています。資金繰りに困る企業が増え、廃業を検討する経営者がさらに増加したのです。

甲社長：　廃業と言っても、今やっている事業をやめるだけのことですよね。古いビジネスが無くなって、新しいビジネスが誕生すれば、日本経済の新陳代謝が行われることになります。

あなた：　廃業を進めることそのものには何も問題は無いのですが、その手続きに多くの難題が待ち受けているのです。とりわけ問題になるのが、借入金の返済です。保有する資産が借入金を上回っていれば、借入金を返済して、円滑に廃業することができます。しかし、資産が借入金を下回っていれば、廃業したときに借入金が残ってしまいます。これが金融機関からの借入金だと困ったものです。

甲社長：　返済できないのであれば、法的に破産させればよいので

はないでしょうか。

あなた： 多くの経営者が会社の借入金に個人保証をしています。会社が破産すると借入金の返済が経営者個人に回ってくるのです。個人財産で返済できればいいですが、それができなければ経営者個人は自己破産に追い込まれてしまいます。

甲社長： 会社と経営者は運命共同体ですからね。

あなた： 資産が超過する健全な状態のうちに廃業を決断すればいいのですが、現実に多くの経営者は、その決断ができず、ズルズルと先延ばしにしてしまいます。「もう少し辛抱すれば大丈夫だ」と、経営改善できると信じているのかもしれません。また、従業員や金融機関が、事業の継続を強く要望することも、廃業の決断ができない大きな理由となっています。廃業に抵抗する圧力が大きいのです。

甲社長： 電気自動車が普及しだすと、当社のエンジン部品は売れなくなります。もはや業績を回復することはできません。先日、50代の従業員に「うちが廃業することになったらどうする？」と率直に質問したところ、「年金が出るようになる7年後まで、何とか廃業しないで続けてほしい」とお願いされました。

あなた： 50代で解雇されてしまうと、再就職が容易ではありませんからね。

甲社長： メインバンクにも相談したら、支店長が出てきて、「リスケには応じる。利息さえ払ってくれれば不良債権の扱いにならないから、私が支店長をやっているあと2年間は、絶対に廃業しないように」とお願いされました。

先　生： 銀行員はサラリーマンですから、自分の立場を守ることを優先しますよね。ところで、M&Aは検討されましたか？

甲社長： そうそう、同業のB社が当社を譲り受けたいと言ってくれてます。ただ、当社は▲3千万円の赤字になり、来年

度も黒字化の可能性はありません。こんな会社を譲り受けてくれるのでしょうか。

あなた： 株式譲渡で会社を丸ごと承継することは難しいでしょう。しかし、譲渡価額をゼロ円とすれば、事業譲渡や経営資源引継ぎが可能となりますよ。従業員の雇用維持を優先するのであれば、ぜひ検討してみてください。

甲社長： それらはどのような方法でしょうか？

···【問1】···

A社からB社へ経営資源の引継ぎを行うとすれば、具体的にどのような手続きが想定されるでしょうか。

甲社長： 当社は2億円の銀行借入金を抱えていて▲5千万円の債務超過です。実際に当社が廃業しようとするならば、その手続きはどうすればよいでしょうか。

···【問2】···

あなたが決算書を見ると、貸借対照表に建物と土地（事務所と工場）が計上されていました。これらは創業時から使用しているもので、土地には大きな含み益がありそうです。あなたは、甲社長にどのようにアドバイスを行いますか？

あなた： 不動産がポイントになりますね。

甲社長： 不動産の含み益を加算してもなお債務超過であった場合はどうすればいいでしょうか。

…【問3】…………………………………………………………

あなたが不動産の時価を評価してみましたが、借入金を返済できるほどの金額ではありませんでした。あなたは、甲社長にどのようにアドバイスを行いますか？

....

甲社長： もし私が個人で自己破産することになっても、公的年金はもらえますし、子どもも同居してくれそうなので、老後生活に心配はありません。

あなた： 廃業は多くの高齢者にとって避けて通れない課題です。決断できず悶々と悩み続けるよりも、早めに決断して、新しい生活にスタートさせるべきでしょうね。

…【問4】…………………………………………………………

上記【問1】で記載した経営資源引継ぎを行おうとする際、もしB社がA社の事業価値（営業権）を高く評価し、事業譲渡によるM&Aを採用して、高額の譲渡代金を支払ってくれる場合、あなたは甲社長にどのようにアドバイスしますか？なお、株式譲渡は採用しないものとします。

解 説

···【問1】···

　経営資源の引継ぎとは、事業の構成要素である経営資源を個別に引き継ぐことを言います。本事例では、譲受け側にとって不可欠な知的資産を優先して承継しなければいけません。すなわち、技術・ノウハウを持つ従業員と顧客関係です。

　従業員を承継するには、A社にて雇用契約を解除するとともに、B社にて雇用契約を新たに締結することになります。その際、必要とされる技術力を持つ人材（キーパーソン）が退職しないように注意しなければいけません。また、顧客を承継するには、A社のデータベースに保存されている顧客データ（情報）をB社へ移転するとともに、A社の経営者が、B社の営業担当者を得意先の購買担当者へ紹介します。

　在庫（製品・半製品や原材料）については、A社の手元に残す意味が無いので、B社へ有償で譲渡することになります。

　機械設備や什器備品については、B社が同業者であれば、A社にて使用されていたものを必要としないケースも想定されます。必要とされる場合のみ有償で譲渡すればよいでしょう。

　その一方で、銀行借入金や不動産（事務所と工場）はB社が必要としない可能性が高く、B社には引き継がずにA社に残すことになるでしょう。結果として、A社には不動産と銀行借入金・現預金が残されることとなります。

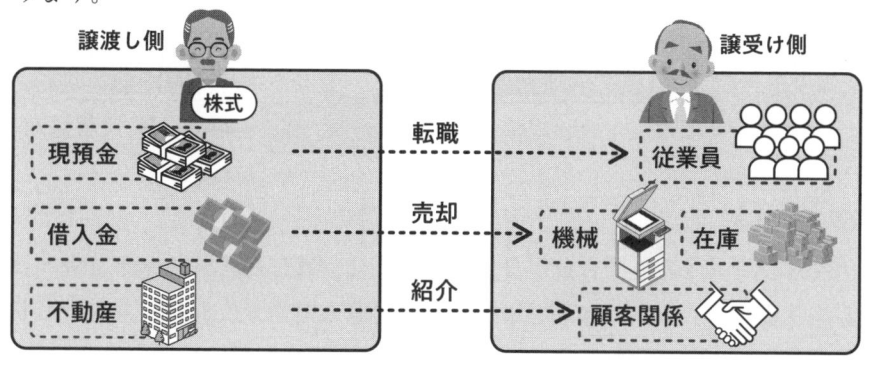

…【問2】…………………………………………………………………………

　老舗企業の中には、都心の一等地に路面店を持つ小売業、オフィス街に自前の町工場を持つ製造業など、古くから不動産が所有する企業が多くあります。これらは、収益性が著しく低下したにもかかわらず、家賃がかからないがゆえに、存続することができます。貸借対照表にこれらの不動産は取得原価で計上されているため、その資産価値を見ることができません。

　廃業するときには、借入金の返済資金を作るため、不動産の売却を検討します。それゆえ、不動産を時価評価することが必要です。不動産業者から実勢価格を教えてもらってもいいですし、自ら概算で路線価を３割増しくらいだと推測してもよいでしょう。

　Ａ社の不動産の時価評価を行った結果、不動産の売却によって借入金の返済資金を用意できることが判明すれば、顧問税理士と司法書士に依頼し、Ａ社の解散・清算の手続きを依頼すればよいでしょう。申告と登記が必要となります。

　なお、従業員への退職金や事務所・工場の解体費用を支払うための資金が必要になることもありますが、新たな融資を行うこと、廃業に係る事業承継補助金の申請を行うことなどを検討します。

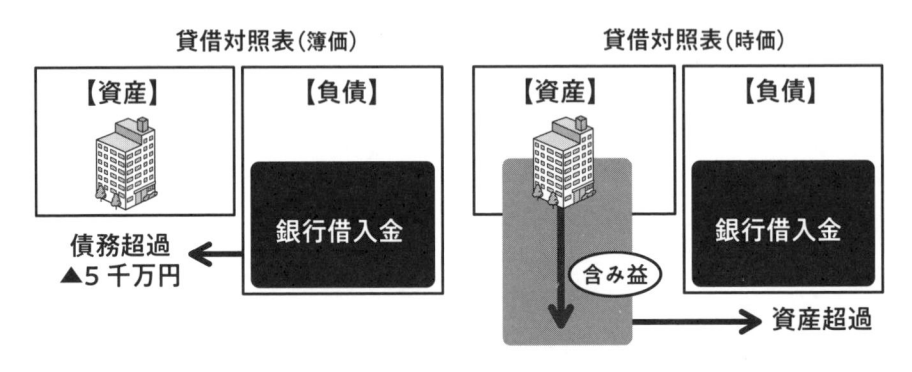

…【問3】…………………………………………………………………………

　会社に借入金の返済資金がない場合は、経営者は個人財産を充当するしかありません。ここでは、甲社長が十分な個人財産を持つケースとそうでないケースに分けられます。

① 甲社長の個人財産で借入金を返済できる場合

　甲社長の個人財産をもって会社の借入金を返済できるのであれば、A社へ出資したうえで借入金を返済します。ここでは新株発行の手続きが必要となるため、司法書士へ依頼すべきでしょう。

　また、もはやA社を所有する必要がなければ、A社を解散・清算し、金融機関に対して経営者個人が代位弁済し、保証を履行します。この場合、A社の解散・清算の手続きを顧問税理士と司法書士へ依頼すればよいでしょう。申告と登記が必要となります。

② 甲社長の個人財産で借入金を返済できない場合

　これに対して、甲社長の個人財産をもって会社の借入金を返済できないのであれば、弁護士に依頼して、会社の破産手続きを申し立ててもらいます。併せて、保証債務を履行できない甲社長も、個人の破産手続きを申し立ててもらいます。

　個人の破産手続きが完了して免責許可が決定する前に経営者が死亡してしまった場合には、問題となります。その債務が相続されてしまうからです。その場合は、相続人が相続放棄を申し立てることになります。

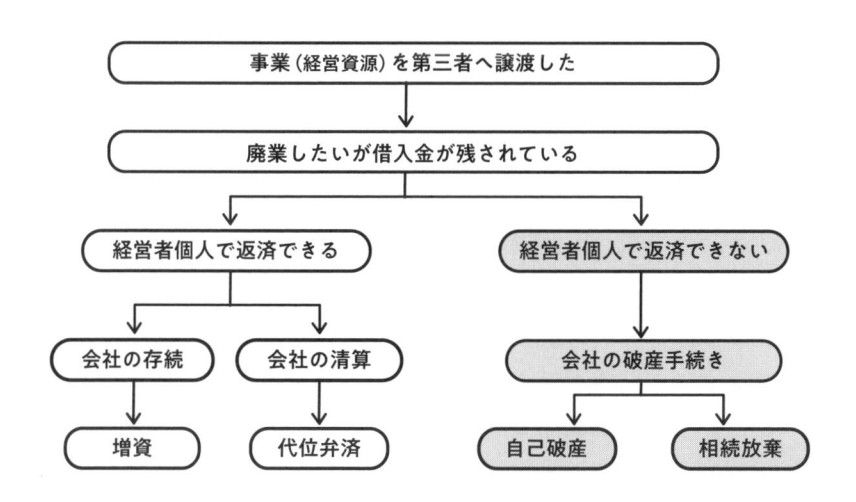

事業譲渡によって受け取った代金で借入金を返済することができたのであれば、残された A 社は、主として不動産だけを所有する法人となります。これを「不動産所有法人」といいます。

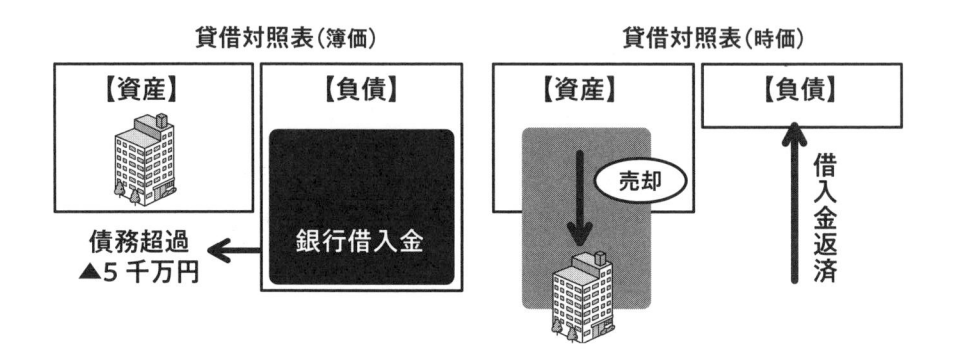

貸借対照表(簿価)

| 【資産】 | 【負債】 |

債務超過
▲5千万円 ← 銀行借入金

貸借対照表(時価)

| 【資産】 | 【負債】 |

売却

借入金返済

すでに事業に必要となる経営資源は引き継がれており、工場や事務所は誰も使用していない空き家です。このまま第三者へ賃貸することもできないことから、建物を解体して更地にし、土地を売却することを考えます。

この場合、個別に不動産を売却した後で A 社を解散・清算する方法、不動産を所有する A 社を法人として売却する方法の2つがあります。相続税対策の必要性の有無によって変わりますが、不動産の売却に伴う税負担だけを比較するのであれば、**不動産を所有する法人を売却するケースのほうが有利になります。**

① 不動産を個別に売却するケース

法人が売主となって不動産を個別に売却する場合、法人に利益が計上され、約30% の法人税等が課されます。一方の買主側には、不動産取得税と登記に伴う登録免許税が課されます。

結果として、法人がほとんど現金だけを持つ状態となってしまいますが、経営者が老後資金として現金が必要であれば、それを個人へ支払わなければいけません。退職金であれば所得控除と2分の1課税に

よって約 15% の所得税等で済ませることができますが、役員報酬や配当金とすれば、総合課税となり約 50% の所得税等が課されます。

　経営者が現金を必要としない場合には、個人へ支払う必要はなく、法人をそのまま将来の相続財産とすればよいでしょう。現金のまま放置しても増えないどころか、相続税負担が重くなりますので、投資用不動産を購入して、賃貸経営を開始するとよいでしょう。

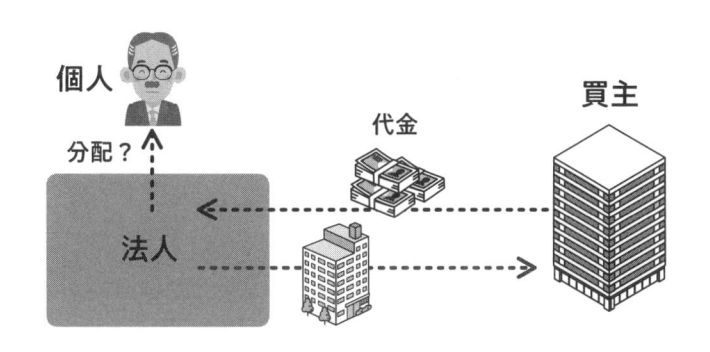

② 不動産を所有する法人を売却するケース

　経営者個人が売主となって、不動産を所有する法人の株式を売却する場合（株式譲渡）、個人に譲渡所得が生じ、約 20% の所得税等が課されます。それゆえ、不動産を個別に売却するケースよりも税負担が大幅に軽くなります。

　一方の買主側において、不動産取得税と登録免許税は課されません。

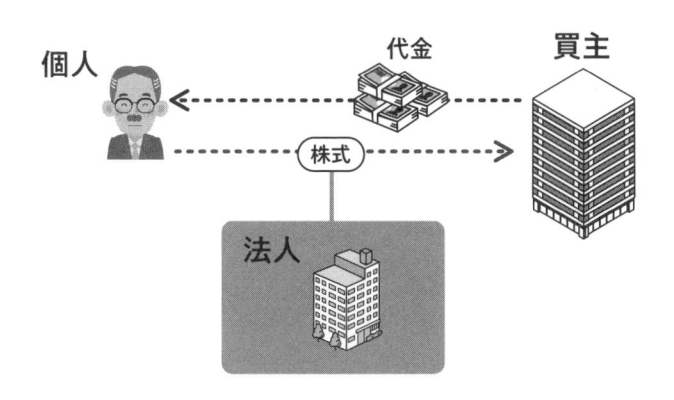

第2章

事業承継支援の基礎

1. 事業承継の支援が求められる 3つの側面

　事業承継・経営資源引継ぎとは、企業経営者の立場（社長）の交代であるとともに、経営者の地位を裏付ける資産（株式）を承継することです。

　これを支援するためには、まず対象事業（ビジネス）の内容を理解し、事業の存続・成長を導かなければなりません。また、引退しようとする経営者、これから経営者になろうとする後継者の気持ち、生き方や個人財産、能力や経験を理解し、彼らの人生相談に乗るとともに、社長を辞める、社長になるという大きな意思決定をサポートしなければなりません。同時に、経営者の地位を裏付ける資産の承継手続きを説明する必要があります。

　つまり、**事業承継・経営資源引継ぎ支援では、「これからの事業戦略はどうすべきか？」という事業性評価の問題、「経営者の退任・就任」「引退後の生活、キャリア選択」という経営者の生き方の問題、「法務、税務および財務の観点から、事業用の資産をどのように承継するのか？」という承継手続きの問題という3つの側面がある**のです。

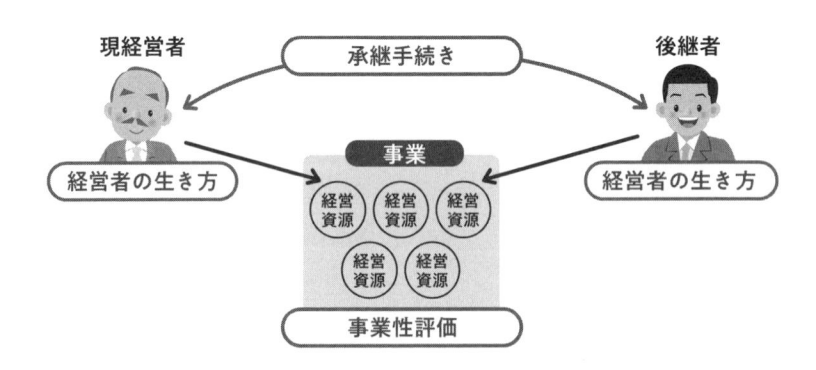

　このように3分野にわたる様々な問題は複雑に関連しています。これらの問題を解きほぐすためには、各分野の専門家がその専門知識と経験を結集し、支援に取り組まなければなりません。士業などの専門家が連携することによって互いに不足する機能を補うことになります。

　たとえば、事業性評価や後継者のキャリア選択と経営者教育では、中小

企業診断士の役割が期待されます。また、引退する経営者の老後生活の相談には、生命保険セールスマン、証券営業マン、そして中小企業診断士の役割が期待できます。さらに、承継手続きには、弁護士や公認会計士・税理士の役割が期待され、特に後継者がいない場合には、M&Aの仲介業者やFA（ファイナンシャル・アドバイザー）の役割が期待されます。各機能に強みを持つ複数の専門家が相互補完する支援体制を構築することが必要です。

事業性評価	中小企業診断士
経営者のセカンドライフ	中小企業診断士
経営者のキャリア選択と教育	中小企業診断士
承継手続き	弁護士・公認会計士・税理士

2. 事業承継フレームワーク

（1）問題のマトリックス

　事業承継フレームワークは、中小企業の事業承継・経営資源引継ぎの際に発生する問題を整理したものです。そこには、様々な課題が想定されます。

　事業承継・経営資源引継ぎに係る問題は広範囲に及ぶため、すべてを把握するのは困難です。問題を１つ見つけて課題を設定し、それらを解決できたと満足している一方で、他の大きな問題を見逃していいたために事業承継・経営資源引継ぎが失敗に終わるケースが多く見られます。

　そこで、事業承継・経営資源引継ぎにおいて想定される問題にはどのようなものがあるか、全体像を整理したマトリックスを活用しましょう。

　事業や経営資源を承継する相手には、３つの方向性があります。親族、従業員、第三者です。いずれにおいても、３つの側面から問題が伴います。すなわち、事業性評価、企業経営者、承継手続きです。これを３×３のマトリックス形式で表示しますと、想定し得る問題の全体像ができあがります。これが事業承継フレームワークです。

事業承継フレームワークのマトリックス

→ 問題が発生する3つの側面

↓ 承継の方向性

	事業性の評価	経営者の生き方	承継手続き
親族内	A-1	A-2	A-3
従業員	B-1	B-2	B-3
第三者	C-1	C-2	C-3（現状→目標／課題）

　一般的に、事業承継・経営資源引継ぎの支援プロセスは、問題を見つけるための前半戦と、見つかった問題を解決する後半戦に分けることができます。さらに、前半戦が始まる前に行わなければいけない課題があります。それは**現経営者に「気づき」を与え、事業承継・経営資源引継ぎの準備を始めさせることです。**

　現経営者は、事業承継・経営資源引継ぎの必要性を認識していないか、何となく認識しているとしても放置している状況にあります。ここで行うべき支援は、事業承継・経営資源引継ぎの必要性を認識させること、すなわち「気づき」を与えることなのです。つまり、現経営者が「引退しよう！」、その一方で後継者が「企業経営者になろう！」と決意させることです。

　このように決意させるための手段は、現経営者および後継者との間における『対話』を促すことです。ここでの『対話』の目的は2つあります。1つは、現経営者が、自分の頭の中にある知的資産を後継者に伝え、経営者になろうという意欲を出してもらうことです。もう1つは、後継者が現経営者から話を聞くことによって事業性評価を行い、承継する事業や経営

資源が今後も存続し成長できるか確認することです。それゆえ、事業承継フレームワークにおけるここでの問題は「事業性評価」となります。

　現経営者と後継者が、事業承継・経営資源引継ぎの必要性に気づくことができれば、支援者の前半戦がスタートします。ここでは支援者と現経営者との間における『対話』が必要となります。支援者は、現経営者との対話を通じて、事業承継・経営資源引継ぎに伴う問題点を探ります。ここで見つかる問題は、知的資産と事業戦略です。

　知的資産の問題点は、顧客関係、営業力、技術・ノウハウ、許認可といった目に見えにくい経営資源を維持することが困難となっていることです。知的資産の把握は、事業の現状を把握するための1つの要素に過ぎませんが、これは極めて重要なものです。

　事業戦略の問題点は、既存事業を今後も存続させ、成長させることが難しいことです。収益性が低下している、赤字に陥っているのであれば、新製品・サービスの開発、コスト削減などの経営改善が求められるでしょう。赤字になっている事業を廃止して、黒字の事業に一本化することや、既存事業を思い切って廃業し、新規事業を開始することなど、大胆な事業再構築が求められるかもしれません。

　前半戦の大きな山場はもう1つやってきます。それは**現経営者の生き方、後継者の生き方が決定していないという問題**です。これは、現経営者が引退後にどのような生活を送るか、後継者が、既存事業を引き継いで経営者になろうという意思決定が行われていないということです。これが決まらないと、社長交代を行うことができません。また、事業承継・経営資源引継ぎの方向性を決めることができません。それゆえ、事業承継フレームワークにおけるここでの問題は「経営者の生き方」となります。

　前半戦をクリアして後半戦に入ることができれば、**事業承継・経営資源引継ぎはほとんど解決できたようなものです。後継者教育だけは問題が伴いますが、それ以外は専門家の事務作業に過ぎないからです。**

　後半戦では、現経営者および後継者は、事業承継・経営資源引継ぎを行うと決定したものの、その承継手続きそのものと、それに伴う問題がわからない状況にあります。ここで行うべき支援は、承継手続き（税務・

法務・財務）の目的を説明し、そこに問題があれば、専門家（公認会計士・税理士や弁護士）によって解決策を提示することです。解決策の実務は、経営者が自ら行う場合、従業員が対応する場合もありますが、税務、法務や財務の専門性が必要となるため、士業に委託すればよいでしょう。よくある問題は、株式承継とマイナスの経営資源である負債引継ぎの実務です。

株式承継の問題とは、会社における株式を現経営者から後継者に承継させることが、法務、税務、財務いずれかの点において難しいことです。株式は会社の支配権であり、会社は経営資源がパッケージにされた事業を所有する器です。つまり、**株式承継とは、経営資源引継ぎとは異なり、経営資源のパッケージを一式丸ごと承継することを意味します。**

少数株主からの株式買取りに苦労するケース（法務）、相続税や贈与税の負担が重すぎるため立ち止まってしまうケース（税務）、M&Aの相手先が見つからないケースなどがあります。これらの原因は、構成される経営資源に無駄なもの（余剰資金）が含まれていることにあります。

また、親族内承継の場合は、現経営者の株式等が、後継者ではない相続人にも承継されてしまうため、経営者個人の相続対策（遺産分割）も問題となります。

一方、マイナスの経営資源である負債引継ぎの問題とは、銀行借入金や経営者保証という負債を後継者が引継ぐことを拒否してしまうことです。支配権を承継するのであれば、負債も引き継がなければいけません。株式を承継するのであれば、マイナス価値の経営資源（借入金）が含まれていても、それを除外することができないからです。しかし、支配権に基づいて得られる収入よりも、借入金の返済のための支出のほうが大きいのであれば、後継者は事業承継することを拒否するでしょう。

また、親族内承継と従業員承継の場合、後継者教育が必要となります。特に、**従業員がリーダーシップを発揮できないという問題が重要です。**事業承継を行おうとするのは老舗企業であり、そこには高齢の従業員がたくさん働いています。先代経営者によって雇われた高齢の従業員は、長年にわたり先代経営者の部下として働いてきました。突然現れた若い社長（後

第2章 事業承継支援の基礎

継者）から命令されたとしても、それに忠実に従って働こうなどとは思わないでしょう。このような状況を変え、経営者としてのリーダーシップを発揮するためには、組織的な経営体制に変え、**組織全体に受け入れられるような経営理念を表明することが必要です。**

　同時に、事業性に係る問題も出てきます。それは、事業を再構築するような場合において、古い経営管理体制が機能しなくなる問題です。

　後継者は、経営環境の変化に気づき、既存の事業戦略を変えようとするかもしれません。事業戦略が変われば、組織構造や人事制度、業績評価制度も変えなければなりません。しかし、これまで長期間にわたって機能し続けてきた経営資源の組み合わせを分解することは容易ではありません。新たな経営資源を投入するなど、多少の改善は可能であるとしても、これまでの事業を継続させなければいけないのです。それゆえ、後継者は、既存の従業員との関係においてリーダーシップを発揮するなど、経営管理の問題を解決しなければいけないのです。

　ちなみに、M&Aの場合、譲受け側には、すでにベテラン経営者と完成された経営管理体制があります。譲渡し側とは異なる経営資源が組み合わされていることでしょう。トップの経営者交代はありませんから、譲渡し側の経営資源は、譲受け側の経営管理体制に組み込まれ、ベテラン経営者のリーダーシップをそのまま受け入れるだけなのです。ただし、組み合わせ方に失敗すると収益性が低下するため、PMI（Post Merger Integration）が必要となります。

　以下、マトリックスに番号を付して、事業承継・経営資源引継ぎに伴って発生し得る問題を整理し、典型的なケースを見ていきましょう。

（2）親族内承継に係る問題

【A-1】親族内承継に係る事業性評価の問題

→ 問題が発生する３つの側面

	事業性の評価	経営者の生き方	承継手続き
親族内	A-1 現状→目標 課題	A-2	A-3
従業員	B-1	B-2	B-3
第三者	C-1	C-2	C-3

（承継の方向性）

　親族内承継における事業性評価の問題とは、事業そのものを存続・成長させることが難しい状況を言います。たとえば、赤字が続いていて収益性改善が難しい、売上減少が続いていて食い止めることが難しいといったケースです。

　この場合、新しい商品・サービスの開発、経営管理体制の見直し、無駄なコスト削減、デジタル化による業務効率化など、既存事業の改善から始めます。それでも効果が出ない場合は、既存事業の廃止と新規事業の立ち上げなど、事業再構築を検討することになります。それでもなお改善できない場合には、親族内承継を断念し、第三者承継（M&A）に切り替えることでシナジー効果による経営効率化を狙うこと、経営資源引継ぎを伴う廃業に切り替えることで残された価値の有効活用を図ることとなります。

　ここでは、承継すべき経営資源（ヒト・モノ・カネ・無形資産）を正確に把握することが重要です。その中でも知的資産を消滅させずに引継ぎでき

るかどうかが問題となります。たとえば、顧客情報や顧客との人間関係、知名度・ブランド・信用力、技術・ノウハウ、知的財産権（特許権等）などです。これらは極めて重要な経営資源であるため、単独に引き継ぐにせよ、事業として承継するにせよ、知的資産を確実に承継させることは最も重要な課題となります。

　また、事業を承継する場合、先代経営者が築いた経営管理体制や業績評価制度を後継者がうまく引き継ぐことができないことも問題となります。たとえば、これまで官僚的な組織、年功序列の給与体系のもとで経営されていたとしても、新しい経営環境に直面している後継者が、それをうまく活用できないケースがあります。その場合、フラットな組織構造へ変えたり、成果主義の報酬体系に変えたりすることがあります。業績評価におけるKPIを変更することも求められるでしょう。

　実務上見られる典型的な問題として、以下のようなものが挙げられます。引退しようとする経営者は、これらを解決するための課題を設定しなければいけません。

── 問題点

BtoBビジネスを営む当社は、現経営者の属人的な人間関係に基づき大口得意先との取引を続けてきた。社長交代を行うと、これまでの取引が打ち切られるおそれがある。

　創業者の強烈な営業力によって顧客開拓が行われていた場合、得意先との取引関係が、現経営者の属人的な営業活動（飲食、ゴルフなど）によって構築されていたはずです。そのような場合、現経営者が引退することによって、大口取引契約が切られ、売上高が大きく減少してしまうおそれがあります。

　このような問題に直面しないようにするため、現経営者の引退前の数年間にわたって、後継者は現経営者と同行して得意先へ訪問し、仕入担当者との間に新たな人間関係を築いておくことが不可欠です。つまり、知的資

産の引継ぎを優先するということです。

　また、現経営者が引退することによって、営業力の乏しい後継者が新たな得意先を獲得することができなくなり、売上高が増えなくなるおそれがあります。

　このような問題に直面しないようにするため、現経営者の引退前の数年間、後継者は現経営者と一緒に営業活動を行って、見込客の開拓のマーケティング活動や、新規契約の獲得のセールス活動を行うといった営業力を受け継ぐことが必要でしょう。

　そして、事業の継続を図るのであれば、トップ営業に依存する属人的な営業活動だけを続けるのでなく、若い営業マンを教育して、自ら顧客獲得できるようにし、組織的な営業活動を行う体制を構築することも必要でしょう。その際、電話によるアウトバウンド営業を導入するなど、社長1人に依存しないマーケティング体制に転換することが必要です。

問題点

ものづくりに強みを持つ当社は、工場の製造現場において、職人の高度な技術力によって製品を製造してきた。しかし、職人が高齢化してきており、現経営者と引退と同時に退職を迎えそうだ。職人がいなくなると、製造ラインを担当する人材がいなくなる。

　製造業において、工場で働く職人に帰属する技術やノウハウは、代表的な知的資産です。これは競争力の源泉となるとても重要な経営資源です。しかし、これらは従業員の頭の中に入っているものであるため、彼らの退職とともに消滅してしまいます。

　そこで、彼らの技術やノウハウを退職前にマニュアル化するなど、「見える化」して承継できるようにしておくのです。そして、若い職人をそばで働かせ、OJTによって、技術・ノウハウを継承させるのです。これは事業承継だけでなく、経営資源引継ぎのケースであっても同様、重要な承継手続きです。

製造業だけでなくサービス業など他業種においても、同様に技術・ノウハウを継承する手続きが必要となることがあります。たとえば、飲食店におけるレシピ、サービス業における接客技術です。

―― 問題点 ―――――――――――――――――――――

後継者になる予定の社長の息子は、既存事業の価値や競争力の源泉がどこにあるのか理解できておらず、事業戦略を立案することができない。

　後継者は、ゼロから事業を興すわけでなく、**すでに完成した事業を継続させることによって経営を始めることになります。** それゆえ、既存事業の価値や競争力の源泉がどこにあるのか、自ら事前に評価しておかなければいけません。既存事業では、ヒト・モノ・カネといった目に見える経営資源に価値があるケースもありますが、**現経営者の営業力や従業員の技術・ノウハウなど目に見えない経営資源**に価値があるケースが多く見られます。このような経営資源は、現経営者や従業員の頭の中に蓄積されているものです。**後継者は、現経営者や従業員との対話**を通じてこれらを理解しておかなければなりません。

　社長交代した後継者が、既存事業の事業性が悪化していると感じ、ゼロベースで新規事業の立ち上げを検討することもあるかもしれません。その経営戦略そのものは正しいですが、新規事業の立ち上げは、既存事業の存続と並行して検討すべきものです。いずれ廃止することになるとしても、既存事業を構成する経営資源をしっかりと理解することが重要です。

── **問題点** ───────────────

現経営者と後継者との間では、親子のコミュニケーションが少ないようだ。そのため、現経営者の事業に対する想いや情熱が、後継者である子どもに伝えられていない。

───────────────────────

　様々な経営資源を事業としてパッケージ化する際に必要となるのが、その接着剤とも言うべき経営理念です。事業を承継する際には、事業がバラバラに分解されてしまわないよう、経営理念を引き継ぐことが必要です。

　事業承継のタイミングでは、後継者は、自らの信念や価値観を反映した経営理念を新たに創り出すべきだといわれます。しかし、後継者は、企業経営の知識と経験が乏しいため、経営者として何を経営理念として事業を営めばよいか理解できていません。

　そこで、事業を承継する前に、経営者としての先輩である現経営者に、現在の経営理念を聞いておくのです。そこには、創業時の思い、既存事業に対する情熱、経営判断の拠り所があります。それを聞くことによって、なぜ既存事業を成功させることができたのか、その経緯を理解するのです。なぜなら、経営者の思いや価値観と一致するように事業を経営しなければ、事業を成功させることができないからです。しかし、経営環境の変化があり、その経営理念に効果が無くなっていることがあるため、経営資源がバラバラにならないよう、注意が必要です。

　たとえば、古い経営理念に基づいて、間違った事業戦略に沿って経営していると、顧客ニーズと食い違ってしまい、顧客関係が消えたり、従業員が辞めたりすることがあるからです。

　また、後継者は、自分が社長に就任した後、どのような事業にしたいのか、自分の思いや価値観を明確化しなければいけません。後継者は、現経営者の思いや価値観を真似する必要はありません。現経営者とは別人格ですから、異なる思いや価値観を持っているはずです。「やらされている」、「何となく」といった受身の気持ちで成功させることができるほど、経営は簡単なものではありません。

　様々な経営資源を一体化し続けるには、それを機能させるほどの威力を

もつ経営者の情熱が必要となります。適切な事業戦略と経営者の情熱が重なり合ってはじめて事業が成立するのです。現経営者と全く同じ経営理念を持ち続ける必要はありません。

　経営者の思いや価値観を明確化した結果、既存事業を廃止して、新規事業を開始することもあるでしょう。結局のところ、**後継者がやりたい事業をやればよい、その実現のために既存の経営資源を活用すればよい**ということなのです。

── 問題点 ──

長年営んできた事業の経営環境が厳しくなり、収益性が低下してきた。国内市場が縮小しているため、事業の存続が難しい状況となっている。

　創業から長い年数を経て、徐々に変化した経営環境に対して事業戦略が適合しなくなることがあります。しかし、それを現経営者が気づいていないケースが多く見られます。

　この点、後継者であれば、新しい経営環境に目を向けているため、若者の視点からそれに気がついていることがあります。

　それゆえ、現経営者と後継者が対話を行い、事業性の現状を確認し、今後の事業戦略を考える必要があります。既存の事業戦略が機能しない場合には、新しい商品・サービスを導入するなど事業戦略の修正を考えたり、既存の事業を廃止して新しい事業を立ち上げたりするなど、事業の再構築を行わなければいけないこともあります。国内市場が飽和状態となっているのであれば、海外市場への進出も決断しなければいけないかもしれません。

　事業再構築というのは、既存の事業を構成している経営資源を組み替えることによって新規事業を作ることです。新たな経営資源の投入を行うだけでなく、無駄な経営資源を除外したり、別の用途に使ったりすることがあるでしょう。

　事業再構築という経営改革は容易ではありません。社長交代が行われる事業承継は、このような大胆な経営改革を実行する絶好の契機となるはずです。

問題点

後継者を支える経営人材、若年層の経営幹部候補が育っていない。

　事業承継の直後の時期に、後継者が経営判断を行うことは容易ではありません。後継者がすべて判断するのではなく、部下に権限を移譲したり、専門性や知見のある経営幹部の意見を引き出したりすることが求められます。

　そのため、経営者が交代する時期には、**後継者を支える次世代の経営幹部**が育っていることが重要な課題となります。有能な経営幹部は一朝一夕には育ちませんので、早期に事業承継計画を立てて育成しながら、上位役職者の引き上げも行いつつ、**経営幹部の世代交代**も進めていくことが必要となります。

問題点

先代経営者が属人的に管理してきた組織であったが、後継者が管理できるような組織になっていない。

　ゼロから組織を作ってきた創業者である現経営者と異なり、後継者は、完成された組織を率いることになります。そのため、現経営者のように事業の拡大とともに経営者として成長するわけではなく、また、既存事業を隅から隅まで熟知しているわけでもないため、長年の経験の蓄積による直感的な経営を行うことができません。

　経営者がいなくても機能するような組織となっていた場合、後継者は、社内の情報を収集したうえで、自ら合理的に経営判断を行うことが求められます。後継者が何もしなくても、事業は推進されているからです。そのため、**組織がどのように動いているのか、情報が収集、分析され、業務報告が確実に上がってくるような組織の仕組みを構築する必要があります。**たとえば、KPI を設定して月次の経営会議で報告させるなど、後継者による経営管理のための仕組みです。

先代経営者は、経理・財務に無頓着であったが、事業は何とか運営できていた。今後は経理・財務の仕事が重要になってくると考えられるものの、それらを担当できる人材がいない。

創業者は、ゼロから1を生み出す超人的な能力を発揮した人です。このような創業者には、強力な営業力で引っ張るタイプが多いため、細かいことは気にしない豪快な財務管理が行われることになり、どんぶり勘定となる傾向にあります。

しかし、事業が成長して規模が大きくなると、正しい経理に基づいて経営者が適時に現状を把握したり、正しい財務管理を行って資金を効率的に使ったりすることが求められるようになります。

それゆえ、後継者は、事業承継を行う前の段階から、自分の右腕ともなる人材を雇い入れ、経理・財務担当者として育成しておかなければなりません。

後継者が交代した直後は、経営に多少の混乱が発生することがあります。そのような場合でも経理・財務管理がしっかりしていれば、トラブルを乗り切ることができます。後継者は、経理・財務だけでなく営業面まで幅広く管理しなければならないため、手薄になりがちな管理系の人材を早めに育成し、お金のトラブルを防ぐ経営体制を構築しなければならないのです。

先代経営者の頃から、経営陣と従業員と仲が悪い、労使関係が悪化している。

ある程度の規模まで成長した会社であれば、従業員と経営者の関係が多少悪くとも、組織として機能すれば、企業として存続することは可能です。社長不在でも、うまく組織的に経営されていれば、事業として成り立ちます。

しかし、経営者と従業員の関係が悪いとすれば、従業員のモチベーションが下がって業務の効率性は低下しているはずです。遅かれ早かれ、業績

は悪化することになるでしょう。

　このような状況は、経営者のリーダーシップと経営管理手法の問題ですから、現経営者が自ら解決させておくことが理想的でしょう。

　このような状況で後継者が事業を承継したとすれば、就任していきなり従業員との対立に直面することとなります。いくら優秀な後継者であっても、これではやる気を失いますし、関係改善を図るとしても多大な時間と労力を要します。これでは、後継者は価値の無い事業を引き継ぐことになります。第三者承継でも同様の事態が発生しますが、譲受け側からすれば、大失敗ということになります。

　過去に経営者と従業員との関係性が悪化したこと、これ自体はよくあるケースで、後継者の問題ではありません。重要なのは、その事実を後継者が事業承継を行う前に知っていたかどうかということです。

　後継者は、事業承継を行う前には、自分が引き継ぐ事業に問題がないか、事前に確認しておかなければいけません。第三者承継において「デュー・ディリジェンス」が実施される理由と同じです。

　事前にこのような状況を知っていれば、価値の無い事業だと判断して、「事業を承継しない」という意思決定を行うこともできたはずでしょう。その場合、従業員承継や第三者承継を行うか、経営資源引継ぎを伴う廃業を行います。

　そのような判断を行わず、後でトラブルが起きてしまうと、後継者にとって取り返しのつかない失敗となってしまうかもしれません。注意が必要です。

【A-2】 親族内承継に係る経営者の生き方の問題

→ 問題が発生する３つの側面

↓ 承継の方向性

	事業性の評価	経営者の生き方	承継手続き
親族内	A-1	A-2 （現状→課題→目標）	A-3
従業員	B-1	B-2	B-3
第三者	C-1	C-2	C-3

　親族内承継における経営者の生き方の問題とは、現経営者が引退することができない、子どもが後継者になろうとしない、後継者に対する経営者教育が必要となる状況を言います。

　創業者に多く見られるケースですが、現経営者の多くは、**仕事が好きで好きでたまらず、こんな面白い仕事は死ぬまで辞められないと思っています**。自分が死んだら事業は墓場まで持ち込むつもりです。また、仕事が命だった人が引退した後、セカンドライフにどのような生活を送ればよいかわからず、引退することを嫌がります。創業者は、なかなか引退しようとしません。しかし、高齢になっても経営を続ければ、ワンマン社長が突然病気で倒れて入院してしまい、事業の存続が危なくなるような事態が発生し、大きな問題となります。

　一方で、現経営者の子どもの中は、事業（会社）のオーナー経営者になる決意を固めることができない、責任を引き受ける覚悟ができない人がいます。しかし、これを責めることはできません。新しい時代を生きる子ども世代のキャリア選択には、サラリーマンになる、起業する、医師や研究

者などの高度な専門家になるなど、複数の選択肢があります。父親の家業を継いで中小企業の経営者になることが唯一の選択肢というわけではありません。キャリア選択の結果として、後継者になるという選択肢を選ぶかどうかが問題なのです。

現経営者の子どものキャリア選択

子供
- 父親の事業を継いで経営者になる
- 自分で新しい事業を立ち上げる
- 大企業のサラリーマンになる
- 医師、研究者などの専門家になる

　この点、経営者の子どもは、幼少期から企業経営を行っている父親の背中を見て育ってきているため、自分が経営者になることは当然だと思い込んでいるケースが多いようです。

　これに加えて、現経営者の子どもであるがゆえに、株式を無償で承継することができ（贈与や相続）、税負担も軽減される制度（事業承継税制）があることから、自らの資金負担ゼロという有利な条件で、企業経営を開始することができます。相続税以外に財務の問題は発生しません。

　しかし、承継する事業が、子どもにとって本当にやりたい仕事であるかどうかが問題となります。子どもが持っている価値観は、父親が持っている価値観とは異なります。たとえ価値ある事業であっても、まったく関心を持てない事業を承継しても、後継者として幸せな生き方ではありません。

　関心の無い事業を子どもに承継させるのであれば、全部または一部の事業または経営資源を売却して現金化し、その資金で子ども新規事業を立ち上げさせるほうがよいでしょう。

　子どもがどうすれば幸せな人生を生きることができるのか、**子どもが本当にやりたい仕事は何かという観点から、自ら選択しなければなりません。**親が作った事業をそのまま継続させる義務は無いのです。自己実現を優先させなければいけません。

事業をそのまま継続するのであれば、後継者となる子どもは、**従業員に対してリーダーシップを発揮できるかどうか**が問題となります。経営者はリーダーシップを発揮し、従業員を通して経営課題を解決しなければいけません。また、経営理念（目標や方向性）を伝えることでゴールを明確化し、従業員の動機づけを行わなければなりません。

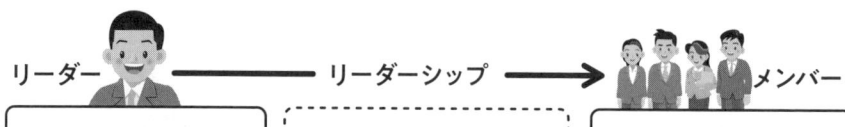

リーダー	リーダーシップ	メンバー
部下や組織を まとめる立場の人	全員の心を１つに するための働きかけ	まとめられる 立場の人

　カリスマ性の高く、強力なリーダーシップを発揮する先代経営者がいた場合、後継者がリーダーシップを発揮することは容易ではありません。リーダーシップを発揮するには、従業員からリーダーだと認められることが必要だからです。会社での実績の無い後継者が、お題目だけを掲げても従業員はついてきてくれません。

　従業員との信頼関係を構築するには時間がかかります。**後継者と従業員との人間関係をいかに築き上げるか**が問題です。そのうえで、後継者がリーダーシップを発揮できるよう、時間をかけて経営者の能力を高めるべきです。

　実務上見られる典型的な問題として、以下のようなものが挙げられます。引退しようとする経営者は、これらを解決するための課題を設定しなければいけません。

── 問題点 ─────────────

優良企業であり、現経営者が高齢になっても引退しようとしない。後継者への社長交代が遅れている。

　よくあるケースです。「後継者が頼りないので、時期尚早だ」というのは口実で、現経営者の本音は、「仕事が面白くて止められない、引退後に

何もやることがない」というものです。

特に創業者でもある経営者は、仕事に人生を賭けて働いてきており、仕事が生きがいになっているはずです。また、どんなに偉い人でも、引退すれば仕事が無くなります。仕事が生きがいであった人ほど、仕事が無くなった日常生活に生きがいを感じることはできません。

このような状況を避けるには、現経営者は、引退後に自分がやりたいか、新たな生きがいを見つけておくしかありません。海外旅行して遊ぶ、趣味に没頭するのもいいですが、それでは満足しないでしょう。

そこで、社会貢献の活動を始める、業界団体の要職に就く、中小企業の経営コンサルタントとして行政機関で働く、さらには、自ら小さな新会社を新たに立ち上げることも考えます。**新たな生きがいを創造することが、引退しなければいけない経営者の最後の職務**となります。

この職務に目を向けようとせず、80歳になってもまだ現場で働くようでは、経営者として失格です。経営者個人のリーダーシップや経営管理能力が低下していると、それだけで事業性を悪化させてしまうおそれがあるでしょう。また、突然の病気や志望によって、緊急の事業承継が行われると、事業の現場が大混乱に陥り、事業性を急激に悪化させる事態も想定されるからです。

問題点

先代経営者から無理やり社長に交代させられ、やむを得ず後継者となった子どもの働く意欲が乏しい。やる気がない。

後継者が**自らの決意で事業を継ぎ、中小企業の経営を行う覚悟ができているか**が問題となります。

後継者は、サラリーマンになる、自ら起業する、専門家になるといった他の選択肢を捨てて、**既存事業の経営者になるというキャリアを自ら選んでいる**ことを自覚しなければなりません。

この点、「社長の息子としてレールが敷かれているから」、「他にやりた

いことがないから」といった消極的な姿勢で親の事業を継ぐケースがあります。この場合、今後も成長が確実な業界であればよいですが、衰退する厳しい業界では、事業を存続させることができず、倒産させてしまうことがあります。自らの興味とやる気がない経営者に厳しい経営環境を乗り越えることはできないのです。

中小企業の経営者には、判断力や人間力を鍛えておくことはもちろんのこと、社内外で社長として認められるような人間関係を作っておくことが求められます。専門能力だけでは経営者になることはできません。得意先とうまく取引を行う営業力や社交性が求められるのです。

なお、**経営環境の変化が激しいこの時代、経営者交代を経営革新のチャンスとして捉えることができます。**確かに、先代経営者の経営理念、価値観など、今後も引き継いでいくべきものはあります。しかし、それに基づく事業戦略は、変化する経営環境に適合しなくなっているケースが多く見られます。その場合、経営戦略を変更するとともに、経営理念まで見直すことが必要となります。さらに、経営資源を大きく組み替えて、事業再構築を行うことまで必要とされることケースがあります。

いずれにせよ、事業承継が行われた後は、後継者が既存事業の経営を行います。先代経営者が行うのではありません。後継者が支配する事業です。後継者がこれから何をやりたいのか、なぜこの事業をやるのか、理念や価値観、事業の方向性を明確にしておかなければいけません。それを明確化できないのであれば、事業再構築を行うか、売却して現金化し、自ら考えた新たな事業を開始するほうがよいでしょう。

── **問題点** ───────────────────

後継者と想定している子どもが、医者として活躍しているため、後継者になることを嫌がっている。

───────────────────────────────

現経営者は、自分の子どもに価値ある事業を引き継いで欲しいと思う親心を持っているはずです。しかし、子どもが家業とは別の世界で活躍して

いる場合、子どものキャリアの選択を親子で話し合ってみるべきです。親子でのキャリア相談は恥ずかしくてできないというのであれば、事業承継の専門家を交えて対話すればよいでしょう。

子どもが企業経営の仕事やその面白さを知らないのであれば、現経営者である親が、これまでの体験談、仕事のやりがいを語ってあげることによって、事業を継ぎたいと思うかも知れません。

しかし、医者になったりゲームのプログラマーになったりすることで、専門的な能力を発揮し、**親が営む事業とは異なる業界で活躍し、立派なキャリアを自ら築いているケースがあります**。経営者の子どもの多くは、手厚い教育を受け、一流大学を卒業していることも多く、このようなケースは珍しくありません。

その場合、中小企業の経営という仕事が、子どもにとって魅力のない仕事となります。子どもが自ら「中小企業の経営者になる」という意思決定を行うかどうか、これは子どもの人生の問題です。親が子どものキャリアを勝手に決めるわけにはいけません。親子の対話を通じて、何が子どもにとって最適な人生、何が最適なキャリアなのか、ゆっくりと話し合っておくことが必要です。

仮に親と異なる業界で子どもが活躍しているとしても、親族内承継をあきらめるべきではありません。親が作り上げた既存事業には価値ある経営資源があるはずです。それをいったんバラして組み替えるか（事業再構築）、売却して現金化することによって、子どもに起業のための資金を提供すればよいのです。子どもは、自ら活躍できる業界を選び、親からもらった資金を使って起業することができれば、親族内承継は成功と言えるでしょう。

先代経営者は、既存事業が今後も成長すると信じていた。しかし、後継者がやりたいと思っていた事業ではなかった。また、後継者は、既存事業は今後衰退すると考えている。このため、両者で意見が対立し、喧嘩がたえない。

後継者は、先代経営者から引き継いだ事業の現状を把握し、今後の事業戦略を考えなければいけません。問題があれば、事業の再構築が求められます。

事業とは、経営資源が組み合わされたパッケージです。事業承継とは、そのパッケージをそのまま継続することです。しかし、経営資源のパッケージを後継者がそのまま使い続ける義務はありません。**既存事業のために使ってきた経営資源を活用して、新規事業を作り出してもよいのです。**

既存事業は先代経営者が過去に作り上げた事業です。経営環境が変われば、その収益性は低下します。**既存事業を存続すべきではないと後継者が判断すれば、新規事業を開始すればよいのです。**

ここで、既存事業を営むために活用した経営資源を有効に活用しなればいけません。特に、「ヒト」＝人的資源を使うときに注意が必要です。なぜなら、従業員は先代経営者に雇われ、既存事業のために働いてきたからです。

事業が経営資源の組み合わせだと言っても、組み合わせられている人的資源には「感情」があります。

一般的に、従業員は、仕事のやり方を変えることを嫌がります。新しい仕事に取り組むには、仕事を覚えるために大きな労力を要するからです。事業の仕組みを変更されたならば、従業員はそれに猛反対するでしょう。そうなると、新規事業を立ち上げることが難しくなります。

それゆえ、後継者が新規事業を開始しようとする場合、先に従業員との信頼関係を作り、既存事業から新規事業へ転換を図る理由を事前に説明しなければいけません。それでも、現実には従業員の反対を抑えることができないケースが多く見られます。その際は、反対する従業員を退職させ、新たな従業員を採用するしかないでしょう。

── 問題点 ──

先代経営者に忠誠を尽くしてきた従業員たちが、若い後継者の指揮命令に従って働いてくれない。後継者の人望が乏しく、リーダーシップが発揮されない。このため、従業員が顧客を引っ張って独立してしまうおそれがある。

　従業員は先代経営者に雇われ、先代経営者の経営理念やリーダーシップに従って働いています。特に、先代経営者がカリスマ創業者であったケースでは、経営者の求心力が強くなります。このような状況で、後継者が突然に新しい社長として登場しても、従業員に受け入れてもらうことは至難の業です。

　たとえば、**先代経営者がカリスマ的な存在で、リーダーシップが強ければ強いほど、従業員には「指示待ちの姿勢」が染み付いているはずです。**そのような状況のまま、リーダーシップに欠ける後継者、たとえば、組織の調和を重んじるタイプ、人間関係の調整が得意なタイプの人物が新たな経営者になると、指示をする経営者がいなくなり、組織が機能しなくなってしまいます。

　そうすると事業を継続できなくなるため、従業員が自主的に仕事に取り組むような仕組みを導入しなければいけません。

　この点、後継者が、先代経営者と同じようなカリスマ性やリーダーシップを習得しようとしても不可能でしょう。これは人格や人間性の問題と関連しており、一朝一夕に習得できる能力ではないからです。人間性の異なる後継者が、先代経営者と同じスタイルを目指すべきではありません。

　そこで、後継者は、経営者として別のスタイルを採用します。それは、従業員と共に成長を目指すスタイルです。社長が１人で引っ張る組織ではなく、チーム全体で力を合わせて推進する組織に変えるのです。つまり、**属人的経営から組織的経営への転換を行うのです。**

　組織的経営を行うために必要になるのが「経営理念」です。これが求心力になるからです。後継者はリーダーシップを発揮できず、自分を求心力の中心に位置づけることができません。組織にとって共通の価値観や理念という概念を求心力の中心に位置づけるのです。

後継者は、従業員との積極的なコミュニケーションを通じて信頼関係を築き、自らの考え方や信念・価値観を伝えます。それによって、新しい経営者と従業員との間で「経営理念」をしっかりと共有することができれば、組織全体が一体となり、同じ方向へ動くようになるはずです。

　求心力の無い後継者が、組織に新しいルールを設けようとすると、求心力の無さから社内は大混乱に陥ります。それを避けるため、いったんは従業員との人間関係作りに時間を費やし、組織的経営への転換が実現するまで後継者は何もしてはいけません。後継者が慌てると自滅するケースがあるため、注意が必要でしょう。

―― 問題点

若い後継者が積極的に経営革新に取り組もうと努力しているが、既存の従業員が理解してくれず、リーダーシップを発揮することができない。

　事業承継を行った直後の後継者は、最初に従業員との人間関係を構築しなければいけません。後継者が「自分はどのようなスタイルの経営者になるべきか」と、自分の性格や考え方・価値観を知ることも必要です。

　その際、経営者と従業員の相互理解を深めるために、**個人面談や社内飲み会を行って、コミュニケーション、対話を行うことが必要です。**それによって、経営者と従業員との信頼関係をゼロから築きあげることができます。

　後継者の社長就任当初は、リーダーシップを発揮することができません。しかし、経営環境の変化に応じて、事業の再構築が急務となっていることがあります。そのような場合では、これからの時代を生き抜くための拠り所となる考え方や価値観を後継者が自ら創り出し、従業員に理解させる必要があります。

　そこで、**後継者が「経営理念」を再設定するのです。**それに基づいて事業を再構築します。結果として、ドメイン（事業領域）の変更が必要になったり、経営資源の組み換え（事業再構築）や、経営資源の新規投入が必要

になったりすることもあるでしょう。社内が大きく変動するため、求心力を持つリーダーシップの発揮が求められます。

その際、自らリーダーシップを発揮できない後継者は、急いで別のものに求心力を発揮させなければいけません。それが「経営理念」と組織的経営です。経営者と従業員が、共通の「経営理念」に向かい、組織的に経営を行う組織を作り、同じ方向をともに目指す仲間だという協力関係を築くのです。すなわち、経営者個人がリードするのではなく、**「経営理念」に基づいて働こうとする従業員が自主的な協働意欲を持つことによって求心力を維持するのです。**

問題点

先代経営者の強烈なカリスマ性によって引っ張ってきた事業であるため、経営理念が明文化されていない。

経営理念とは、経営者の思いや考え方、価値観を明確にしたもので、経営者の行動基準であると同時に、意思決定の際の判断基準となるものです。

ただし、後継者は、経営者としての先輩である現経営者の経営理念を事前に確認しておかなければなりません。そのうえで、自らの信念や価値観を反映した経営理念を再設定することを検討します。

そうは言っても、経営管理がゆるい中小企業では、経営理念が明文化されていないケースのほうが多いことでしょう。それゆえ、**後継者は現経営者との対話（コミュニケーション）を通じて、経営理念の基礎となる価値観や考え方を理解しておくことが求められます。**

しかし、聞かせてもらった経営理念を今後も続けて掲げるかどうかは別の問題です。事業承継のタイミングでは、経営環境が大きく変化しているはずですから、これまで掲げられてきた経営理念の意味が失われているかもしれません。また、後継者は、現経営者とは異なる人格を持つ人間ですから、これまで掲げられてきたものと異なる経営理念を再設定しようとしても構いません。

後継者と想定している子どもが、大学を卒業することになった。他社に就職させるか、自社に就職させるか、現経営者は悩んでいる。

親族内承継で子どもを後継者と想定する場合、自社で育成するか、他社で育成するかという問題があります。比較的規模の大きな会社である場合、新卒で自社に就職されて、内部で育成するということも可能でしょう。

しかし、**中小規模の会社である場合、社外で育成すべきです。**その理由の1つは、現経営者が自ら後継者教育を行うことが難しいからです。

後継者が親族の場合、現経営者は社長であると同時に親であり、後継者は部下であると同時に子どもです。上司部下の関係と親子の関係が併存するのです。その結果、部下と上司との関係において親子の感情が入り込み、後継者への指導が極端に厳しくなったり、中途半端に甘くなったりすることがあります。それゆえ、後継者が一人前の社長へ成長させることが難しいのです。

また、現場の従業員にとっても、「社長の御曹司」が入社されて困ってしまうからです。将来の自分の上司に対して、厳しく指導できる従業員などいません。これでは後継者が成長できないだけでなく、現場の従業員に余計な負担をかけてしまうことになります。

以上から、子どもを一人前の経営者になるまで育成するのであれば、社外で働かせたほうがよいのです。経営者になる準備であれば、現経営者の事業と同業者の職場を選ぶことになります。同じ地域では採用してくれないと思われますので、地域の異なる同業他社を選ぶことになるでしょう。

ただし、子どもが経営者になる準備としての職場ではなく、子どもがやりたい仕事をするための職場を選んだのであれば、就職してから一定の経験を積んだ後、自社に入社してくれないことがあるため、注意が必要です。子どもがそのまま外の職場でキャリアを積むことを希望することもあるからです。

子どもに経営者になる準備をさせるのであれば、**就職先としてふさわしいのは、厳しく鍛えてくれる職場、嫌な思いや理不尽な思いを経験させられる職場でしょう。**なぜなら、自社に入った後は「社長の御曹司」として大切に扱われてしまい、従業員の辛い立場や現場の苦労を経験することが

できなくなるからです。

　経営者が**従業員に対してリーダーシップを発揮するには、従業員の気持ちを理解する能力を持つことが不可欠です。**ただし、それは社外で修行期間中でなければ習得することができません。このような経験を通じて、後継者を育成しなければなりません。

─── **問題点** ──────────────────────────────

大きな実績を残している古参の営業部長（幹部）の発言力が強く、後継者がリーダーシップを発揮することができない。

　事業承継を行う場合、経営幹部の登用は後継者が行うべきです。また、新卒社員などの採用も後継者が行うべきです。営業部長、工場長、管理部長などで高齢者がいれば、それを若手人材へと交代させていきます。事業承継のタイミングでは、経営者の若返りだけでなく、幹部社員の若返りも必要だからです。

　この際、**後継者が自分の右腕にしたい人材を経営幹部に抜擢することが必要です。**後継者の社内での立場を強固にするためです。

　実績豊富な営業部長は、後継者が何も仕事をわかっていない入社時から活躍してきたわけですから、後継者が今から頑張ったところで追いつけるはずはありません。

　逆に、営業部長の立場から見ても、「うちの会社は俺が稼いでいるのだ、仕事がろくにできないお坊ちゃんに偉そうに命令される筋合いはない」と反発するはずです。このような状況では、後継者が営業部長を管理することができません。

　しかし、直属の幹部社員が後継者の味方につく若手人材であれば、営業部長のほうの立場が弱くなります。そのうち後継者に従うようになるでしょう。経験と実績に勝る幹部社員に対して経験に乏しい後継者がリーダーシップを発揮するには、**社内を後継者中心の組織体制に変えていくしかないのです。**

【A-3】親族内承継に係る承継手続きの問題

→ 問題が発生する３つの側面

↓ 承継の方向性

	事業性の評価	経営者の生き方	承継手続き
親族内	A-1	A-2	A-3 目標 現状 課題
従業員	B-1	B-2	B-3
第三者	C-1	C-2	C-3

　親族内承継における承継手続きの問題とは、親から子どもへ自社株式や経営資源を承継することが難しい状況をいいます。

　たとえば、法人の株式の贈与または相続、事業用不動産などの経営資源の贈与または相続には重い税負担が伴うため、事業承継に円滑に進められないケースがあります。

　また、法人化されていて、株式を承継させようとする場合、既存事業をそのまま継続させなければいけませんから、後継者が既存事業を安定的に運営できるよう、会社法上の支配権を確保が求められます。つまり、**後継者が、少なくとも議決権の過半数超を獲得できるように承継しなければなりません。**

法人の持株数と株主の権利

持株数	可能な決議または権利行使の内容	備　考
3/4 以上	特殊決議（剰余金配当等に関する株主ごとの異なる取り扱いへの定款変更）	非公開会社の場合
2/3 以上	特別決議（定款変更、解散、事業譲渡等）	
過半数	普通決議（役員選任解任、計算書類の承認等）	
1/3 超	特別決議の否決	
1/4 超	特殊決議の否決	
10/100 以上	解散判決請求権	
3/100 以上	株主総会招集請求権、帳簿閲覧請求権、役員の解任請求の訴え等	
1/100 以上	株主総会の議題提出権等	取締役会設置会社の場合

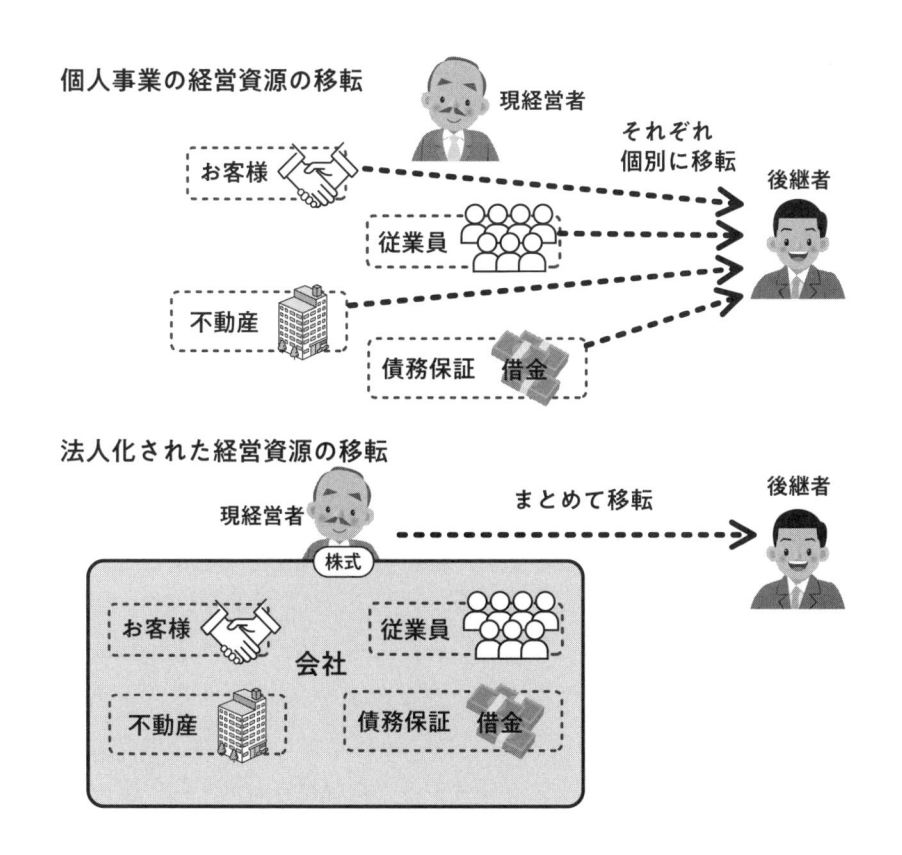

個人事業の経営資源の移転

現経営者

それぞれ個別に移転

後継者

お客様

従業員

不動産

債務保証　借金

法人化された経営資源の移転

現経営者

まとめて移転

後継者

株式

会社

お客様

従業員

不動産

債務保証　借金

また、現経営者が負担する負債（銀行借入金、個人保証）を後継者が引き継ぐことを嫌がることが問題となります。法人は経営資源がパッケージ化されていますから、マイナス価値の経営資源を除外することはできないのです。その場合、そもそも銀行借入金を引き継がないようにする方法はないか、引き継ぐとしても個人保証を外す方法はないか、検討することになります。

　これは事業性評価と関連する問題です。黒字体質であって事業性に問題が無く、借入金を返済できる場合は、負債の引継ぎを嫌がることはないでしょう。しかし、赤字体質であって事業性に問題があり、借入金を返済できなくなるおそれがある場合は、負債の引継ぎを嫌がることがあります。会社が倒産すれば、経営者が個人財産も失ってしまう事態に陥るからです。

　実務上見られる典型的な問題として、以下のようなものが挙げられます。引退しようとする経営者は、これらを解決するための課題を設定しなければいけません。

── 問題点 ────────

会社に多くの少数株主（親族外、遠い親戚）が存在し、将来的に株式が分散して買取りを請求されるおそれがある。

　後継者が既存事業の経営を引き継ぐには、株式の所有を通じた支配権を確立しなければいけません。**会社を経営するのは「経営者」なのですが、会社を支配するのは株主です。その株主の権利を表すものが株式です。**経営者は、同時に株主であることによって、自らの地位を安定化させ、経営に専念することができます。

　株主の権利を表す株式を、後継者以外の人間に持たせるべきではありません。先代経営者以外に少数株主がいたならば、彼らからも株式を承継しなければいけません。

　株式が少数株主へ分散している場合でも、現経営者と同年代の株主であれば、おとなしく黙っているかもしれません。しかし、少数株主に相続が

発生すると、彼らの相続人が株式を所有することになります。現経営者にとっては親しい親戚であったしても、親戚の次世代となると、後継者にとっては遠い親戚であり、赤の他人も同然です。経営に無関係な人たちは、株式の高額な買取りを要求してくるでしょう。

そこで、**現経営者から後継者への承継のタイミングで、少数株主の所有する株式を後継者または会社が買い取っておくべきです。**少数株主からの株式買取り交渉は、後継者に先送りさせるのではなく、現経営者が行っておくほうがよいでしょう。円満に買い取ることができるはずです。

―― **問題点** ――――――――――――――――――――――

少数株主が存在するが、名義株である可能性が高い。少数株主の所在が不明であり、何らかの法律問題が生じるおそれがある。

会社に現経営者以外の少数株主が存在し、それらが名義株であれば、現経営者の株式の一部が承継できずに放置されることになります。それを放置すると、所在不明の少数株主が突然現れて、株式の高額な買取りを要求するおそれがあります。

そこで、現経営者から後継者への株式承継のタイミングで、名義株の整理だけでなく**所在不明の株主の調査を行って、所在不明株主が持つ株式を後継者または発行会社が買い取っておくべきです。**

この点、**経営承継円滑化法には、所在不明株主に関する会社法特例があります。**会社法では、所在不明株主に対して行う通知が5年以上到達せず、剰余金の配当を5年以上受領しない場合、その保有株式の売却の手続き（会社による買取り）を行うことが可能でした。しかし、5年間という要件が長すぎるため、事業承継の際に使いづらいものとなっていました。そこで、経営承継円滑化法の認定を受けることと一定の手続きを行うことを前提に、要件を1年間に短縮する会社法特例が設けられたのです。これによって、所在不明株主が持っている株式を買い取ることができます。

事業所の土地を先代経営者が個人で所有し、会社へ賃貸している。社長交代が成功したとしても、経営者個人の相続問題によって土地の賃貸借契約が切られてしまうおそれがある。

　会社で営む既存事業を承継しようとする現経営者は、個人で持つ事業用資産をすべて会社へ移してしまってから事業承継を行うべきではありますが、土地など一部の経営資源を個人所有としたままの状態で放置するケースが多く見られます。

　典型例が、**経営者の個人所有の土地の上に、会社所有の建物（営業所、工場、店舗など）を建てているケース**です。一度、このような状態になると、個人から会社への土地の譲渡に大きな税負担が伴うこととなり、経営資源を集約化することが難しくなります。

　この状態で何もしなければ、税務上、会社が税務上の借地権を持つことになります。借地権というのは土地を譲り渡しなくても自動的に発生するため、気づかないケースが多く見られます。

　こうなると、借地権の認定課税など、株式承継の手続きにおいて税務の問題が発生します。この問題の解決は、会社の顧問税理士に任せるしかありません。

　税理士以外の支援者にとって難しい問題となりますが、この問題の解決策は、賃貸借契約があり、「土地の無償返還の届出書」を提出してあったかどうかで決まります。「土地の無償返還の届出書」とは、貸主である個人と借主である法人の間において、借地権を設定せず、契約終了時においても対価の支払いが無いことを約束した書面のことです。

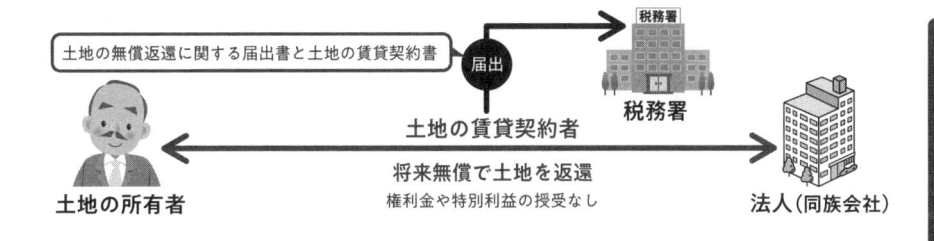

そもそも賃貸借契約を締結しておらず、「土地の無償返還の届出書」を提出していなかった場合、会社が借地権を持つことになります。その場合、借地権の評価額を自社株式の評価に反映させて、株式承継の手続きを考えることとなります。

これに対して、「土地の無償返還の届出書」を提出してあった場合、会社は借地権を持たないことになります。ここでさらに「場合分け」が必要となり、地代が無償か有償かによって取り扱いが変わります。

地代が無償の場合（使用貸借）、会社の借地権の評価はゼロとして自社株式を評価する一方で、個人の貸宅地は、自用地100%として評価することになります。これに対して、地代が有償の場合（賃貸借）、自用地の20%相当額だけを自社株式の評価に加算する一方で、個人の貸宅地は、自用地の80%相当額で評価することになります。

問題点

後継者である子どもにすべて事業を継がせると、後継者ではない子どもに継がせる財産が小さくなり、将来の相続時に遺産分割争いが発生するおそれがある。

親族内承継は、現経営者個人の相続と関連しています。子どもの1人に自社株式という大きな財産を承継してしまった場合、それ以外の子どもに何を承継するかが問題となります。相続発生前に自社株式や事業用資産を贈与したとしても、それは相続時の遺留分の計算上、「特別受益」として

持戻しの対象となり、特別受益を含めた相続財産を平等に分けようという遺産分割争いにつながるからですです。

この問題の解決策の1つは、**経営承継円滑化法の民法特例**です。民法特例には除外合意と固定合意があり、自社株式の全部または一部（値上がり部分）を遺留分の計算対象から除外することが可能となります。

民法特例を適用しない場合、生命保険などによって、後継者ではない相続人が取得する財産を準備しておくことが必要となります。正確には、死亡保険金の受取人となった後継者が、後継者ではない相続人に支払う代償金を支払うことが解決策となります。後継者が取得する自社株式や事業用資産とのバランスを図るようにするためです。

── 問題点

会社の株式の評価額が高いため、贈与に伴う税負担が重すぎる。

親族内承継において現経営者は、自社株式を子どもに贈与または は相続します。相続まで持ち続けることは好ましくないため、生前に贈与すべきでしょう。

しかし、収益性が高く、規模の大きな会社の株式評価額は、驚くほど高くなっており、それに対する贈与税負担は重いものとなります。従来、このような状況に直面した経営者が株式承継をためらってしまい、事業承継が進まない原因だとして社会的な問題となっていました。

この問題の解決策の1つは、**経営承継円滑化法の贈与税・相続税の納税猶予制度（事業承継税制）**です。2018年に導入された**特例措置**を適用しますと、**100%**の株式に係る納税が猶予され、最終的に免除されます。この制度を使えば、もはや株式評価額を引き下げる相続税対策は不要です。経営者は、高い株式評価が高くなることを気にする必要がなくなり、企業価値の向上に邁進することできるようになりました。

また、事業承継税制を使うまでもない小規模な企業の場合、複数年度にわたって暦年課税による贈与を繰り返したり、株式評価額を引き下げたう

えで相続時精算課税制度による贈与を行ったりすることが、効果的な株式承継の方法となります。

—— **問題点** ——————————————————
子ども２人が会社に入っており、どちらに株式を継がせればよいか悩んでいる。

現経営者の親心から、２人の子どもを平等に扱おうとし、自社株式が均等に承継されるケースがあります。しかし、２人の子どもが経営権を握るとすると、仲が良い時期は何もありませんが、仲が悪くなったときに、経営権を巡る争いに発展するおそれがあります。くだらない意地の張り合いで兄弟喧嘩が始まれば、兄弟の主導権争いが続き、社内が混乱に陥ることになります。血縁の絆を過信してはいけません。もともと親しい間柄であっただけに、一度関係がこじれると、修復はまず不可能です。死ぬまで口も聞かなくなるケースは意外と多く見られます。

このような事態を避けるため、２人の子どもがいたとしても、後継者を１人だけ選定するほうがよいでしょう。どちらが経営者にふさわしいか判断できない場合、一般的に長子を選ぶことになるでしょう。**後継者である子どもには自社株式のすべてを渡し、後継者ではない子どもにはそれ以外の財産（不動産や金融資産）を渡す**ようにします。自社株式以外の財産が足らないのであれば、事業や経営資源の一部を売却して現金を用意すればよいでしょう。

後継者ではない子どもは、自らキャリアを作ることになります。サラリーマンとして働くことが難しければ、親が開業資金を出してあげて、起業させるとよいでしょう。起業も難しければ、**不動産賃貸業**を始めさせるしかありません。これであれば、不動産を取得する資金さえあれば開始することができます。後継者ではない子どもは、自ら稼ぐための仕事を得ることができます。

たとえば、複数店舗を営む飲食業など、事業が複数ある場合には、**会社**

分割によって事業を２つに分け、それぞれ別々の子どもに承継するという方法もあります。ただし、会社分割によって規模の経済を失って収益性が低下し、事業価値が失われるおそれがあるため、慎重に検討すべきでしょう。

── 問題点

会社の銀行借入金、保証債務の金額が大きく、後継者がそれを引き継ぐことを拒んでいる。

　株式承継によって経営資源のパッケージが承継されますと、後継者は、マイナス価値の経営資源まで取得することとなります。実務上は、代表者交代にともなって、先代経営者が負担してきた連帯保証債務を引き継ぐことになるのです。後継者は、会社の借入金に対する連帯保証人として、金融機関との契約を締結しなければならないのです。

　事業に十分な収益力があり、そのキャッシュ・フローで借入金を返済できるのであれば、後継者が心配することはないでしょう。また、収益力が低くとも、高く売却できる経営資源（土地や金融資産など）があれば、その売却代金で借入金を返済できます。事業リスクを負担することに後継者の勇気が必要かもしれませんが、価値ある事業を受け取ることの見返りとして、負担すべき債務です。後継者は覚悟を決めて債務保証を行わなければいけません。

　しかし、事業の収益性が低下し、そのキャッシュ・フローで返済できそうにない場合、高く売却できる経営資源が無い場合、後継者が承継できるかどうかが問題となります。後継者は、「もしかしたら、この会社は倒産するかもしれない、そうなったら私は自己破産だ」と考えて、事業承継を拒否することもあるでしょう。

　このような場合、金融機関と交渉して、**経営者保証ガイドライン**の適用を求めることができます。経営者保証ガイドラインとは、経営者の個人保証を依存しない融資を促進していこうとする金融機関の自主規制ルールです。法人と経営者個人との関係の明確な分離、財務基盤の強化、財務状況

の適時適切な情報開示という３つの要件が充足された場合、原則として、経営者の個人保証を取らないで融資を実行すべきとされています。

　経営者保証ガイドラインには法的な強制力が無いため、金融機関にこの適用を強制することはできません。これを参照しつつ、個人保証の解除をお願いすることとなります。

　しかし、金融機関も回収不能リスクを考えますから、個人保証の解除には応じてくれないはずです。粘り強く、最低１年くらい交渉すれば、運良く応じてくれるケースもあるようですが、あまり期待することはできません。

　そうなると、親族内承継をあきらめ、第三者承継または経営資源引継ぎを伴う廃業を行うべきでしょう。事業や経営資源の売却によって現金で得ることができれば、子どもには（借入金返済後の）現金を承継することができます。勇気を出して危ない事業を承継するか、安全確実な現金を承継するか、ここは慎重に判断しなければいけません。

── 問題点 ──

事業そのものの収益性は悪くないが、過去の投資失敗によって負担した銀行借入金が重く、大幅な債務超過となっている。

　後継者に借入金が承継されるとすれば、後継者は、既存事業が稼ぐキャッシュ・フローで借入金を返済しなければいけません。

　後継者が負担する借入金が、運転資金を維持するために必要なものだと考えられるならば、後継者が責任持って引き継がなければいけません。運転資金は事業に不可欠な経営資源だからです。創業時における資金調達と同じ意味だと考えればよいでしょう。

　しかし、この借入金が、本業とは無関係な損失、たとえば、投資用不動産や金融商品への投資の失敗（財テクの失敗）から生じた損失が原因であるとすれば、それを既存事業と一緒に後継者に引き継がせることは、酷な話です。これから後継者が稼ぐキャッシュ・フローは、本来であれば後継者の手元へ分配されるべきところ、借入金の返済に消えてしまうからです。

この点、現経営者には、**借入金を無理やり後継者へ引き継がせる**という選択肢と、**借入金を現経営者の世代で消滅させる**という選択肢があります。

　現経営者の世代で消滅させるとすれば、借入金を返済するか、踏み倒すことが必要です。返済するのであれば、現経営者の個人財産によって返済することが理想的でしょう。これに対して、踏み倒すのであれば、経営資源を後継者に引き継いだ直後に、借入金だけが残された会社とその債務保証を行う個人が破産することになります。

　規模の大きな事業であれば、後継者へ会社法上の事業譲渡を行いたいところです。しかし、この方法であれば、税務や財務の問題が発生しますので厄介です。そこで、後継者が新会社を設立し、経営資源を引き継ぐ方法をとります。顧客関係や技術・ノウハウなどの知的資産や、従業員の雇用契約という人的資産は、いずれも「目に見えない資産」です。いずれを引き継ぐ場合においても税務や財務の問題は発生しません。すなわち、法人税等は課税されず、対価を無償とすることが可能です。

　ただし、経営資源の引継ぎを行うとしても、決算書に計上されている資産だけは有償での譲渡となります。高額な土地が計上されていれば、その引継ぎはあきらめ、什器備品や在庫といった小さな資産のみ、後継者が個別に購入すればよいでしょう。

　このように、**対価の支払いはほとんど無く、課税も回避しながら、徐々に経営資源を新会社へ引き継いでいけば、後継者は、ほとんど既存事業と変わらない事業をスタートすることができます。**

　もちろん、経営資源をすべて喪失した会社は、多額の借入金を残しつつもキャッシュ・フローが止まって、すぐに破綻します。**残された会社の借入金は、現経営者が返済します。**返済できなければ、裁判所へ破産手続きを申し立てることになります。

　それでも借入金が残ってしまった場合、最終的な手段となるのが**相続放棄**です。将来の相続発生時に相続放棄を行うことによって、現経営者の相続人が借入金を引き継がないようにすることができます。

── 問題点

先代経営者個人から会社に対する「貸付金」、すなわち、会社が負担する「借入金」が大きすぎる。

　会社の資金繰りのため、一時的に経営者から資金を借り入れることがあります。このような借入金は、会社の資金に余裕ができたときに返済すべきものです。しかし、返済しなかった場合、その負債が「役員借入金」として累積していくことになります。

　この負債は、先代経営者個人の立場から見れば「貸付金」という金銭債権です。それが将来の相続財産となれば、相続税が課されます。それゆえ、個人の相続税対策の観点からは、債権・債務を解消しておかなければなりません。

　役員借入金を消滅させるには、返済する方法が考えられます。手元に現預金が無ければ、法人契約の生命保険を解約したり、投資用の有価証券を売却したりして、返済原資を作ります。

　生命保険などが無ければ、返済しない方法を採用せざるを得ません。つまり、お金を支払わずに役員借入金を消滅させることを考えるのです。その方法には、2つあります。

　1つは、DES（デット・エクイティ・スワップ）です。これは、会社の借入金を資本に組み入れる、すなわち、個人の貸付金を現物出資することです。この結果、先代経営者の持株数が増えますので、その株式承継を検討しなければいけません。

　この点、**債務超過の場合に注意が必要です**。役員借入金が資産を上回る状況でDESを実行しますと、個人の貸付金の評価額（時価）が、債権額（簿価）よりも低くなってしまいます。そうなると、DESの結果として、会社に債務免除益が発生するため、それに対する法人税等の課税が問題となります。このような場合、一度、金銭出資を行ってから役員借入金の返済を行う「疑似DES」を検討する必要が出てきます。

　もう1つは、先代経営者が会社に対して債権放棄を行うことです。この結果、会社に債務免除益が発生します。これを繰越欠損金と相殺すること

ができなければ、それに対する法人税等の課税が問題となります。

　また、会社の債務免除によって株式の評価額が上昇すると、先代経営者以外の株主が得られた経済的な利益（評価額の上昇した部分）に対して贈与税が課される可能性があります（株主間贈与）。

　なお、債権放棄を行うには、個人側は「債権放棄通知書」を作成し、会社側は取締役会議事録を作成しておくとよいでしょう。

　これら**債務免除益に対する課税に耐えられないときは**、実務上、会社を解散して清算する方法がとられます。この方法によれば、期限切れ欠損金を活用することができるようになり、課税の問題が無くなるのです。

（３）従業員承継に係る問題

【B-1】従業員承継に係る事業性評価の問題

問題が発生する３つの側面

		事業性の評価	経営者の生き方	承継手続き
承継の方向性	親族内	A-1	A-2	A-3
	従業員	B-1　現状　目標　課題	B-2	B-3
	第三者	C-1	C-2	C-3

　従業員承継における**事業性評価の問題**とは、事業そのものを存続・成長させることが難しい状況をいいます。たとえば、赤字が続いていて収益性

改善が難しい、売上減少が続いていて食い止めることが難しいといった
ケースです。

　この場合、新しい商品・サービスの開発、経営管理体制の見直し、無駄
なコスト削減、デジタル化による業務効率化など、既存事業の改善から始
めます。それでも効果が出ない場合は、既存事業の廃止と新規事業の立ち
上げなど、事業再構築を検討することになります。それでもなお改善でき
ない場合には、親族内承継を断念し、第三者承継に切り替えることで、シ
ナジー効果による経営効率化を狙うこととなります。

　ここでは、承継すべき経営資源（ヒト・モノ・カネ・無形資産）を把握す
ることが重要です。その中でも知的資産を消滅させずに引継ぎできるかど
うかが問題となります。たとえば、顧客情報や顧客との人間関係、知名
度・ブランド・信用力、技術・ノウハウ、知的財産権（特許権等）などです。
これらは極めて重要な経営資源であるため、単独に引き継ぐにせよ、事業
として承継するにせよ、知的資産を確実に承継させることは最も重要な課
題となります。

　また、先代経営者が築いた経営管理体制や業績評価制度を後継者がうま
く引き継ぐことができないことも問題となります。たとえば、これまで官
僚的な組織、年功序列の給与体系のもとで経営されていたとしても、新し
い経営環境に直面している後継者が、それをうまく活用できないケースが
あります。その場合、フラットな組織構造へ変えたり、成果主義の報酬体
系に変えたりすることがあります。業績評価におけるKPIを変更するこ
ともあるでしょう。

　実務上見られる典型的な問題は、**【A-1】親族内承継に係る事業性評価
の問題**と同じものとなります。

【B-2】 従業員承継に係る経営者の生き方の問題

→ 問題が発生する3つの側面

	事業性の評価	経営者の生き方	承継手続き
親族内	A-1	A-2	A-3
従業員	B-1	B-2 （現状→目標 課題）	B-3
第三者	C-1	C-2	C-3

↓ 承継の方向性

　従業員承継における**経営者の生き方の問題**とは、現経営者が引退することができない、従業員が後継者になろうとしない、後継者に決まった従業員に対する経営者教育が必要となる状況をいいます。

　現経営者が引退しようとしない問題は親族内承継と同じです。

　一方で、従業員には、事業（会社）のオーナー経営者になる決意を固めることができない、責任を引き受ける覚悟ができない人が多く見られます。

　従業員承継における後継者は、経営幹部や従業員であり、現経営者の親族ではありません。サラリーマンとして雇われる立場において長年働いてきたため、自分がオーナー経営者となって支配すること、組織のトップに立ってリーダーシップを発揮することは難しいのではないかと尻込みするケースが多いようです。

　加えて、親族でないがゆえに、株式を無償で承継することはできず、有償での買取りとなります。それゆえ、買取資金の調達という財務の問題が発生します。

　経営者としての資質という観点から、特定の職務において能力が高く、

経験が豊富な従業員であっても、経営者に必要な能力や経験を持たないケースがあります。戦略立案や経営管理のような社長の仕事ができるかどうか、わかりません。たとえば、優秀な営業マンであっても、管理の仕事が大嫌いというケースがあります。OJTで教育するとしても、中高齢者である従業員に今から学習させることは、容易ではありません。

　従業員を後継者にするとしても、社長としてリーダーシップを発揮できないことが問題となります。特に、先代経営者のカリスマ性の高かった場合、後継者はつらい状況に直面します。これまで他の従業員と同じ立場で働いてきた従業員が、突然に社長となってお題目だけ掲げて命令したとしても、他の従業員はついてきてくれないでしょう。そのような場合、経営理念を求心力とする組織的経営を行うことができるように、現経営者が事前に組織風土を変えておかなければいけません。

　また、これまでサラリーマンとして給料を貰う立場にあった従業員は、社長の職務をイメージしたことはありません。戦略立案や経営管理という社長の職務を習得できるよう、手厚い経営者教育が求められます。

　実務上見られる典型的な問題は、**【A-2】親族内承継に係る経営者の生き方の問題**とほとんど同じものとなりますが、それ以外にも以下のような問題が発生することがあります。引退しようとする経営者は、これらを解決するための課題を設定しなければいけません。

問題点

親族内に後継者がいないにもかかわらず、現経営者は事業承継について何も考えておらず、引退しようとしない。社長が辞めてしまったら自分たちはどうなるのかと従業員が不安に感じている。

　現経営者は、事業承継することを考えたくありません。経営者として仕事中心の人生を行きてきたため、仕事の無くなった人生が想像できないからです。生きがいである仕事を失ってしまうと、自分はどのやって毎日生活すればよいのと、老後生活について、不安や心配、寂しい思いを抱くの

です。

　それゆえ、事業承継のタイミングでは、現経営者の引退後のセカンドライフをアドバイスすることが求められます。

　一番良いアドバイスは、次の仕事を見つけることです。「のんびり遊んで暮らしなさい」と言っても無駄です。経営者は、仕事ほど面白いことはこの世の中にはない、仕事が一番楽しいと思っているのです。趣味に没頭したり旅行で遊んだりしようとは思いません。

　仕事としては、たとえば、慈善事業やボランティア活動に取り組む、業界団体など公的な仕事に取り組む、新たな事業と立ち上げるなど、新たなやりがいを見つけることが必要でしょう。

── 問題点 ─────────────

後継者はサラリーマンとして勤務してきた従業員であるため、オーナー経営者になって責任を負う覚悟ができない。

───────────────────────

　サラリーマンが経営者になるには、会社を辞めて起業するしかありません。起業してゼロから事業を立ち上げるとすれば、経営資源をゼロから集めたり、新たに創造したりしなければいけません。失敗するケースも多いため、事業に成功する人はごく一部です。難易度の高い仕事となります。

　しかし、事業承継であれば、それほど難易度は高くありません。すでに経営資源が集められていて、キャッシュ・フローが確実に手に入るからです。しかも、従業員承継であれば、第三者間のM&Aのように高い譲渡価額を要求されることはありません。手が届く低い金額で買い取ることができます。

　つまり、従業員承継は、従業員にとって、宝くじに当たったといっても過言ではない、極めて幸運な状況なのです。

　長年サラリーマンとして働いてきた従業員は、経営者の立場で働くことに自信が持つことができません。「自分には無理だ」と言い出すケースもあります。しかし、後継者として任命されたことに感謝し、その幸運を正

しく理解することができれば、オーナー経営者になることを覚悟することができるはずです。

【B-3】従業員承継に係る承継手続きの課題

⟶ 問題が発生する3つの側面

↓ 承継の方向性		事業性の評価	経営者の生き方	承継手続き
	親族内	A-1	A-2	A-3
	従業員	B-1	B-2	B-3（目標・現状・課題）
	第三者	C-1	C-2	C-3

　従業員承継における承継手続きの問題とは、従業員が、株式や経営資源を承継することが困難な状況を言います。その原因は、**親族内承継と異なり、有償での譲渡となる**ことにあります。たとえば、会社の株式の買取り、不動産など高額な経営資源の買取りを有償で行うとすれば、自己資金の乏しいサラリーマンは、日本政策金融公庫など金融機関からの資金調達を考えなければいけません。

　また、現経営者が負担する債務（銀行借入金、個人保証）を後継者が引き継ぐことを嫌がることが問題となります。会社（法人）は経営資源がパッケージ化されていますから、マイナス価値の経営資源を除外することはできないのです。その場合、そもそも銀行借入金を引き継がないようにする方法はないか、引き継ぐとしても個人保証を外す方法はないか、検討することになります。

　これは事業性評価と関連する問題です。黒字体質であって事業性に問題

が無く、借入金を返済できる場合は、負債の引継ぎを嫌がることは無いでしょう。しかし、赤字体質であって事業性に問題があり、借入金を返済できなくなるおそれがある場合は、負債の引継ぎを嫌がることがあります。会社が倒産すれば、個人財産も失ってしまう事態に陥るからです。

ちなみに、ほとんどの会社では、従業員には決算書を見せていないはずです。銀行借入金を知らせずに事業承継を進めてしまうと、借入金の金額を知ったときに従業員が辞退してくるケースがあるため、注意が必要でしょう。早い段階で、後継者に財務内容を開示しておかなければなりません。

実務上見られる典型的な問題として、以下のようなものが挙げられます。引退しようとする経営者は、これらを解決するための課題を設定しなければいけません。

—— 問題点 ————————————————

後継者である従業員には、事業を買い取る資金が無い。

従業員承継において、真っ先に直面する問題が、従業員に買取資金がないという現実です。特に、会社（法人）となっている事業を承継する場合、パッケージ化された経営資源を丸ごとすべて引き継がなければいけません。

会社の株式評価額が高くなる原因は、業績好調のために利益額や純資産額が大きいことです。しかし、事業承継の時期を迎える老舗企業の場合、業績は悪くなっていても、多額の定期預金や有価証券、保険積立金を持っているために株式評価額が高くなっているケースがあります。これについては、2つの対処方法があります。

1つは、**株式評価額を下げてから会社の株式を譲渡する方法です。**余剰資金や生命保険の解約返戻金を現経営者に退職金として支払うか、株主に配当を行えば、株式評価額は低下します。従業員に負担できる金額まで引き下げることができれば、あとは従業員個人が努力して資金調達すればよいでしょう。

ちなみに、株式評価額が高い会社の株式を無償または著しく低い価額で

譲渡する場合には注意が必要です。税務上、譲渡所得税や贈与税が発生することがあるからです。

　もう1つは、**会社を譲渡するのではなく、事業だけを切り出して譲渡する方法です**。余剰資金や生命保険は会社に残し、必要となる経営資源のみ従業員へ譲渡するということです。そうすれば、従業員に負担できる金額まで引き下げることができるはずです。

　後継者である従業員が資金調達を行う方法として、**日本政策金融公庫（国民生活事業）が提供する「事業承継・集約・活性化支援資金」があり、最大7,200万円までの融資を受けることができます**。返済期間は20年以内です。この際に経営承継円滑化法の金融支援の適用も受けるとすれば、利率が低くなりますので、有利な条件での借入れを行うことができます。

　事業譲り渡しようとしても、なお評価額が高すぎる場合、事業を承継するのではなく、必要最低限の経営資源を引き継ぐ方法を検討します。**顧客関係のみ引き継ぐケース、従業員のみ引き継ぐケースであれば、譲渡価額はゼロになります。**

問題点

本社ビルを所有しているため株式評価額が高くなり、従業員が株式を買い取ることができない。

　従業員へ会社の株式を有償で譲り渡しようとしても、株式評価額が高くなっていると、従業員が買い取ることができません。老舗企業の場合、本社ビルのような大きな不動産や投資用資産があるために株式評価額が高くなることがあります。

　このような状況では、会社ではなく、事業だけを切り出して譲渡する方法を採用します。すなわち、不動産は会社に残し、必要となる経営資源だけを従業員へ譲渡するのです。そうすれば、譲渡価額を抑えることが可能となり、従業員でも買い取ることができようになります。

　ちなみに、不動産を承継する対象から外して事業を譲り渡した後、先代

経営者の手元に会社が残されることになります。本社ビルだけを所有する会社です。もちろん、後継者が本社ビルを継続して使用するのであれば、賃貸することになります。

　その後、**現経営者が、不動産だけを持っている会社をどのように処分するかが問題となります。**

　この点、株式を売却して現金化する方法、不動産賃貸業に事業承継税制を適用して子どもに承継する方法の2つがあります。

　株式の売却は一般的に「不動産M&A」と呼ばれます。個別に不動産を売却するよりも所得税負担が軽くなります。

　また、不動産賃貸業に事業承継税制を適用するのであれば、事業実態要件を満たすことが求められます。これは、親族ではない正社員を5人以上雇って、不動産賃貸業を3年以上営むことです。この方法によれば、相続税負担が軽くなります（特例措置であれば税負担ゼロ）。

── 問題点 ─────────────

先代経営者は、従業員承継を行おうとしたが、経営者交代だけ行い、株式承継は行っていない。これは、自分の孫が次の後継者となることを夢見て、従業員は「中継ぎ」と位置づけたからである。しかし、先代経営者が病気で入院してしまい、相続が発生する可能性が高まってきた。

　先代経営者の子どもが社長に就かなかったために、孫へ事業を継がせようと考えるケースがあります。孫の世代まで事業承継を先延ばしするということです。そうすると、孫が承継するまでの間、従業員や外部招聘の専門人材に、一時的に経営を任せることになります。雇われサラリーマン社長による経営です。

　中小企業では、株式の所有と社長の経営を一致させることが原則ですが、このようなケースでは、所有と経営が分離してしまうことになります。

　この状況には、いくつか問題があります。

　株主側からすれば、親族外の従業員が経営を行うことによって、経営リ

スクだけを負わされることになります。雇われサラリーマン社長は、株式を所有しておらず、債務保証していませんので、責任を負うことがありません。それゆえ、ハイリスクの投資を好んで実行しよう考える傾向にあります。成功すれば社長の成果、失敗しても失うものがないからです。

これに対して、経営者側、すなわち雇われサラリーマン社長側からすれば、経営の成果を獲得することができません。社長の仕事の成果として会社が利益を得たとしても、それは株主へ配当され、社長個人の利益になりません。それゆえ、業績を上げるための経営努力を行おうというモチベーションが生じにくくなり、無理せずのんびり働こうと考えることがあります。

それゆえ、このような問題が伴う状況であることを認識したうえで、孫への事業承継が実現するまでの期間、株主としてのガバナンスを効かせて、慎重に会社への支配を続ける必要があるのです。

（4）第三者承継に係る問題

【C-1】第三者承継に係る事業性評価の問題

➡️ **問題が発生する3つの側面**

⬇️ **承継の方向性**

	事業性の評価	経営者の生き方	承継手続き
親族内	A-1	A-2	A-3
従業員	B-1	B-2	B-3
第三者	C-1 目標 現状→課題	C-2	C-3

第三者承継における**事業性評価の問題**とは、事業そのものを存続・成長させることが難しい状況をいいます。たとえば、赤字が続いているが収益性改善が難しいケースです。

　この場合、**M&Aによるシナジー効果（相乗効果）によって、問題を解決します**。たとえば、譲受け側（買手）が提供している商品・サービスを新たに販売してみる、譲受け側と経営管理体制を一本化させる、譲受け側が主導してデジタル化を進めるなど、単独では実施することができない経営改善策を実施します。譲渡し側の事業と譲受け側の事業を統合させることで、収益性を改善させることが可能となります。

　また、承継すべき経営資源（ヒト・モノ・カネ・無形資産）を把握することが重要で、その中でも知的資産を消滅させずに譲受け側へ承継できるかが問題となります。たとえば、顧客情報や顧客との人間関係、知名度・ブランド・信用力、技術・ノウハウ、知的財産権（特許権等）などです。これらは極めて重要な経営資源であるため、単独で引き継ぐにせよ、事業として承継するにせよ、知的資産を確実に承継させることは最も重要な課題となります。

　第三者承継における譲受け側は、将来キャッシュ・フローを獲得するために、対価を支払います。将来キャッシュ・フローを生み出す源泉となる知的資産を確実に譲り受けなければいけません。

　この点、中小企業では顧客情報や営業力などの**無形資産が現経営者に帰属していることも多いため、譲受け側へ無形資産を引き継ぐことができるか**が問題となります。また、無形資産が従業員に帰属していることも多いため、M&Aが成立した後も従業員が継続して働くことができるかが問題となります。

　M&A実行前に、現経営者から従業員に対して、経営者が交代することになった理由、それでも雇用と処遇が維持されることを丁寧に説明し、理解を得ることが不可欠でしょう。

　また、経営者の生き方の問題にも関連しますが、譲渡し側にとって、譲渡価格を最大化できるかどうかが問題となります。そのためには、M&Aを実行する前に、事業の磨き上げを行って事業価値を高めておくこと、譲

受け側においてシナジー効果の発揮が期待できるような状態にしておくことが求められます。

第三者承継では、一般的に、同業者（会社）が有償で事業を譲り受けることとなります。譲受け側の経営者は、すでに同業またはその他事業の経営を続けてきたベテランです。譲受け側の経営に口を挟む余地はありません。それゆえ、譲受け側にいる経営者の生き方が問われることはありません。

しかし、PMIを通じて事業の統合を図ることができるかどうかが問題となります。**PMIを実施する主体は譲受け側です。しかし、譲渡される企業の従業員が協力しなければPMIは成功しません。**それゆえ、譲渡し側において事業承継のアドバイスをしていた支援者は、PMIのアドバイスを求められることがあります。

その一方で、譲渡し側の経営者の生き方については、引退後の老後生活やセカンドライフという問題があります。それに対して支援者によるアドバイスが求められます。

実務上見られる典型的な問題として、以下のようなものが挙げられます。引退しようとする経営者は、これらを解決するための課題を設定しなければいけません。

── 問題点

第三者承継を実行することに、優秀なキーパーソンである幹部社員が拒否反応を示しており、退職する可能性が高い。

従業員がM&Aの直後に退職することがよくあります。これは譲受け側が経営する職場に従業員が馴染めなかったことが原因です。譲受け側の問題であり、譲渡し側の経営者が責任を負うものではありません。

しかし、長年連れ添ってくれた従業員が幸せに働き続けられる職場環境を作ってあげることも、譲渡し側の経営者にとっての重要な役割です。**M&Aの条件交渉では、従業員の処遇や職場環境についても決めておくべきでしょう。**

この点、譲渡し側の幹部社員や従業員を継続雇用することを誓約事項として譲渡契約書に入れることが一般的です。譲受け側は、従業員は承継すべき重要な経営資源だと考えますので、M&A と同時に解雇するのではなく、継続雇用することを希望するはずです。

　しかしながら、譲受け側の経営に基づく職場環境が従業員にとって働きやすいものかというのは別の問題です。中小企業を買収する譲受け側は、ほとんどが大企業です。大企業では、従業員には組織の一員として働くこと、明確に細分化された職務が与えられます。これらは、中小企業では、幅広い職務と、オールラウンドな能力が求められていたはずです。それゆえ、**中小企業で活躍してきた従業員が、大企業の組織の中で活躍できるとは限りません**。社内規則の厳しさ、雰囲気の堅苦しさに耐えかねて退職する従業員が出てきます。これでは、従業員の幸せが維持できたとは言えません。

　従業員の幸せを考えると、オーナー経営者の M&A が最適だ、ハッピーリタイヤだとは必ずしも言えないのです。従業員の幸せと経営者の利益にはトレードオフの関係があることに留意しなければなりません。

── 問題点

事業を成長・発展させてくれる優良企業に事業を引き継いでほしいが、そのような相手が見つからない。

　M&A の買収は、譲受け側にとって大きな投資となります。買収する事業には、その投資額を回収できるような価値がなければいけません。5年間から6年間のキャッシュ・フローで投資額を回収できるくらいの収益力が必要です。たとえば、次のような状況では、譲り受ける企業を見つけることが難しいでしょう。

●損益が赤字で、経営改善しても黒字に転化する見込みがない。

- 投資回収が 10 年以上かかる予測だ。
- 損益が黒字ではあるが、引き継ぐ銀行借入金が重く、返済が長期になる。
- 損益は黒字ではあるが、現経営者が交代すると、収益性が低下する危険性がある（経営力が低下する、従業員が退職する）。
- 大きな偶発債務を抱えている（土壌汚染など）

このように、**収益性の現状とその維持の問題、債務の問題**があると、譲受け側が買収したいと考えないのです。それゆえ、M&A を行う前に**事業の磨き上げを行い、収益性を高めておく**ことが不可欠です。

また、譲受け側が銀行借入金の大きさを問題視しているときは、現経営者が個人財産を会社に拠出して負債の返済しておくか、銀行借入金をM&A の譲渡対象から外すべきでしょうになります。

── 問題点 ──

従業員の雇用維持を約束してくれる企業に事業を引き継いでもらいたいが、見つからない。

第三者承継でM&A を行おうとする際、現経営者にとってどうしても譲れない条件として、譲渡価額と従業員の継続雇用があります。

M&A とは、価値ある事業を有償で譲渡することですから、譲渡価額を最大化したいという気持ちは当然でしょう。その一方で、義理人情を重んじる日本では、価格条件を犠牲にしてでも従業員の継続雇用を優先して考えるオーナー経営者も多いようです。

それゆえ、従業員の継続雇用や処遇維持は、譲受け側に対して、当然に要求し、基本合意のような早い段階から合意しておくべきものです。譲受け側は、通常であれば、従業員の継続雇用という条件には合意するはずです。

事業が赤字である、または収益性が著しく低いため、買手が見つからない。

そもそもM&Aとは、価値ある事業を有償で譲渡することですから、価値がゼロになると譲渡価額はゼロとなります。一部の経営資源だけを引き継ぐ場合、ゼロ円で譲渡されているケースは多く見られます。

事業を譲り渡した結果として受け取る対価を最大化したいのであれば、事業価値が高いタイミングでM&Aを実行しなければいけません。そのタイミングは、業績が悪化したときではなく、業績が向上しているときです。

なぜなら、譲受け側から提示される譲渡価額は、将来キャッシュ・フローに、基づいて評価されるからです。将来キャッシュ・フローが増加する傾向にあるのであれば譲渡価額は高くなり、そうでなければ譲渡価額は低くなります。

M&Aの前に**事業価値を高くするのであれば、赤字を解消し、収益性を向上する、すなわち経営改善によって事業の磨き上げを行っておく必要があります**。販路拡大などの収益拡大、仕入・製造・販売プロセスにおける経営効率化によるコスト削減が求められます。これらは、数年間かけて効果が出るものなので、M&Aを決めたのであれば、可能な限り早めに着手しなければいけません。

短期で効果を出そうとするのであれば、**不要な資産**（遊休資産、不稼働資産、赤字の事業）の処分を行って、貸借対照表をスリム化しておくことや、経営者と会社との資金貸借や取引を解消化しておくことが必要です。

なお、譲受け側が上場企業である場合、M&Aを実行する前に、**内部統制**を有効に機能させておかなければいけません。そのための準備が必要です。なぜなら、M&Aが完了すれば上場企業の子会社となり、その内部統制が金融商品取引法上の公認会計士監査の対象となるからです。この整備のためには、コスト負担を伴うため、事業価値のマイナス要因として評価しておく必要があるでしょう。

【C-2】第三者承継に係る経営者の生き方の問題

→ 問題が発生する3つの側面

	事業性の評価	経営者の生き方	承継手続き
親族内	A-1	A-2	A-3
従業員	B-1	B-2	B-3
第三者	C-1	C-2（現状→課題→目標）	C-3

↓ 承継の方向性

　第三者承継における**経営者の生き方の問題**とは、引退する現経営者個人のセカンドライフと相続税対策のことです。現経営者はM&Aの譲渡対価として多額の現金を得ますが、引退後にどのような生活を送るか、また増加した個人財産の相続税負担をどのように軽減することができるか、事業承継の実行前に考えて置かなければいけません。

　一方、第三者承継において後継者の問題は発生しません。通常、譲受け側の企業が事業を譲り受けることとなりますが、譲受け側には、これまで事業を営んできた経営者が存在しているからです。後継者のリーダーシップは、譲受け側の経営者によって発揮されるわけです。それに口を挟む余地はありません。

【C-3】第三者承継に係る承継手続きの問題

➡️ 問題が発生する3つの側面

⬇️ 承継の方向性

	事業性の評価	経営者の生き方	承継手続き
親族内	A-1	A-2	A-3
従業員	B-1	B-2	B-3
第三者	C-1	C-2	C-3 現状 課題 目標

　第三者承継における**承継手続きの問題**とは、譲渡し側から譲受け側に事業を円滑に承継することができない状況をいいます。

　たとえば、株式または事業用資産の譲渡では、譲渡価額が高額となるため、価格交渉が行われます。譲渡し側は高く売却したいと考えますが、譲受け側は安く買収したいと考えます。

　現経営者は、M&Aを通じて経営者の地位を譲り渡し、その対価として現金を受け取ります。譲渡対価を受け取ることができるのは、事業には将来キャッシュ・フローという価値があるからです。M&Aというのは、将来キャッシュ・フローを手放して、一時金を受け取る行為だと言ってもよいでしょう。

　それゆえ、現経営者は、M&Aによって事業を承継した後、経営者の立場から引退し、現金を持つ個人という立場になります。その現金を老後の生活費に使うこともあれば、子どもへの相続財産として承継しようとします。

　この点、譲渡価額を大きくするためには、事業価値を高くすることだけでなく、**M&A実行時には、最適な譲渡スキームの選択と上手な条件交渉**

が求められます。それには、M&Aの支援者による適切なアドバイスが不可欠です。

　なお、事業は個人で営まれている場合と会社によって営まれている場合があります。会社によれば、事業は、法人というパッケージに包まれているため、そのパッケージごと譲り渡してしまうか、または、パッケージの中から必要なものを抜き出して譲渡することになります。丸ごと譲渡する方法が株式譲渡、抜き出して譲渡する方法が事業譲渡です。

　たとえば、大きな銀行借入金があって株式価値がマイナスになるケース、事業に使わない余剰資金が山ほどあって株式価値が高額になるケースでは、法人というパッケージを丸ごと譲渡する必要はありません。**多額の借入金や余剰資金を法人というパッケージの中に残し、必要な経営資源だけ抜き出して譲渡すればよいのです。**譲受け側は、多額の借入金や余剰資金を必要としていないからです。その場合、株式譲渡ではなく事業譲渡とし、承継したい資産や契約だけを承継します。

　もちろん、譲渡し側は、返済義務のある銀行借入金を手元に残しておきたくありません。譲受け側に対して借入金の引継ぎまで求めることでしょう。これは、譲渡対価の一部を構成するものとなります。

　実務上見られる典型的な問題として、以下のようなものが挙げられます。引退しようとする経営者は、これらを解決するための課題を設定しなければいけません。

── **問題点** ──────────────

事業を譲り受けてくれる相手が見つからない

─────────────────────────

　M&Aは、譲受け側にとっては大きな投資です。投資額を回収できるような事業しか譲り受けません。**一般的に5年間～7年間の利益で投資額を回収できるくらいの収益力**が求められます。投資回収が難しい事業を譲り受けることはできません。たとえば、以下のような事業は、承継は難しい話となります。

- 損益が赤字で、経営改善しても黒字に転化する見込みがない。
- 投資回収が 10 年以上かかる予測だ。
- 損益が黒字ではあるが、引き継ぐ銀行借入金が重く、返済が長期になる。
- 損益は黒字ではあるが、現経営者が交代すると、収益性が低下するおそれがある（経営力の低下、従業員の退職）。
- 大きな偶発債務を抱えている（土壌汚染など）。

　このように、収益性の現状やその維持の問題、債務の問題によって、譲受け側が承継する意義を見いだせない場合、M&A は困難です。

問題点

M&A 仲介業者から、事業を譲り受けてくれる相手を紹介してもらったが、譲渡価額が想定した金額よりも安い。もっと高く売りたいが、相手は譲渡価額を引き上げてくれない。

　景気の良い業界にあり、収益性も高い優良事業の M&A であれば、多数の譲受け側企業から引継ぎを希望されるでしょう。譲渡価額も高くなるはずです。人気が殺到して、10 社を超えて希望を出されるケースもあります。それゆえ、多数の譲受け候補と交渉し、最も有利な条件で譲渡できる譲受け企業を見つけることができます。

　しかし、M&A 仲介業者が使っている方法は「仲介」で、1 対 1 でのマッチングが行われます。これを「相対取引」といいます。

　M&A 仲介業者は、譲受け候補を 1 社ずつ紹介するようにしてマッチングを行います。複数の譲受け候補を同時に紹介して、競わせるようなことは行いません。

　相対取引のメリットは、交渉プロセスがシンプルであるため、短期間で交渉をまとめることができ、譲渡し側の機密情報が漏洩するリスクが低くなることです。しかし、デメリットとして、譲受け側には競争相手が存在せず、交渉力が弱くなるため、譲渡価額が低くなってしまいます。ただし、

譲受け側が1社しかいない場合は、この方法をとるしかありません。

　そこで、検討すべきなのは、M&A 仲介業者ではなく、FA（フィナンシャル・アドバイザー）によるマッチングです。FA とは、譲渡し側または譲受け側の一方との契約に基づいてマッチングを行う支援機関です。利益相反取引が禁止される銀行などで採用される業務です。

　FA の方法は「片側助言」で、譲渡し側のみ助言を行い、仲介は行いません。それゆえ、複数の譲受け側候補との交渉を同時並行で進めてもらうことができます。場合によっては、競争入札が実施されます。

　片側助言のメリットは、譲受け側候補と同時並行して交渉を進めることで、交渉力が強く、譲渡価格は高くなる可能性があることです。しかし、デメリットとして、業界内に情報が一気に拡散して得意先まで噂が広まるおそれがあること、複数の交渉を同時並行して進める業務負担が非常に重くなることです。ただし、オーナー経営者の相続発生時など、急いで経営権を移転させる必要がある場合は、この方法をとるしかありません。

　もし、多数の譲受け側候補を集めて競争入札を行うことができるのであれば、譲渡価額を最大化することができるでしょう。

問題点

M&A の譲渡スキームを株式譲渡としたいが、他人の名前を借りていて、実態と異なる名義の株主がいるため、会社法の手続きがわからない。譲受け側からは名義株の解消を求められている。

　真の株主と名義上の株主とが一致しない株式のことを**名義株式**と言います。これは、他人の名前を借りて新株の引き受けを行うことなどによって発生してします。

　名義株式があると、株式譲渡によって M&A を行う場合、真の株主が誰なのかわからないため問題となります。譲渡対価は、名義上の株主に支払われてしまうと、真の株主とのトラブルに発展するおそれがあります。譲受け側は当然に、真の株主の名義に書き換えるように求めてきます。

実務では、名義上の株主に依頼して、「真の株主に名義書換えを行います」とする同意書に署名・押印してもらいます。名義上の株主から同意が得られないときは、真の株主が、自分が株主であることの確認を求める訴訟を提起しなければなりません。

株式譲渡による M&A の方針を決めたので、経営に関与しない少数株主にその話をしたら、高値での買取りを要求してきた。また、所在不明の株主に対して話ができなくて困っている。

　現経営者が大株主であるとしても、親族ではない少数株主が存在するときは、譲受け側は、少数株主が保有する株式までまとめて譲渡することを希望するため、少数株主との交渉が必要となります。譲受け側が少数株主に対して直接交渉することは困難ですから、譲渡し側の現経営者が、M&A に先立って、少数株主との交渉を行わなければなりません。少数株主が株式譲渡に合意しなければ、M&A が破断になるおそれがあります。譲渡し側としては、少数株主が残ってもらっては困るからです。

　また、所在不明の不明であれば、同様に一部の株式譲渡が実行されないこととなります。

　少数株主や所在不明株主との交渉がまとまらない場合、株式譲渡を実行することができません。この点、会社法上、少数株主を強制的に排除する方法（スクィーズアウト）が定められていますが、実務上の手間と費用がかかるため、容易に採用することができません。そこで、株式譲渡をあきらめ、事業譲渡による M&A に変更することになります。

　また、所在不明株主については、経営承継円滑化法の会社法特例を適用することができます。これは、所在不明株主に対して行う通知や配当金が１年以上（会社法の原則は５年）継続して届かない場合、その株式を売却させること（自社買取り）が可能となる特例です。これによって、現経営者または譲渡し側の会社が株式を買い取っておくべきでしょう。

事業そのものの事業性に問題は無く、収益性も高いが、過大な銀行借入金に譲受け側が難色を示し、M&A 交渉が進まなくなってしまった。

　M&A は、譲受け側にとって大きな投資です。あまりにも投資額が過大であると、その回収ができず、譲受け側にとっての失敗になります。

　この点、借入金の承継は、譲受け側にとっての現金の支払いをもたらすものであり、譲渡価額の一部を構成するものと考えられます。それゆえ、過大な銀行借入金を承継することが問題となります。なぜなら、事業から獲得できるキャッシュ・フローが借入金の返済に回るため、投資額を回収することが難しくなるからです。

　事業価値、すなわち将来キャッシュ・フローのほうが銀行借入金よりも大きくなれば、株式価値はプラスとなり、譲受け側もそれに見合う対価を支払おうとするでしょう。

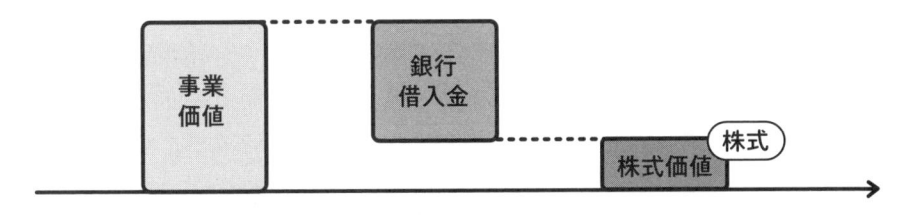

　しかし、銀行借入金のほうが将来キャッシュ・フローよりも大きくなれば、株式価値はゼロです。譲受け側は譲渡対価を支払いませんが、マイナスの将来キャッシュ・フローを引き受けなければなりません。

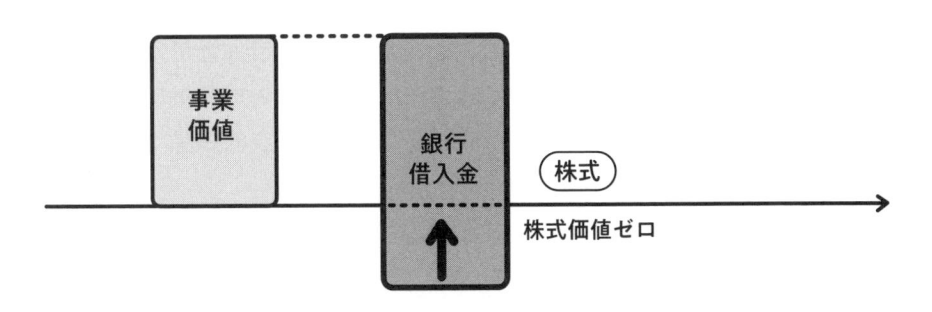

このような場合、現経営者が経営責任として**個人財産を会社に拠出して銀行借入金を先に返済しておくか、銀行借入金は M&A の対象から外して事業譲渡を行う**ことになります。事業譲渡を行うと、銀行借入金が残されますが、譲渡対価で元本返済できない場合は、その不足分を現経営者が個人で返済するしかありません。

いずれにせよ、事業価値に見合う水準まで銀行借入金を減らしておかないと、M&A は成立しません。

── 問題点

経営者個人からの「借入金」が大きいため、譲受け側が株式譲渡による M&A に難色を示している。

銀行借入金と似たような話ですが、株式譲渡による M&A において、経営者からの借入金が過大であることが問題となります。

これが M&A で譲渡し側へ引き継がれるとすれば、その返済が実質的な譲渡対価の支払いとなるでしょう。譲渡し側の現経営者の立場から考えますと、貸付金の回収となり、譲渡所得税の負担が無くなるため、大きなメリットがあります。しかし、譲渡し側が難色を示すことが多いでしょう。

このような場合、現経営者が経営責任として、**貸付金の債権放棄（会社の債務免除）しておくか、役員借入金を M&A の対象から外して事業譲渡を行う**ことになります。事業譲渡を行うと、役員借入金が残されますが、会社が返済できなくなるため、会社の解散と清算によって消滅させるしかありません。

なお、現経営者による債権放棄によって、会社の借入金が免除されますと、会社に大きな免除益が発生します。十分な繰越欠損金がなく、その免除益に対する税金を支払うことができないときは、会社を解散・清算して、期限切れ欠損金を活用するしかありません。

問題点

M&A の実行手続きの進め方がわからない。

M&A の手続きは、以下の流れで進むことになります。

① 意思決定

第三者承継を決定する前の段階から、問題点の解消、事業の磨き上げを行った上で、最終的には自ら意思決定します。

② M&A 仲介業者または FA の選定、契約締結

必ずしも M&A 仲介業者または FA を選定する必要はありません。マッチング・プラットフォームを活用して自ら手続きを進めることも可能です。しかし、M&A という難しい取引を成功させるためには、専門家のサポートを活用するほうがよいでしょう。

③ 譲受け側の選定 (マッチング)

M&A 仲介業者・FA は、譲渡し側を特定できない内容のノンネーム・シート (ティーザー) を、数十社程度にまで絞り込んだリストで選定した候補先に対して送付して打診します。その上で、関心を示した候補先から譲受け側となり得る数社程度をリスト化し、これらとの間で秘密保持契約を締結した上で、情報開示を行います。

④ 事業価値評価 (バリュエーション)

M&A 仲介業者・FA を通じて、譲渡し側の事業に関する情報が開示されます。また、譲渡し側の経営者と譲受け側の経営者との面談が設定され、事業に関する情報が説明されます。現場の見学が行われることもあるでしょう。これに基づいて、譲受け側は、事業価値の評価を行います。これは譲渡価額の交渉につながります。

⑤ 交渉

　譲渡価額、譲渡スキーム、スケジュール、譲受け後の運営方針など
の取引条件を交渉します。中小 M&A 実行後に、承継される従業員が
解雇（リストラ）されるケースはほとんどありませんが、承継される従
業員の継続雇用と処遇の維持を重視する経営者が多いようです。

⑥ 基本合意書の締結

　当事者間の交渉により概ね取引条件に合意した場合、譲渡し側と譲
受け側との間で、主要な合意事項を盛り込んだ基本合意書を締結する
ことがあります。

⑦ デュー・ディリジェンス（DD）

　デュー・ディリジェンス（DD）は、譲受け側が、承継する事業に関
わるの財務・法務・ビジネス・税務等の実態について、公認会計士や
弁護士などの専門家に調査させる手続きです。

⑧ 最終契約の締結

　デュー・ディリジェンス（DD）で発見された問題点や基本合意で留
保していた条件について再交渉を行い、最終的な契約内容に合意します。

⑨ クロージング

　株式等の引渡し、譲渡代金の支払いを行います。

⑩ PMI

　クロージングを迎えた後も、譲渡し側の経営者は、PMI（M&A 実行
後における事業の統合に伴う作業）に協力する必要があります。譲受け側の
希望に応じて、3か月〜1年程度、顧問として残ることがあります。この
プロセスを経て、引退する経営者は徐々に現場から離れていくことになり、
譲受け側は、承継した事業を自らの支配下におくことができます。

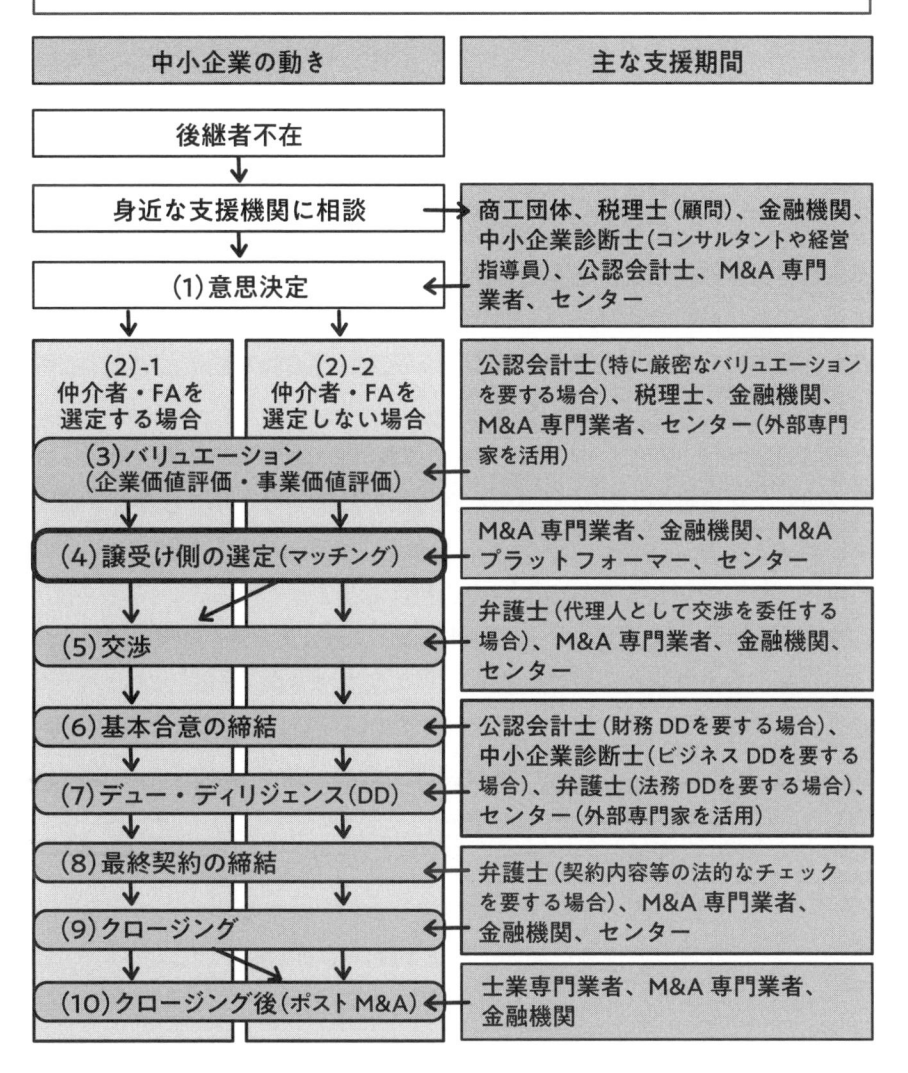

中小 M&A フロー図

中小企業の動き	主な支援期間

後継者不在

↓

身近な支援機関に相談 → 商工団体、税理士（顧問）、金融機関、中小企業診断士（コンサルタントや経営指導員）、公認会計士、M&A 専門業者、センター

↓

(1)意思決定

(2)-1 仲介者・FAを選定する場合	(2)-2 仲介者・FAを選定しない場合

(3)バリュエーション（企業価値評価・事業価値評価） → 公認会計士（特に厳密なバリュエーションを要する場合）、税理士、金融機関、M&A 専門業者、センター（外部専門家を活用）

(4)譲受け側の選定（マッチング） → M&A 専門業者、金融機関、M&A プラットフォーマー、センター

(5)交渉 → 弁護士（代理人として交渉を委任する場合）、M&A 専門業者、金融機関、センター

(6)基本合意の締結 → 公認会計士（財務 DDを要する場合）、中小企業診断士（ビジネス DDを要する場合）、弁護士（法務 DDを要する場合）、センター（外部専門家を活用）

(7)デュー・ディリジェンス（DD）

(8)最終契約の締結 → 弁護士（契約内容等の法的なチェックを要する場合）、M&A 専門業者、金融機関、センター

(9)クロージング

(10)クロージング後（ポスト M&A） → 士業専門業者、M&A 専門業者、金融機関

3. コンサルティング業務の顧客獲得

事 例

　あなたは事業承継支援に取り組もうとする士業です。しかしながら、事業承継支援を行った経験は、まだ1回しかありません。

　先日、金融機関の営業担当者からの紹介を受け、お客様との初回面談に臨みました。信用金庫のルールによれば、事業承継支援の専門家として紹介された場合、自由に営業し、コンサルティング契約を取ってもよいことになっていました。

　初回面談では、専門家としての過去の実績（商店街支援、セミナー講師など）を説明し、研究会等で学んだ事業承継税制を詳細かつ丁寧に説明し、自分が最適な支援者であることをアピールすることができたと感じています。しかし、お客様から2度目の面談の依頼はありませんでした。

　後日、仲間との飲み会で、先輩の小黒氏（中小企業診断士）と一緒になり、コンサルティング業務の営業活動について話をする機会がありました。

　小黒氏：最近どうですか？事業承継支援の仕事には取り組んでいますか？

　あなた：金融機関からお仕事を紹介してもらう機会が増え、先日も板橋区の製造業のお客様をご紹介いただいたんですよ。事業承継税制に関してアドバイスしました。

　小黒氏：そうでしたか、コンサル契約を獲得できそうですか？

　あなた：それが2回目の面談の依頼は無く、契約は入りそうにないです。

　小黒氏：そうでしたか、士業であっても、コンサル業務を販売するサービス業ですから、契約を獲得して稼ぐことができなければいけませんよ。

あなた：コンサル業務は目に見えないサービスですよね、お客様は、このようなサービスには報酬を支払ってくれないのです…。

小黒氏：確かに、それだけで十分な報酬を得ることは難しいでしょう。しかし、手続き実行の支援まで踏み込んでいけば、高額の報酬を得ることができますよ。まぁ、慣れないうちは、公的機関の専門家派遣の仕事を通じて経験を積みなさい。

···【問１】··

小黒氏は、士業であっても、自ら契約を獲得して稼ぐことが必要だと言います。コンサルティング業務を通じて、大きな収益を得るためには、どのようなビジネスモデルが考えられますか。

··

あなた：先輩の青木先生は、たくさんのコンサルティング契約を獲られて、ご活躍です。年収３千万円だと聞きました。なぜ私に契約が獲れないのでしょうかね…？

小黒氏：契約を獲得することは、セールス活動そのものです。契約獲得のポイントは何だと思いますか？

あなた：それはもちろん、事業承継に係る専門知識でしょう。私は、民間資格ではありますが、●●アドバイザー、●●スペシャリストという事業承継に係る資格講座を受講しました。これらをアピールすることができれば、契約が獲れるのではないですか？

小黒氏：コンサルティング業務そのものを売り込んでも契約は獲れませんよ。それよりも、お客様の心をつかむことが重要です。

あなた：お客様の心をつかむというのは、人間的な信頼関係を築くということでしょうか？

小黒氏： そうですね。あなたがお客様から好きになってもらうことですよ。事業承継支援の専門家としてではなく、人間として好きになってもらうことです。この考え方は、生命保険のセールスマンが行う営業テクニックとして有名でしょう。

あなた： うーん、でも私は内向的な性格で、会話が苦手なほうでして…、どのように会話を進めればいいのでしょうか？面白いネタなど持っていませんので…。

小黒氏： 難しい話をする必要はないです。最近のニュースをネタにして雑談すればいいんですよ。自分の経歴を自慢したり、いきなり商談を始めたりしてはいけませんよ。お客様の関心事を調べておくんです。会社の事業内容、お客様の業界のことが書かれた新聞記事などを事前にインターネットで調べておいて、雑談のネタを準備しておいてください。

···【問2】···

小黒氏は、自ら契約を獲得するためには、サービスそのものを売り込むのではなく、お客様の心をつかむために雑談することがポイントだと言います。これはどういう意味でしょうか？

....

あなた： うーん、雑談を重要なのは理解できましたが、私は会話が長続きしないんですよ。会話を弾ませることが苦手なんですよ。すぐに話しが続かなくなってしまいそうです…。

小黒氏： お客様との会話で、自分から話す必要なんてありませんよ。実は、それは逆効果なんです。お客様の話を徹底的に『聞くこと』が重要です。そのためには、とにかく『質問』を投げ続けることです。趣味など自分の関心のあることを質問されたら、あなたは喜んでペラペラ話すでしょう？

···【問 3】 ··

小黒氏は、会話を弾ませるポイントは『質問』にあると言います。お客様は、どのような質問をされたら喜んで回答されるのでしょうか？

解説

‥【問1】‥‥‥‥‥‥‥‥‥‥‥‥‥‥‥‥‥‥‥‥‥‥‥

ビジネスとして事業承継支援を行うということは、継続的に事業承継支援を行い、その結果として収益を獲得することです。つまり、支援者は、事業承継に係る専門家であると同時に、商品やサービスを販売する事業者でもあるということです。

事業者としてビジネスを行うには、商品やサービスを販売する前に、マーケティングとセールスという2つの営業活動を行わなくてはなりません。 マーケティングとは見込み客を集めること、セールスとは見込み客との面談において商品やサービスを提案することです。

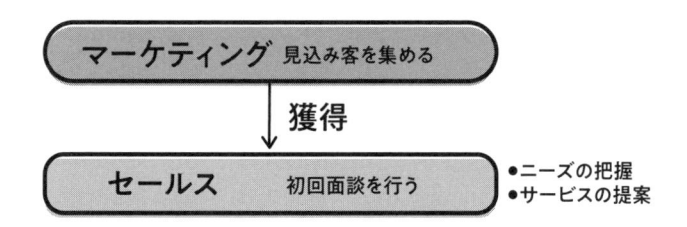

ここでは、セールスのプロセスについて解説いたします。セールス活動とは、マーケティング活動の結果として獲得した見込み客に対して、初回面談を行い、お客様のニーズの把握したうえで、それに対応するサービスの提案を行うことをいいます。

事業承継支援に必要なサービスは、事業承継の問題解決です。 これは、解決するための手段の提供はもちろんのこと、助言やアドバイスの提供が必要です。

この点、株式の承継手続きでは、税務申告書の作成と税務代理が必要です。M&Aでは、資産を売買する取引に係る手続きの代行が必要です。その成果は目に見えて残されます。

これに対して、経営者の生き方を決める局面では、人生相談や人間関係の調整など、助言やアドバイスだけを提供することとなり、形になって残るものはありません。

　一般的に、Ｍ＆Ａの手続き、不動産の売買、相続税申告といった、いわゆる「手続き」に対して、**お客様は相応の報酬を支払おうとします。**その成果が目に見えるからです。ただし、その手続きに価値を見出して、高額は報酬を支払おうとすることはありません。なるべく安くしてもらいたいと考えます。

　また、金融商品や生命保険など、商品の購入代金の一部に報酬が紛れ込まされているようなケースでは、気づかないうちにお客様が報酬を支払わされています。

　これに対して、アドバイスや助言、指導といったコンサルティング業務に対して、お客様は報酬を支払おうとはしません。目に見えないサービスだからです。どれだけ価値があっても、当然に無償だと考えます。

　それゆえ、**事業承継支援の民間のコンサルティング業務を通じて、相応の報酬（収益）を獲得するためには、「手続き」の実行を行うことが不可欠**となります。

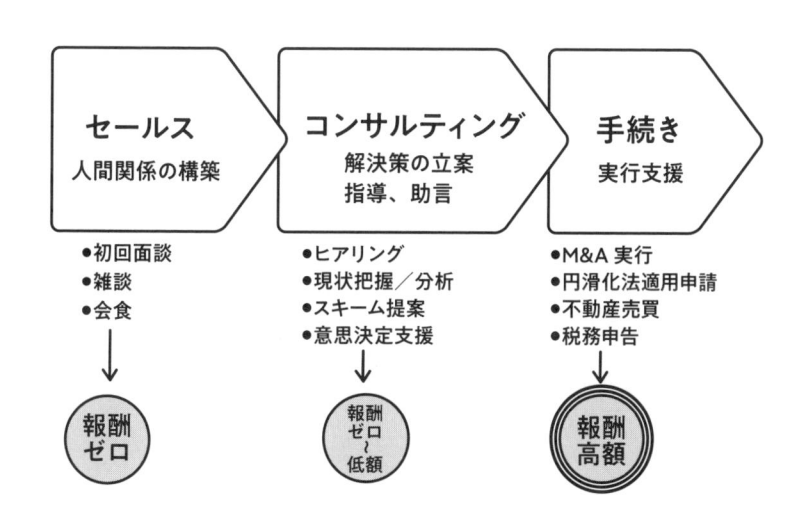

手続きの実行支援という業務を受注することが最大の目標であるとして
も、それを受注するためには、深い信頼関係が必要です。時間をかけて信
頼関係を深めるためには、指導・助言といったコンサルティング業務を省
略することはできません。そこで、コンサルティング業務をいかに受注す
るかが、支援者の営業活動における第一関門となります。

しかしながら、コンサルティング業務は目に見えない業務であるため、
お客様は何が報酬を支払うに値するサービスであるか、イメージすること
はできませんし、ましてや、たまたま初回面談した専門家が、事業承継支
援に最適な専門家であるかどうか判断することなど不可能です。

専門家のサービスの高さをお客様に理解してもらうことは極めて難しい
問題です。それゆえ、コンサルティング業務の品質の高さをアピールして
も意味はありません。

コンサルティング業務を依頼する 2 つの理由

> 外部の評判に基づき、信頼できたから

> 人間としての好感・親近感を持ったから

結局のところ、**お客様が支援者にコンサルティング業務を依頼しようと
するのは、支援者を信頼し、人間的に好感と親近感を持ったからです。**

信頼性については、お客様は、インターネット上の公開情報などを利用
して、世間での評判を確認しようとしますし、その支援者を紹介してくれ
た人との信頼関係に基づいて判断することになります。また、人間的に好
感・親近感を持つことは、初回面談の現場において、直接の会話を通じて
生まれてくる感情です。

いずれにせよ、お客様は、専門家の能力やコンサルティング業務の品質
を評価した結果として、支援を依頼するわけではありません。**優秀な専門
家だから仕事の依頼が来るわけではないのです。**

事業承継の支援者のセールス活動の目的は、お客様から信頼され、良い

人間関係を構築することになります。つまり、お客様の心をつかむことです。

…**【問3】**…………………………………………………………

　顧客の心をつかみ、人間的な信頼関係を築き上げるためには、お客様との初回面談において雑談をすることが不可欠です。1時間を予定する初回面談であれば、メインの商談（コンサルティング業務の提案）の話を行う前に、最低でも30分くらいは雑談に費やすように努力すべきでしょう。もちろん、初対面の相手と楽しく雑談することは容易ではありません。雑談に慣れている人であれば準備は不要でもいいですが、**雑談に慣れていないのであれば、質問のネタを事前に準備しておくことが必要です。**お客様の会社情報などをインターネットで調べておく、時事ネタを入手しておくといった準備です。

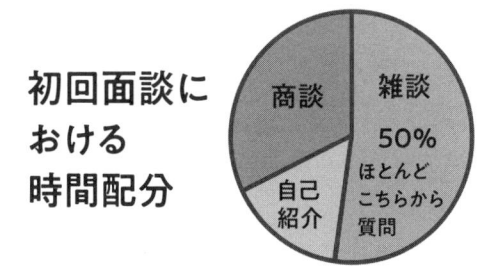

初回面談における時間配分

商談　雑談　**50%** ほとんどこちらから質問　自己紹介

　雑談を弾ませるには、会話のテクニックを使う必要があります。これは、生命保険セールスの方々など営業のスペシャリストであれば、新入社員研修で学ぶことではあります。そうでない方は、ここで立ち止まって、確認しておきましょう。

　お客様との会話のテクニックの基本は、**相手が「聞いて欲しい」と思うことを、「質問」をすることです。**自分の強みをアピールすること、自分がいかに優秀であるかをアピールすることではありません。相手に質問をすることによって、お客様の思考と感情に影響を与えることができます。なぜなら、人間は誰しも「関係欲求（アルダファーのERG理論における

Relatedness)」を持っており、他人から「認めてもらいたい」、「関心を持ってもらいたい」と思っているからです。そこで、**質問によって、お客様から情報を提供してもらい、その回答に対する関心を表明して、共感を示す**のです。お客様を褒めることも効果的でしょう。その結果、お客様は自ら持っている関係欲求が充足されて喜び、相手に対して好感・親近感を示すようになります。つまり、**お客様は、質問してくれる相手に対して、好感・親近感を持つようになるのです。**

　人間は、誰しも「共通点がある人」に好感や親近感を持ちます（類似性の法則）。**質問を続けることによって、お客様と共通の話題を発見することができればよいのです。**ニッチな話題では共通点が見つかりづらいですが、幅広い話題では曖昧にでも共通点を見つけられます。また、実際に共通点がなくても、共通点があるふりをして雑談を進めることができます。

（共通の話題の例）

【知人】「どなたの紹介で来られましたか？」→（お客様による回答）
　　　　→ 私もよくお会いします。
【仕事】「どちらでお仕事されていますか？」→（お客様による回答）
　　　　→ 私もよく訪れます。
【趣味】「お休みの日は何をされていますか？」→（お客様による回答）
　　　　→ 私も昔やったことがあります。

　また、人間は、誰しも「承認欲求」を持っています。他人から「認めてもらいたい」、「関心を持ってもらいたい」という欲求です。**お客様の発言に対して、繰り返し「同意」の言葉を発することが重要です。**同意の言葉によって、お客様は自分を「認めてもらえた。」と感じ、承認欲求が満たされます。これによってお客様は、価値観や考え方の類似性を感じ、親近感や好感を持ちます。逆に、否定的な言葉は絶対に発してはいけません。

（同意の言葉の例）

「おっしゃる通りですね。」
「まさに、お話された通りでしたよ。」
「先ほど、●●●●とおっしゃいましたが、実は私もそのように考えていましたよ。」

　さらに、お客様の感情を動かすために、言葉を発するだけでなく、積極的に相づちを打たなければいけません。相づちを打つことで、感情が込められた会話となり、お客様の親近感や好感を得ることできるからです。

（相づちの例）

「ああ、そうなんですね」　「いやー、それは凄いですね」
「うーん、なるほどねぇ」　「ええっ！本当ですか！？」
「おお！それは驚きですね」　「はぁ、そんな事もあるんですね」
「ひゃー、それはビックリです。」　「ふーん、なるほどねぇ」
「へーっ、それは知らなかったです」　「ほー、それは面白いですね。」

　お客様との初回面談は、１時間程度の短期決戦です。この短時間で、お客様との信頼関係を築くだけでなく、親近感や好感を可能な限り高めてもらわなければいけません。そうなると、もう１つのテクニックが必要になります。それは返報性の原理です。

　人は何かしらの好意を持ってもらうと、相手のことに好意を持ってしまうのです。これが返報性の原理です。そこで、支援者は、たとえ演技であったとしても、自分の方から、お客様に対して親近感や好感を持たなければいけません。そうすると、お客様は支援者に信頼を持ち、親近感や好感を持ってくれます。そのために、短時間で、全力で好意を伝えなければいけ

ないのです。

（相手に好意を伝える方法）

・手土産を持参して渡す
・相手の目を見て話す
・笑顔で話す
・名前を呼ぶ
・相手に質問する
・相手を褒める
・頻繁にメールを送ったり、電話したりする（ザイオンス効果）
・自己開示する

（自己開示の例）

「自分も同じように、こんな経験がありました。」
「自分だったら、このように感じるでしょう。」
「私はそれが苦手なんですよ。」

‥‥（顧客に対する質問テクニック）‥‥‥‥‥‥‥‥‥‥‥‥‥

　会話の基本となる「質問」については、お客様が「相手から聞いてほしい」と思っている話題に関する質問が効果的です。「聞いてほしい」ということは、「話したい」ということです。話したい会話が弾むほうが、お客様は、より大きく感情が動かれ、相手に親近感や好意を持つことになるからです。

お客様の関心事を
「質問する」

　一般的に、**お客様が「聞いてほしい」と思っている話題は、仕事、趣味、自信のあることの３つです。**

（お客様が「聞いてほしい」と思う話題）

① **仕事の話**（商品・サービスの効用）

② **趣味、好きなもの**

③ **他者より優位にあること、自信があること**（成功実績、武勇伝など）

　これらの３つに関連する質問を投げ続けていれば、お客様が「聞いてほしい」話を見つけることができるでしょう。その回答として、気持ちよく話してもらうのです。

　また、細かなテクニックとして、リフレクティングや話の深掘りがあります。

　リフレクティングとは、「オウム返し」のことで、相手の言った言葉をそのまま繰り返すことです。また、相手の話を要約して話すこと（サマリー）も効果的です。これらは、相手が言ったことを理解し、共感していることを示す方法として使うことができます。

　質問を連続して投げ続けるには、話題を深掘り（縦展開）するとよいでしょう。相手の話を具体化させる、逆に抽象化させるとよいでしょう。また、理由を聞いてみる、気持ちを聞いてみる、今後どうなるか聞いてみる

などの質問が効果的です。これらの質問によって、自分からお客様に対する親近感や好意を示すことができるからです。

（会話を深掘り（縦展開）する質問の例）

① 具体化　　→「具体的に言えば、どうなりますか？」
② 抽象化　　→「結局、それはどういう目的ですか？」
③ 理 由　　→「なぜそのようにされたのですか？」
④ 感情の喚起　→「それは嬉しかったのではないですか？」
⑤ 未 来　　→「今後はどのようにするおつもりですか？」

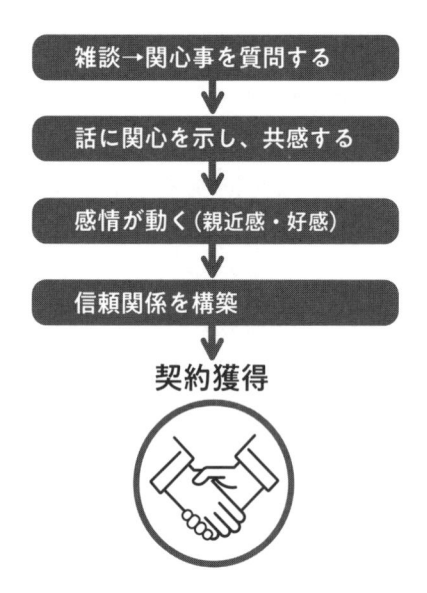

雑談→関心事を質問する

話に関心を示し、共感する

感情が動く（親近感・好感）

信頼関係を構築

契約獲得

　以上のように、初回面談における雑談は重要です。**雑談が弾むかどうかで、コンサルティング契約を獲ることができるかどうかが決まる**と言っても過言ではありません。雑談力のテクニックを勉強してセールス能力を向上させることができれば、事業承継支援というビジネスの売上を拡大することができます。

···（事業承継支援の専門家は誰か）··············

　中小企業経営者に対して、事業承継の支援を行う専門家は、一般的に以下の4者と考えられます。

---

① 都市銀行や大手証券会社など大手金融機関の営業担当者
② 地域金融機関の営業担当者（地方銀行、信用金庫など）、生命保険のセールスマン
③ 会社の決算申告を行ってきた顧問税理士
④ 行政機関から紹介された中小企業診断士

　彼らの特徴は、対象となる事業の規模に応じたサービスを提供しているという点にあります。

　まず、大手金融機関の営業担当者は、事業承継の支援を行うためのチームを編成し、幅広いサービスを提供しようとします。メンバーは、支店の営業担当者、その支店長、ウェルス・マネジメント部門やプライベート・バンキング部門など本部から送りこまれた相続・事業承継のコンサルタント、提携先である大手税理士法人で資産税を担当する税理士です。

　このように大勢のメンバーを総動員しますので、金融機関が負担する人件費は極めて重くなります。それゆえ、この人件費に見合うだけの収益を、融資、資産運用、不動産売買仲介から得られるような顧客だけを選定し、支援を行います。たとえば、年商100億円を超えるような中堅以上の非上場会社の経営者だけということになるでしょう。

　大手金融機関の営業担当者は、事業性評価を手伝い、引退後の老後資金の準備をアドバイスし、承継手続きを支援しようとします。しかし、彼らは「サラリーマン」であり、企業経営の経験はありません。銀行から借金をする覚悟と怖さ、人を雇って給料を支払う責任感を理解することができません。「経営者」という生き方、社長業の辛さ、厳しさ、孤独感といったメンタルな側面のアドバイスを提供できないのです。それゆえ、彼らに

よる事業承継の支援は、承継手続き（財務、M&A）が中心となります。

　ただし、大手金融機関の営業担当者は、失敗を恐れて何もしない人がほとんどです。3年おきの異動（ジョブ・ローテーション）が行われ、3年後には事業承継を支援する職務から外されることが予定されているからです。事業承継支援という慣れない職務で失敗すると、その後に出世することができなくなるため、何もしないことが合理的な働き方となります。

　その一方で、後継者不在でM&Aになると、短期間に大きな収益を狙う人が出てきます。特に、M&Aの専門部署が騒ぎ出します。親族内承継と比べて、M&Aから得られる報酬は、桁違いに金額が大きいからです。M&Aでは成功報酬となり、実行されなければタダ働きとなるため、顧客にとって不利な条件であっても、強引にM&A実行に持ち込もうとします。しかし、これには問題があります。

　有名な事例として、東芝が大失敗した米国原子力事業のM&Aがあります。投資銀行の優秀な営業担当者が、ロジカルに提案して、取引実行まで支援し、数億円の成功報酬を受け取ったものと想像できます。その結果、営業担当者は、ボーナスが増やされ、出世したことでしょう。**営業担当者の成績は、顧客の利益の大きさではなく、顧客から受け取った報酬の大きさによって決まる**からです。顧客の利益を優先する営業担当者など存在しません。予算実績比較の数字しか見ていない上司の命令に従って忠実に働く、それが正しい銀行員の姿です。

　また、サラリーマンである営業担当者は、顧客がM&Aに失敗しても、その責任を追及されることはありません。取引の当事者ではないからです。ボーナスを受け取って異動または転職した後は、「我関せず」です。

大手金融機関の営業担当者の得意分野

承継手続き
法務・税務・財務

| 現社長（創業者） | 承継 | 次の社長（後継者） |

事業性評価
事業戦略
経営革新

事業

企業経営者
ライフプラン
キャリア選択
後継者教育

　地域金融機関の営業担当者もサラリーマンであるため、大手金融機関と基本的には同じです。しかし、地域金融機関の営業担当者は、狭い地域で仕事を続けなければなりません。それゆえ、最後まで事業承継支援をやり遂げようとします。

　また、**生命保険のセールスマン**の場合は、保険代理店に所属してフルコミッションで働いたり、自営業で働いたりしていますが、担当する顧客を変えることができないため、最後まで事業承継支援をやり遂げようとします。

　地域金融機関や生命保険会社の営業担当者は、地域密着型で長期的なお付き合いを前提として顧客と向き合います。ここが大手金融機関との大きな違いでしょう。

　それゆえ、ともすれば３年を超える長期にわたる事業承継支援を、最後までやり遂げることができます。また、顧客のM&Aを失敗させてしまうと、顧客との関係が壊れてしまうため、顧客の利益を犠牲にするようなM&Aを実行させることはありません。

　また、経営者の生き方を支援することができます。独立開業して自ら保険代理店を経営している生命保険セールスマンも数多くいます。そのような人たちであれば、事業内容や規模は異なるものの、顧客と同じ経営者として、経営者の気持ちを理解し、共感することができます。それゆえ、引退したくない現経営者、従業員との関係性に苦しむ後継者に対して、メンタルな側面において支援することができます。

しかしながら、現実には、地域金融機関の営業担当者や生命保険のセールスマンには、事業承継の支援ができる専門家が少ないように思われます。

地域金融機関の営業マンは、数多くの顧客に対する融資を担当してきたとしても、融資以外のサービスに関する知識や経験がありません。また、生命保険のセールスマンは、数多くの顧客に対して生命保険を売ってきたとしても、生命保険以外のサービスに関する知識や経験がありません。いずれも社内に事業承継を支援する専門的なチームが設けられていないため、事業承継支援のノウハウが無いのです。

事業承継を支援するとしても、融資や生命保険だけで解決策を見つけることができません。金融資産運用、不動産投資、税務までサービスとして提供するだけでなく、経営者の生き方を理解することが求められるからです。

地域金融機関の営業担当者や生命保険セールスマンの得意分野

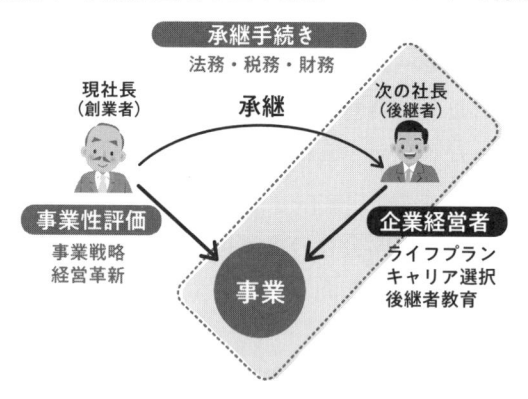

顧問税理士は、ほとんどが個人事務所を営む自営業者または税理士法人の経営者です。また、法人税務はまさに地域密着型のビジネスで、当然ながら長期的なお付き合いが必要となります。それゆえ、税理士は、法人税務のサービスを提供しつつ、顧客である経営者の気持ちを理解することができ、事業承継の支援を最後までやり遂げることができます。

しかし、税理士は、数多くの法人の決算と申告を行ってきたとしても、法人税務以外のサービスに関する知識や経験がありません。また、小規模な個人事務所の経営であれば、マーケティングや経営管理の能力は必要とされません。良くも悪くも、税理士業の殿様商売です。それゆえ、事業戦

略の立案、マーケティングや経営管理など、企業経営に関する後継者の悩みまでサポートできる税理士は少ないようです。

　また、法人税務の仕事は、決算書と申告書という書類の作成と税務署への提出の繰り返しです。会計事務所という極めて狭い社会の中で、長年パソコンと向かい合って、反復継続的な作業を続けることになります。それゆえ、日本経済やグローバルに広がるビジネスまで考える視野を持つことができず、事業性評価において適切な支援を行うことができる税理士は少ないようです。

　しかし、承継手続きに係る税務については、税理士だけが提供できるサービスです。法人税務を行う税理士であっても、税理士資格を持つかぎり、他の支援者と比べて大きな優位性があります。

　事業承継の支援には、事業性に係るサポート、経営者の生き方のアドバイス、承継手続きの代行がありますが、お客様に提供できる価値が最も大きいのは、承継手続きの代行です。なぜなら、適切な税務サービスを提供することによって、顧客のキャッシュ・フローを増大させることができるからです。例えば、事業承継税制の適用を支援すれば、相続税の100％を減額させるという価値を提供することができます。

顧問税理士の得意分野

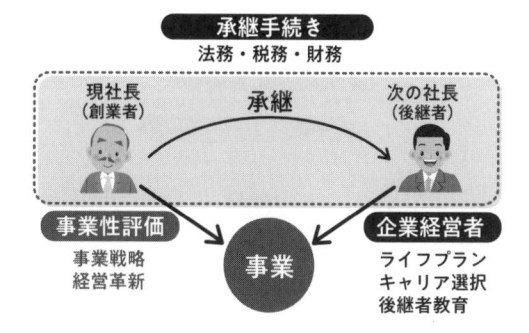

　最後に、**中小企業診断士**ですが、ほとんどが大企業を定年退職した元サラリーマンです。各種補助金申請の書面を作成したり、融資の申込書を作成したりすることや、行政機関から委託された窓口相談が主たる仕事となります。ほとんど中小企業診断士は、書面作成の代行、悩み相談の聞き役

を職務としています。企業経営の経験は一度もありません。企業経営の指導を行うコンサルタントではありません。

　ただし、資格試験の受験勉強を通じ、一般的に認められる事業性評価の手法を習得しています。補助金申請書の作成は、事業計画という形式で事業戦略を文書化する仕事です。それゆえ、「いま市場で何が売れるのか、顧客ニーズは何か、今後の収益が期待できるビジネスはなにか、利益を獲得する方法にはどのようなものがあるか」など、ビジネスの仕組みを理解し、事業性を形式的に評価する能力を持っています。

　このような資格であるため、中小企業診断士には、ビジネスの全体像を見てきた中高齢者が多くいます。大企業で役員を経験し、会社の組織構造や職務分掌を熟知した人、大手IT ベンダーでERP システムを開発し、会社の組織構造や業務フローを熟知した人などです。

　したがって、中小企業診断士は、中小企業の事業性に悩みを抱える後継者に対して、一般に認められる事業性評価の手法を使って事業戦略をアドバイスすることができる支援者ということができます。また、大企業を定年まで働くことで様々な人生経験を持ち、人生の先輩として、後継者に対して経営者の生き方のアドバイスを提供することもできるはずです。

　しかし、承継手続きに係る税務や法務について支援することはできません。連携する税理士と協働することになります。

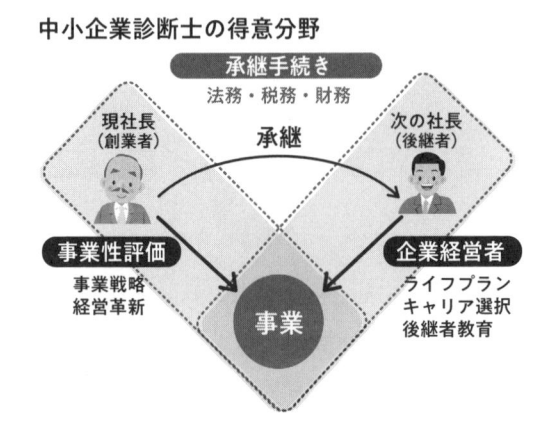

中小企業診断士の得意分野

　以上のように、４者は「帯に短したすきに長し」であり、事業承継に係る問題をワンストップで解決できる専門家は存在していません。

　それでは、どうすれば適切に事業承継支援を行う体制を築くことができるのでしょうか。事業承継支援に必要な能力とサービスは以下の通りです。

---

① 中小企業の事業性を評価し、適切な事業戦略の立案をアドバイスできる能力

② 引退する現経営者の老後の生き方をアドバイスする能力（金融資産運用や生命保険を含む）

③ 後継者のキャリア選択をアドバイスする能力

④ 相続に伴う法律問題を解決する能力

⑤ 相続税などの税務サービス

⑥ 個人および法人に必要となる資金を提供するサービス

⑦ 個人財産を最適化するために、不動産売買を仲介するサービス

⑧ 以上のサービスを事業承継が完了するまで提供するため、顧客と長期的な取引関係を継続できること

　欧米には、このような能力を持ち、すべてのサービスを提供している専門家がいます。それは「プライベートバンカー」です。彼らは、事業経営のサポート（海外展開の支援、取引先の紹介や資金調達など）、金融資産への投資に加え、不動産投資や生命保険の設計、また相続税などの節税対策のアドバイスまでも提供しつつ、顧客との長期的な関係を続けます。このようなプライベートバンカーであれば、事業承継支援を最後までやり遂げることができるのです。

　しかし、日本の拠点で働いている外資系のプライベートバンカーは、欧米で働くプライベートバンカーと異なります。日本国内では、顧客の事業承継を積極的には支援していません。仕組債やラップ口座など、高い手数料を取ることができる金融商品を販売することしかできないからです。

　ワンストップ対応ができない日本の支援者が最適なチームを作ろうとするならば、提供できない能力やサービスを補完することが必要となります。

また、ビジネスとして事業承継を支援しようとするならば、組織的に顧客開拓を行い、効果的な提案営業を継続することが必要です。

4. 対話による問題発見と 支援者の役割

事 例

甲社長（75歳）は、地方にある A 社（機械部品製造業、従業員数 20 人、売上高 10 億円、当期純利益 3 千万円、純資産 1 億円）の創業者であり、株式 1,000 株（発行済株式の 100%）を所有し、これまで代表取締役社長として頑張ってきました。

得意先の大手自動車メーカーが、製造工程を東南アジアへ移転し始めていることもあって売上が減少していますが、まだまだ十分な利益を確保できているため、事業の存続については問題視していません。

甲社長は、75歳とは言え、健康状態は良好であり、これまで病気したことがありません。工場の現場を走り回って、元気ハツラツと働いています。仕事が楽しくて仕方がなく、可能な限り長く働きたいと考えています。

妻の丙氏は、これまで夫の甲社長を支えてきましたが、70歳を迎え、これからは夫婦で一緒に過ごす時間をもっと増やし、長期の海外旅行に出るなど、老後の人生を充実させたいと願っています。

一方、長男の乙氏（40歳）は、新卒で大手都市銀行に入り、現在、東京本社で法人営業を担当しています。乙氏は、このままサラリーマンを続ける人生に疑問を抱いており、自分で会社経営することも仕事として面白いのではないかと考えるようになりました。しかし、乙氏が実家に戻って父親の甲社長と話すのは、せいぜい年 1 回、正月休みに帰省するときくらいです。

家族には、嫁いだ後は子育てに専念している長女の丁氏（42歳）がいますが、親子・乙氏との仲はとても良く、実家は明るい雰囲気です。

ある日、甲社長は、行政機関が主催する「事業承継セミナー」を受講し、税理士である講師から「事業承継税制の適用を検討すべき」と聞きました。セミナー終了後、複数の専門家との個別相談会があり、以下のような指導を受けました。

弁護士：　遺産分割の争いが問題となるので、無議決権の種類株式を発行しましょう。株式の民事信託も検討したほうがいいですよ。

銀行員：　自社株対策のため、持株会社を設立して、ホールディングス化すべきですよ。

生命保険営業マン：退職金を準備するために、社長を被保険者とする法人契約の生命保険に加入しましょう。

　甲社長は、専門家から様々な提案を受けましたが、税金や法律など難しい話ばかりであり、よく理解できませんでした。しかも、「自分は死ぬまで働くぞ」と考えていたため、事業承継には全く関心がありませんでした。

　その翌日、甲社長は、事業承継支援の専門家であるあなたとの面談がありました。

甲社長：　昨日、『事業承継セミナー』を受講しました。また、事業承継の専門家の先生方から、役に立つ講義を聴くことができましたよ。しかし、事業承継など私にはまだ早い話だと思いました。

あなた：　何をおっしゃっているんですか。甲さんはもう75歳でしょう。そろそろ引退も考えなければいけません。次の社長は誰にするおつもりですか？

甲社長：　私はまだまだ元気です。死ぬまで働くつもりですから、次の社長のことは、私が辞めるときに考えましょう。結果的に、息子の乙に継いでくれたらいいと思っています。

あなた：　乙さんは、外で会社員として働いておられますよね？甲社長のお仕事、事業承継のことはお話されたことはあり

　　　　　　ますか？

甲社長：　いえ、一度も話したことはありません。彼は都市銀行で
　　　　　活躍しているようですから、こんな小さな町工場など継
　　　　　ぎたいとは思わないかもしれません。

あなた：　そうであれば、事業承継の準備を今すぐスタートさせな
　　　　　ければなりません。甲社長は引退する覚悟を決めること
　　　　　です。また、乙さんが後継者になるのであれば、その決
　　　　　意を固めてもらうことが先決ですよ。

甲社長：　いやいや、私はまだ辞める気はありませんよ！

あなた：　それでは、もし甲社長が病気で倒れてしまったら、Ａ社
　　　　　は誰が経営するのですか？

甲社長：　うーん・・・

あなた：　『事業承継セミナー』で法務や税務を勉強するのもいいで
　　　　　すが、その前にやるべきことがあります。甲社長ご自身が、
　　　　　ここまで事業を成長させることができたのはなぜか、現
　　　　　在の経営環境はどうなっているのか、将来どうなってい
　　　　　くのか、ここで立ち止まって考えてみましょうか。

…【問1】……………………………………………………

事業承継について、甲社長と乙さんの決意を固めさせるために、支援者は
どのような支援を行うべきでしょうか。

…【問2】……………………………………………………

銀行員や生命保険の営業担当者は、甲社長へどのような提案と支援を行う
とするでしょうか、推測してください。

解説

···【問1】···

　事業承継は、問題を発見するまでのフェーズと、発見された問題の解決するフェーズの2つに分けることができます。

　問題を解決するフェーズでは、数多くの支援者がサービスを提供していますので、解決できないような問題が出てくることはありません。しかし、問題を発見するまでのフェーズでは、問題を見つけること自体が容易ではありません。また、漏れなく問題点を見つけることができる支援者は、ほとんど存在していません。

　問題を発見するフェーズでは、現経営者は、事業承継の必要性を認識していないか、多少は認識しているとしても何をすればよいかわからず悩んでいる状況にあります。これに対して**求められる支援は、事業承継の必要性を認識させること、すなわち「気づき」を与えることです。**具体的には、現経営者との「対話」です。

　「対話」の目的は2つあります。1つは、現在の事業について話すことによって事業性評価を行い、事業そのものの存続・成長のために何をすべきか考えること、もう1つは、現経営者の頭の中にある知的資産を後継者に伝達することです。

　この結果として、現経営者は事業承継の必要性に気づくとともに、後継者は「私が事業を引き継ぐぞ！」という決意を固めることができます。

　次に、問題を解決するフェーズに入ると、現経営者は事業承継すると決定したものの、それを実行するための具体的手続きがわからない状況にあります。これに対して**求められる支援は、実行手続き**（税務・法務・財務）**を実行することです。**公認会計士・税理士や弁護士など、その手続きをサポートまたは代行してくれる専門家を選任すればよいでしょう。

問題発見フェーズと問題解決フェーズ

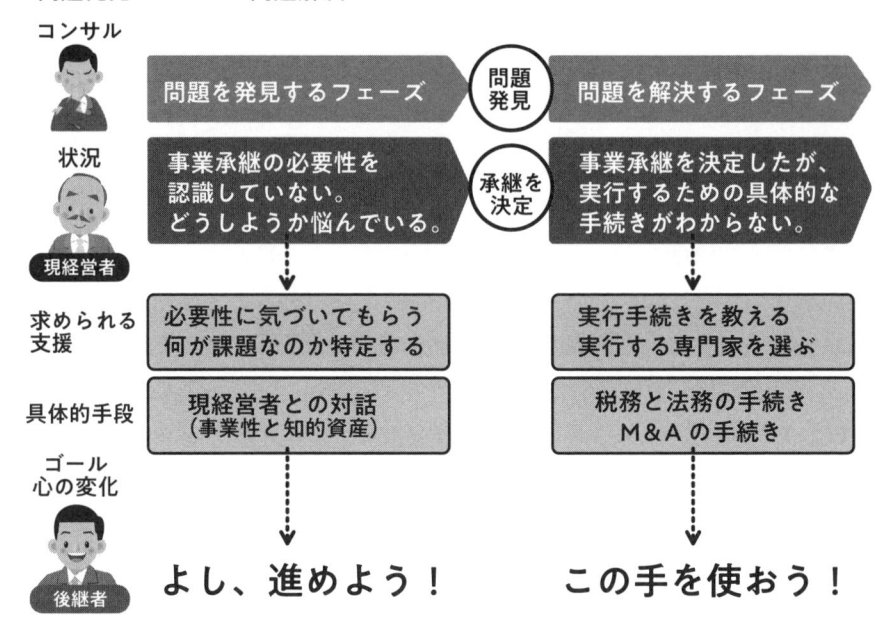

コンサル

	問題を発見するフェーズ	問題発見	問題を解決するフェーズ

状況

現経営者

	事業承継の必要性を認識していない。どうしようか悩んでいる。	承継を決定	事業承継を決定したが、実行するための具体的な手続きがわからない。

求められる支援	必要性に気づいてもらう 何が課題なのか特定する	実行手続きを教える 実行する専門家を選ぶ
具体的手段	現経営者との対話 （事業性と知的資産）	税務と法務の手続き M&Aの手続き

ゴール 心の変化

後継者

よし、進めよう！　　**この手を使おう！**

　ここで重要なのは、ゴールの明確化し、そのための手段を間違わないことです。問題解決が主目的となる後半戦では、法務や税務など専門的な手続きの実行がゴールですから、お金を支払って専門家のサービスを利用すれば解決することができます。難しい話ではありません。

　これに対して、問題発見が主目的となる前半戦では、事業性の問題、承継手続きの問題を見つけるだけでなく、経営者の生き方を決意することがゴールとなります。現経営者は引退を決意すること、後継者は事業を引き継ぐと決意することです。

　このような経営者の決意を行わせるために、支援が必要となるわけです。人間の気持ちの問題ですから、簡単な話ではありません。このゴールにたどり着くために必要なことは、現経営者との対話です。支援者が現経営者との対話を行うことによって、経営者の生き方を決めさせなければいけません。また、支援者がコーディネートすることによって、現経営者と後継者との対話を促進します。これによって、現経営者だけでなく、後継者の

生き方も決めさせるのです。

　以上のように、**支援者に求められる最も重要な役割は、現経営者との『対話』です。**『対話』というと抽象的に聞こえますが、**決意をもたらすことがゴールですから、お客様の感情に影響を与える対話が必要です。**

　その対話では、経営者としての人生、生き方について腹を割って話さなければいけません。金融機関やM&A仲介業者が提供する、税務や法務、M&Aの話では、経営者の心の状態は変化しません。

　現経営者に、事業の過去と未来について語ってもらい、老後の生き方を考えさせるのです。その一方で、後継者と対話させることで、後継者のほうの気持ちも動かし、「事業を継ごう」と決意させるのです。

　お客様が、自分の人生と生き方を決意しなければ、実行手続きへ進めることはできません。それを見落としていては、事業承継のプロセスを先に進めることはできないのです。

····【問2】··

　事業承継支援の正しい取り組みは、問題を正しく見つけることです。問題を漏れなく見つけることができれば、事業承継はほとんど解決できたようなものです。

　これまでの事業承継支援の取り組みは、すでに見つけられた問題点を所与のものとし、支援者のビジネスとなる解決策（ソリューション）を提供することに重点が置かれていました。

　たとえば、生命保険の営業担当者は、経営者の老後資金や相続資金という問題点のために、法人契約の生命保険という解決策を提供していました。

　また、銀行員は、株式の承継における税負担軽減や遺産分割対策という問題点のために、株式買取資金の融資、持株会社設立のための組織再編、M&Aという解決策を提供していました。

　さらに、税理士は、株式の承継における税負担軽減という問題のために、暦年贈与や株式承継に係る税務申告という解決策を提供していました。

　いずれも支援者側は、事業承継の支援といいつつも、自らの商品・サー

ビスを関連する問題点だけしか見ていません。その問題点があるお客様をターゲットとして、セールスを行います。また、問題点は無くても、将来的にその問題点が現れたときに困るぞと言って騙し、無理やり解決策を提供しようとします。なぜなら、事業承継の問題の解決策を提供することで、大きな収益を得ることができるからです。逆に、その問題点が無いお客様のことは相手にしません。

しかし、お客様側に立ってみますと、たまたま近くにいた支援者が解決してくれた問題以外にも、別の問題が隠れており、そちらが解決せずに放置されてしまうケースが多く見られます。

よくあるのは、事業性評価や経営者の生き方の側面に係る問題が見逃されていることです。

たとえば、事業性に問題があり、事業再構築が課題となっているお客様に対して、お金があるからといって生命保険に入るようにと提案する支援者がいます。また、後継者が後を継ぐことを嫌がっているにもかかわらず、相続を前提とする民事信託を提案する支援者がいます。あるいは、事業承継税制が適用可能であるにもかかわらず、持株会社を設立して不動産投資と株特外しを提案する支援者がいます。

そのような的外れな提案が行われたとしても、どのような選択肢があり、どの選択肢が正しいのか、判定できないお客様は、その支援者の提案に満足してしまっているのです。結果的に本質的な問題が解決せず、後からそれが顕在化して、大きなトラブルが発生する失敗事例が多く見られます。

それでは、問題点を網羅的に発見し、正しい解決策を提示するというコンサルティング業務を、支援者が提供できるかというと、難しいと言わざるを得ません。経営者を漠然とした人生相談を受け、お客様の生き方についてアドバイスすることについても難しいと言わざるを得ません。

これらは、コンサルティングと称される業務となりますが、目に見えないサービスとなります。中小企業の経営者は、目に見えないサービスに対して対価を支払おうとしません。そうなると無償です。無償ではビジネスとして成り立たないでしょう。

それでも、高額な成功報酬が期待できるM&A仲介業者、長期的に大

きな収益を得ることができる金融機関、高額な仲介手数料が期待できる宅建業者は、事業承継支援のためのコンサルティング業務を無償で提供し続けることができるのです。逆に言えば、**M&A、不動産売買、融資や資産運用に係るサービスを提供していないとすれば、コンサルティング業務を提供することが難しいということです。**

　そうは言うものの、M&A、不動産、金融サービスに無縁の中小企業が、事業承継支援を受けられないというわけではありません。国や地方公共団体などの行政機関による無料サービスを活用することができるからです。2022 年から、経営力再構築伴走支援モデルが導入され、事業承継において問題発見と課題設定に対する支援が行われるようになりました。こちらを活用するとよいでしょう。

5. PMI による第三者承継の成功

（1） PMI とは何か

PMI（Post Merger Integration）とは、M&A が完了した後に行う経営統合の作業を指します。M&A を通じて、事業を譲渡し側のビジネスは、譲受け側のビジネスと一緒にされることになります。以前は譲渡し側の経営者が管理していた事業も、M&A 後は譲受け側の経営者が取り仕切るように変わります。通常、譲受け側の経営スタイルに合わせていくことが多いです。このプロセスは、「経営統合」、「信頼関係の構築」、「業務の統合」の３つの主要な領域に分けられます。

事業承継の「成功」の定義は、譲渡し側と譲受け側で異なります。譲渡し側にとっての成功は、譲渡価格を最大限にすることかもしれませんが、譲受け側にとっての成功は、既存の事業と新しく承継した事業の価値を高めることにあります。これは具体的には、事業を統合することで売上や市場シェアを増加させ、シナジー効果を生み出すことです。

M&A の譲受側の目的

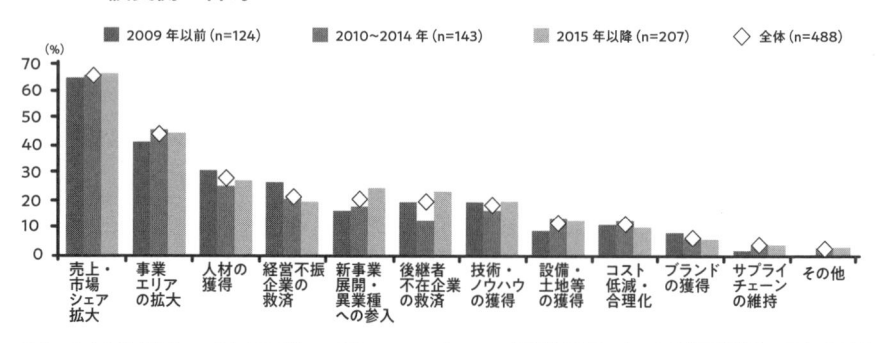

出典：中小企業白書（2018 年）より三菱 UFJ リサーチ&コンサルティング（株）「成長に向けた企業間連携等に関する調査」（2017 年 11 月）

　過去の日本の企業における M&A では、PMI を行わないことが多いとされています。その結果、譲受け側の満足度は低く、「相乗効果が得られなかった」、「相手側の経営や組織体制の弱さ」、「相手側の従業員の不満」などの失敗例が多く見られました。M&A を行っても、期待通りの生産性向上が得られないという悩みが現場で発生しています。しかし、これらの問題は、適切な PMI を実施することで解決可能でした。つまり、PMI は M&A 成功の鍵となるのです。

M&A の満足度が期待を下回った理由

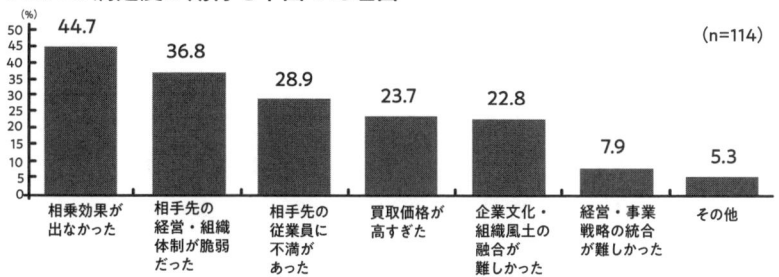

出典：三菱 UFJ リサーチ&コンサルティング（株）「成長に向けた企業間連携等に関する調査」（2017 年 11 月）

（2）PMI の考え方

　M&A プロセスのクロージングが完了すると、経営権の移転も終わります。これで、譲渡し側の役割はほとんど終了しますが、譲受け側にとってはここからが重要な段階になります。

　M&A の大きなメリットは、承継される事業と譲受け側の事業を上手に統合し、シナジー効果（相乗効果）を発揮して生産性を高めることです。 この統合により、両方の事業が持つ経営資源の不足を補い合ったり、それぞれの強みをさらに伸ばしたりすることが可能になります。また、重なる経営資源を整理し１つにすることで、コスト削減を実現できるのも M&A のメリットです。これにより、売上の増加やコストの削減を通じて、全体の生産性を大幅に向上させることが可能になるわけです。

（3）統合作業の３つの領域

① 経営統合

　経営統合の作業では、まず譲受け側の経営陣や経営企画部門の責任者など、２〜３人のメンバーでプロジェクトチームを作ります。このチームの目的は、経営統合の方向性を明確に定めることです。その上で、企業文化や組織の風土をどのように１つにしていくか、具体的な方法を考えます。

　ビジネスの価値観、人材へのアプローチ、顧客対応の方針などが両社で異なる場合、文化の衝突が起きるリスクがあります。これが事業価値の損失につながることもあるため、早期に企業文化や組織風土の違いを理解し、不必要な摩擦を避けることが重要です。デュー・ディリジェンスの段階から、両社の経営陣や幹部社員が集まり、意見交換の場を持つことが効果的です。これにより、お互いの理解を深め、スムーズな経営統合を目指すことができるでしょう。

② 信頼関係構築

　「組織は戦略に従う」という言葉が示すように、人事・組織統合では、譲受け側の経営戦略に合わせた組織づくりが求められます。たとえば、譲受け側がジョブ型雇用のような最新の人事制度を採用している場合、譲渡し側が従来のメンバーシップ型終身雇用を採用していると、承継された従業員が新しい制度に適応するのが難しくなることがあります。業績連動型の報酬制度の導入に戸惑う人や、年下の上司を受け入れられない人も出てくるかもしれません。

　これを避けるため、承継される従業員に対して、譲受け側の経営方針や人事・組織戦略を丁寧に説明することが大切です。特に、組織に大きな影響力を持つ幹部社員（キーパーソン）には、他の従業員より先にM&Aの情報を伝え、プロセス全体を通じて彼らの意見を聞き、緊密にコミュニケーションを取ることが重要です。個別面談は早めに行

うべきです。

　人事・組織統合の1つの目的は経営効率化です。総務や経理などの間接部門を1つに統合することでコスト削減が可能です。しかし、職位の整理に伴うリストラは従業員のモチベーションを下げるリスクがあります。弁護士や社会保険労務士だけでなく、キャリア・カウンセラーによる精神的なサポートも提供し、従業員に配慮しながら慎重に進めることが不可欠です。

③ 業務統合

　業務プロセスの統合は、現場に最も近い作業であり、課長や係長などの現場の管理職が中心となって進めることになります。この統合作業は実務の細かい話にはなりますが、うまくいかないと従業員の日常業務に支障をきたし、機能していた無形資産の損失を招く可能性があるため、決して軽視できません。

　一般的に、業務の統合方法は一本化が基本です。譲受け側の業務のやり方が効率的であるケースが多いため、譲渡し側の業務は譲受け側に合わせることになります。適切な情報システムが導入されていない場合は、その導入によって生産性を向上させることが可能です。異なる情報システムを使用している場合は、機能比較を行い、より高機能なシステムを採用するのが良いでしょう。業務効率化によるコスト削減を目指すことが重要です。

　M&A において、デジタル化に遅れがちな事業が承継されることが多く、PMI を通じてデジタル・トランスフォーメーション（DX）を実現させるチャンスがあります。手作業で行っていた定型的な事務処理は情報システムやクラウド・サービスの導入によってデジタル化し、蓄積したデータを販促やインターネット通販などのマーケティング強化に活用することが求められます。

　情報システムの切替えは日常業務プロセスの変更を伴うため、従業員の混乱を招くリスクがあります。業務プロセスの変更を急ぐ場合は、切替えのタイミングを慎重に考えることが重要です。トラブルを防ぐ

ためには、一定期間両方の情報システムを併用し、移行期間を設けた
うえで時間をかけて業務統合することも1つの方法です。

（4）シナジー効果

　M&Aを実行する際、重要なのはシナジー効果の獲得です。シナジー効
果には、売上シナジーとコストシナジーの2種類があります。売上シナジー
とは、譲受け側と譲渡し側の顧客関係や製品・サービスなどの経営資源を
効果的に活用することで生まれる相乗効果です。これにより、新しい市場
への進出や顧客基盤の拡大が可能になります。

　一方で、コストシナジーは、譲受け側と譲渡し側で重複する業務や機能
を改善し、効率化することで発生します。具体的には、売上原価の削減や
販売管理費の削減などが含まれます。これにより、経営の効率化とコスト
削減が実現し、利益率の向上が期待できます。

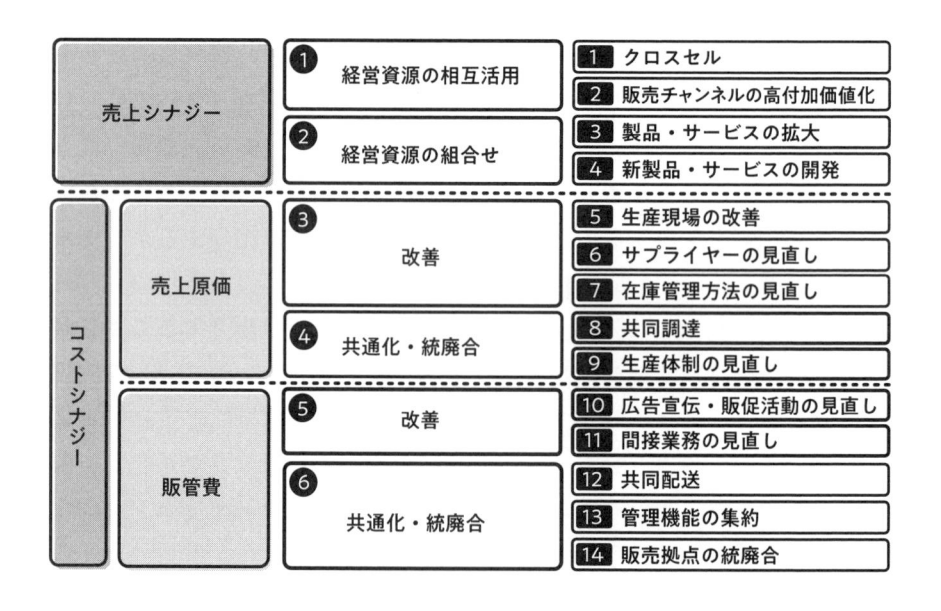

　シナジー効果は短期的には譲受け側と譲渡し側の事業収益性やキャッ
シュ・フローの改善に寄与します。しかし、これはM&Aの手段を用い

る目的に過ぎません。中長期的な視点で、持続的な事業成長と事業価値の向上を目指すためには、生み出されたキャッシュを新たな投資に活用することも考慮する必要があります。このようにして、M&A は単なる瞬間的な成果ではなく、持続可能な成長戦略の一環として位置づけられるべきです。

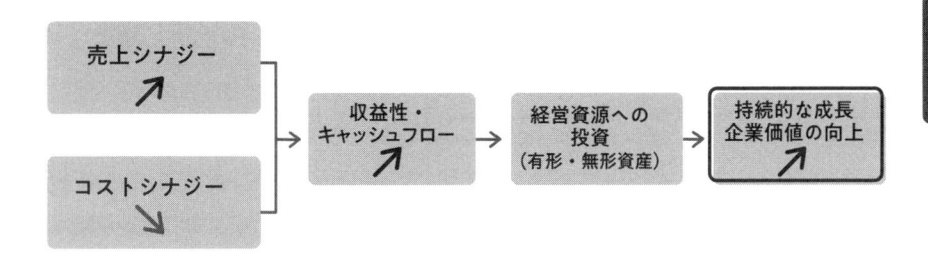

① 経営資源の相互活用による売上シナジー

　M&A による売上シナジーは、クロスセルと販売チャネル拡大に分かれます。

　クロスセルは、譲受け側や譲渡し側の営業担当者が、それぞれの既存顧客に対して相手側の製品やサービスを提案することで追加売上を生む活動です。この方法では、顧客ごとの売上を増やすことができます。

　クロスセルを成功させるためには、両社の製品やサービスに関する知識を共有する必要があります。営業担当者や技術者による同行訪問や勉強会を実施し、互いの製品への理解を深めていくことが効果的です。ただし、新しい製品の導入に消極的な営業担当者がいることもあるため、インセンティブ制度の導入などの施策が必要な場合もあります。

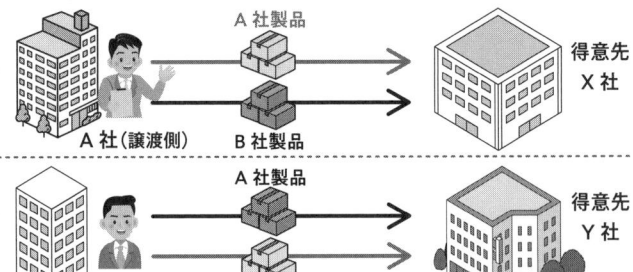

一方で、販売チャネル拡大は、互いの顧客を紹介し合うことで新規顧客を獲得し、売上を拡大する活動です。これにより、新しい市場への進出や営業エリアの拡大が可能になります。販売チャネル拡大の実現には、互いの顧客情報を共有し、協力して営業活動を行うことが重要です。ただし、顧客への直接アプローチを行う際には、情報共有の同意を得ることや個人情報保護法に注意することが必要です。これにより、新しい市場への道が開かれ、売上の増加につながる可能性が高まります。

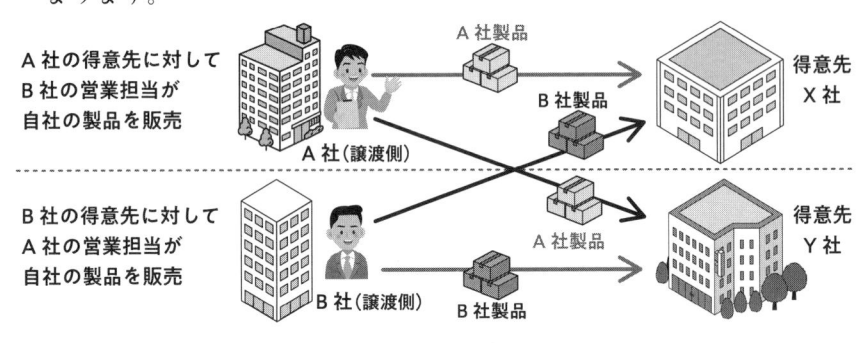

② 経営資源の組み合わせによる売上シナジー

経営資源の組み合わせによる売上シナジーは、お互いの製品やサービス、そしてそれらを支える技術やノウハウを組み合わせることで新たな価値を顧客に提供し、売上を拡大する取り組みです。ここでは、製品やサービスの高付加価値化や新製品の開発がキーポイントになり

ます。たとえば、既存の製品に相手側の技術を取り入れて機能を追加するケースや、製品同士、またはアフターサービスとの組み合わせを行うケースが考えられます。

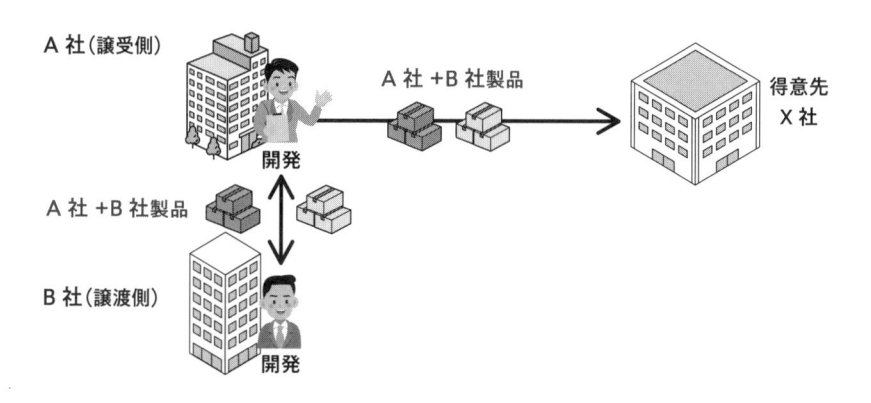

③ 改善による売上原価シナジー

改善による売上原価のシナジーとしては、譲受け側が譲渡し側の業務を改善し、売上原価を削減する取り組みがあります。たとえば、生産現場の効率化、サプライヤーの見直し、在庫管理の改善などが挙げられます。譲受け側の経営者が譲渡し側の生産現場の5S（整理、整頓、清掃、清潔、しつけ）を改善することで、ミスの減少や作業効率の向上が期待できます。

また、部品や原材料の仕入先の見直し、新たなサプライヤーの獲得、調達のQCD（品質、費用、納期）の改善なども重要です。これらの活動を通じて、譲渡し側の仕入先との交渉、譲受け側の仕入先との一本化、新しい仕入先の開拓などが行われます。

在庫管理の最適化も大切な要素です。譲受け側が保有する在庫を考慮し、必要な在庫量を減らしたり、保管場所を変えて運送コストを削減したりすることができます。在庫情報が不透明な場合は、現物確認とともに、在庫情報を一元管理できる情報システムの導入を検討することが効果的です。これにより、売上原価の削減を実現し、全体の収益性を向上させることが可能になります。

④ 共通化・統廃合による売上原価シナジー

　経営資源の共通化や統廃合による売上原価のシナジーは、譲受け側と譲渡し側の経営資源を効果的に統合することで、売上原価を低減させる取り組みです。たとえば、共同調達や生産体制の見直しなどが挙げられます。重複して仕入や購入を行っている商品や原材料の共同調達を通じて、価格交渉力を強化し、調達単価を引き下げることができます。特に間接材など共通利用が可能なものは、譲受け側と譲渡し側の業種や業態に関係なく同じものを使用しているケースが多く、共同調達は容易に行えます。

　この効果を最大化するためには、部品や材料をできるだけ共通化して品目数を減らし、大きな発注量を可能にする設計や仕様の変更が求められます。さらに、譲受け側と譲渡し側の生産体制を見直し、生産設備の入替えや生産拠点の統廃合を行うことで、生産能力を強化し、製造コストを低減させることも可能です。

⑤ 改善による販管費シナジー

　改善による販管費シナジーは、譲受け側が譲渡し側の間接業務を改善し、それによってコストを削減する取り組みです。具体的には、広告宣伝や販促活動の見直し、間接業務の効率化などがこれに該当します。譲受け側が譲渡し側の広告宣伝や販促活動を自社の活動と組み合わせることで、費用対効果を高め、コスト削減の道を探ります。

　PMI の過程では、パンフレットやカタログ、ノベルティなどの販促ツールを改良したり、ホームページや看板・ポスターなどの広告を見直したりすることが可能です。さらに、キャンペーンや展示会、見本市などのイベントを共同で実施することで、費用を削減することができます。

　また、譲渡し側の間接業務を見直すことにより、ミスを減らしたり、残業時間を短縮したりといった質的、量的な改善を実現することが可能です。これを達成するためには、間接業務を可視化し、担当者への

ヒアリングを通じて間接業務の棚卸を行い、業務ごとの詳細を把握する必要があります。その後、無駄や非効率がある業務を特定し、それらを排除、統合、入替え、代替、簡素化することで、無駄な業務を減らしていきます。

さらに、定型業務の標準化が可能な場合は、デジタルトランスフォーメーション（DX）を推進することで業務の効率化を図ることができます。これにより、間接コストの削減と業務プロセスの最適化が実現し、譲受け側と譲渡し側双方の生産性が向上します。

⑥ 共通化・統廃合による販管費シナジー

経営資源の共通化と統廃合による販管費シナジーは、譲受け側と譲受け側の間接業務や事業用資産の統一化を通じて販管費を削減する取り組みです。具体的には、共同配送、管理機能の集約、販売拠点の統廃合などがこれに当たります。たとえば、両社の担当者が同一エリアで顧客への配送を行っている場合、物流事業者を共通化し荷物を集約することで、配送コストを削減できます。

また、譲受け側の管理機能を譲渡し側に集約することにより、管理コストの削減が可能です。さらに、譲受け側と譲渡し側の営業担当者が同一エリアの顧客に対する営業活動を行っている場合、活動の重複を無くすことで、販売コストを減らすことができます。これは、譲渡し側の販売拠点を閉鎖して譲受け側の拠点に集約する場合や、既存拠点を廃止して新たに販売拠点を設置する場合に実現されます。

拠点統合後は、顧客のエリア分布や営業担当者の移動距離を考慮して、顧客の担当割り当てを見直し、人材配置の最適化を図ることで営業効率を向上させます。同時に、拠点数の削減により、賃料や光熱費などのコスト削減も可能になります。

ただし、販売拠点の移転に伴う顧客への周知やホームページの更新を忘れてはなりません。また、拠点の統廃合により従業員の勤務地が変わる場合、従業員の勤務条件が不利になる可能性もあります。そのため、事前に従業員に説明し、十分な理解を得ることが重要です。

第3章

親族内承継の事例研究

1. 贈与税の納税猶予制度
（特例措置）

事例

　甲社長（75歳）は、30年前に設立したA社（機械部品製造業、従業員数60人、売上高30億円、当期純利益1億円、純資産20億円、純有利子負債10億円）の創業者であり、株式1,000株（持株比率100%）を所有し、これまで代表取締役社長として頑張ってきました。

　引退を考えるようになった甲社長は、一人息子である長男である乙氏（45歳）に承継したいと考えています。乙氏には兄弟はいません。

　顧問税理士によれば、A社株式の評価額は20億円とされ、大きな個人財産を持つ甲氏の相続税は10億円を超える見込みです。税負担の大きさに困惑した甲氏は、株式の承継をためらいつつここまで来てしまいました。

　後日、事業承継支援の専門家であるあなたは、甲社長から事業承継について相談を受けました。

甲社長：　自社株式の評価額が20億円で、相続税が10億円かかると顧問税理士から説明されました。長男が支払うことになる10億円の相続税を何とか減らしたいのですが、どうすればよいでしょうか。

あなた：　それでは事業承継税制を適用しましょう。

甲社長：　銀行さんからは、事業承継税制よりも持株会社を作って不動産投資をしたほうがいいとアドバイスを受けています。その方法はどうでしょうか。

あなた：　銀行が提案する方法は、後継者となる乙さんに銀行からお金を借りさせて、甲社長の株式を買い取らせるものです。それよりも、無償で引き継いでもらうほうがよいのではないでしょうか。事業承継税制の特例措置を適用できる期限が迫っています。急いで検討しましょう。

甲社長： お金をかけずに株式を承継することができるのですね。事業承継税制の特例措置を使えば税金ゼロになると聞いたことがあります。当社に適用できますか？

あなた： 会社、先代経営者である甲社長、後継者である乙さんにそれぞれ要件がありますが、それをすべて満たすことができれば適用することができますよ。

甲社長： 銀行さんの話によれば、事業承継税制というのは、認定が取り消されてしまい、多額の納税が発生するリスクが大きいと聞いています。大丈夫でしょうか？

あなた： リスクなど全くありません。経済産業省が、そんな危ない法制度を導入するわけがないでしょう。適用できなくなるのは、M&Aで売却してしまうなど、後継者が承継することを途中であきらめた場合ですよ。

甲社長： 承継できなくなるとダメなんですね。業績悪化で倒産した場合でも、認定が取り消されるのでしょうか？

あなた： 認定は取り消されますが、倒産した場合には、株式評価額とそれに伴う税額が再計算されます。倒産すると、ほぼゼロになるでしょうね。

··· 【問1】 ···

事業承継税制の適用要件について、①会社、②先代経営者、③後継者に求められる要件をそれぞれ説明してください。

··· 【問2】 ···

事業承継税制の「特例措置」の手続きについて説明するとともに、最も遅く適用した場合の贈与の期限を述べてください。

···【問3】···

事業承継税制を適用する場合、先代経営者は最低どれだけの数（比率）の
株式を贈与しなければなりませんか？

···【問4】···

初めて事業承継税制の認定申請書を提出する場合、その提出期限はいつで
しょうか？また、年次報告書と継続届出書の提出期限はいつでしょうか？

···【問5】···

事業承継税制の適用対象としての認定が取り消されるケースを列挙してく
ださい。

解説

···【問1】···

① 会社

　　贈与税の納税猶予制度の適用対象となる会社の要件は、以下の通りです（個人事業主の要件は別途規定されています）。

1. 中小企業であること

	資本金	又は	従業員数
製造業・建設業・運輸業その他（下記以外）	3億円以下		300人以下
ゴム製品製造業（自動車又は航空機用タイヤ及びチューブ製造業並びに工業用ベルト製造業を覗きます。）			900人以下
卸売業	1億円以下		100人以下
小売業	5,000万円以下		50人以下
サービス業（下記以外）			100人以下
ソフトウェア・情報処理サービス業	3億円以下		300人以下
旅館業	5,000万円以下		200人以下

2. 上場会社、風俗営業会社に該当しないこと

3. 資産保有型会社等でないこと

　　資産保有型会社とは、自ら使用していない不動産（賃貸用・販売用）・有価証券・現金預金等（特定資産）が70%以上ある会社をいい、資産運用型会社とは、これらの特定資産の運用収入が75%以上の会社をいいます。ただし、**一定の事業実態がある場合**には、資産保有型会社等に該当しないものとみなされます。

一定の事業実態とは

① 商品の販売、貸付け等を3年以上行っていること（同族関係者などへの貸付は除きます）

② 後継者と生計同一の親族以外の常時使用従業員が 5 人以上いること

② 先代経営者（贈与者）

贈与税の納税猶予制度の適用対象となる先代経営者（贈与者）の要件は、以下の通りです。

1. 会社代表者であったこと

2. 贈与時までに、代表者を退任すること（有給役員で残ることは可能）

3. 贈与の直前において、先代経営者と同族関係者（親族等）で発行済議決権株式総数の 50% 超の株式を保有し、かつ、同族内（後継者を除く）で筆頭株主であったこと。

4. 株式を一括して贈与すること

③ 後継者（受贈者）

贈与税の納税猶予制度の適用対象となる後継者（受贈者）の要件は、以下の通りです。

1. 会社の代表者であること

2. 20 歳以上、かつ役員就任から 3 年以上経過していること

3. 贈与後、後継者と同族関係者（親族等）で発行済議決権株式総数の 50% 超の株式を保有し、かつ、同族内で筆頭株主となること（複数代表者の場合、最大 3 名の後継者が可能）。

··· 【問2】 ···

　特例措置は、事業承継税制（一般措置）の特例であり、平成30年（2018年）1月1日から令和9年（2027年）12月31日までの約10年間で、平成30年（2018年）4月1日から**令和8年**（2026年）**3月31日**【延長の可能性あり】までに、経営革新等支援機関の指導のもとで**特例承継計画書の認定**を受けた会社（特例認定承継会社）に適用されます。

　ここで、一般措置が併存していることに注意が必要です。それゆえ、既に一般措置を適用した会社は特例措置を適用することはできません。

　特例措置は延長される可能性がありますが、延長されず廃止されると、一般措置に一本化されることになります。

特例認定承継会社

　「特例認定承継会社」とは、平成30年4月1日から**令和8年3月31日**までの間に**特例承継計画**を都道府県に提出した会社であって、中小企業における経営承継円滑化法第12条第1項の認定を受けたものをいいます。

　「特例承継計画」とは、認定経営革新等支援機関の指導及び助言を受けた特例認定承継会社が作成した計画です。特例承継計画書には、先代経営者の氏名、特例適用を受ける後継者の氏名（最大3名まで）、事業承継までの事業計画、事業承継後の事業計画、認定経営革新等支援機関の所見を記載します。

施行規則第 17 条第 2 項の規定による確認申請書
（特例承継計画）

年　　月　　日

都道府県知事　殿

郵 便 番 号
会社所在地
会社名
電 話 番 号
代表者の氏名　　　　　　印

　中小企業における経営の承継の円滑化に関する法律施行規則第 17 条第 1 項第 1 号の確認を受けたいので、下記のとおり申請します。

1 会社について

主たる事業内容	
資本金額又は出資の総額	円
常時使用する従業員の数	人

2 特例代表者について

特例代表者の氏名	
代表権の有無	□有　　□無（退任日　年　　月　　日）

3 特例後継者について

特例後継者の氏名（1）	
特例後継者の氏名（2）	
特例後継者の氏名（3）	

4 特例代表者が有する株式等を特例後継者が取得するまでの期間における経営の計画について

株式を承継する時期（予定）	年　月 ～　　年　月
当該時期までの経営上の課題	
当該課題への対応	

5　特例後継者が株式等を承継した後５年間の経営計画

実施時期	具体的な実施内容
１年目	
２年目	
３年目	
４年目	
５年目	

　特例措置を適用することができる期間は限定されています。**令和８年３月31日**までに**特例承継計画**の認定を受けた後、特例承継期間である５年間に贈与を行ったうえで、それについて都道府県からの認定を受けることになります。

> ①特別承認計画を作成し、都道府県の認定を受ける
> ↓
> ②贈与（先代＋他者）を行い、都道府県の認定を受ける

　特例承継期間とは、認定を受けた先代経営者からの贈与の申告期限から５年間を言います。この期間内に贈与税の申告期限が到来する贈与に限って、事業承継税制の適用対象となります。

　ただし、先代経営者の贈与が必ず先行します。先代経営者以外の者からの贈与が、先代経営者の贈与の前であったとしても、特例措置を適用することはできません。

納税猶予を受けるための手続き

納税猶予を受けるためには、「都道府県知事の認定」、「税務署への申告」の手続が必要となります。

（1）贈与税の納税猶予についての手続

提出先　● 提出先は「主たる事務所の所在地を管轄する都道府県庁」です。

都道府県庁

承継計画の策定
● 会社が作成し、認定機関（商工会、商工会議所、金融機関、税理士等）が所見を記載。
※「承継計画」は、当該会社の後継者や承継時までの経営見通し等が記載されたものをいいます。

贈与の実行
● 令和8年3月31日まで提出可能。
※相続・贈与後に承継計画を提出することも可能。

認定申請
● 贈与の翌年1月15日までに申請。
● 承継計画を添付。

税務署

税務署へ申告
● 認定書の写しとともに、贈与税の申告書等を提出。
● 相続時精算課税制度の適用を受ける場合には、その旨を明記。

税務署

都道府県庁

申告期限後5年間
● 都道府県庁へ「年次報告書」を提出（年1回）。
● 税務署へ「継続届出書」を提出（年1回）。

5年経過後実績報告
● 雇用が5年間平均8割を下回った場合には、満たせなかった理由を記載し、認定支援機関が確認。その理由が、経営状況の悪化である場合等には認定支援機関から指導・助言を受ける。

6年目以降
● 税務署へ「継続届出書」を提出（3年に1回）。

（2）相続税の納税猶予についての手続

提出先
●提出先は「主たる事務所の所在地を管轄する都道府県庁」です。

都道府県庁

承継計画の策定
●会社が作成し、認定機関（商工会、商工会議所、金融機関、税理士等）が所見を記載。
※「承継計画」は、当該会社の後継者や承継時までの経営見通し等が記載されたものをいいます。

贈与の実行
●令和８年３月 31 日まで提出可能。
※相続・贈与後に承継計画を提出することも可能。

認定申請
●相続の開始後８ヶ月以内に申請。
●承継計画を添付。

税務署

税務署へ申告
●認定書の写しとともに、相続税の申告書等を提出。

都道府県庁

申告期限後５年間
●都道府県庁へ「年次報告書」を提出（年１回）。
●税務署へ「継続届出書」を提出（年１回）。

税務署

５年経過後実績報告
●雇用が５年間平均８割を下回った場合には、満たせなかった理由を記載し、認定支援機関が確認。その理由が、経営状況の悪化である場合等には認定支援機関から指導・助言を受ける。

６年目以降
●税務署へ「継続届出書」を提出（３年に１回）。

　特例措置を最も遅く適用するならば、先代経営者の贈与は、**令和９年（2027 年）12 月 31 日**となります。この場合の特例承継期間は、令和 10 年（2028 年）３月 16 日から令和 15 年（2033 年）３月 15 日になります。

　よって、先代経営者以外の者の贈与は、令和９年（2027 年）12 月 31 日から**令和 14 年（2032 年）12 月 31 日までの贈与**となります。

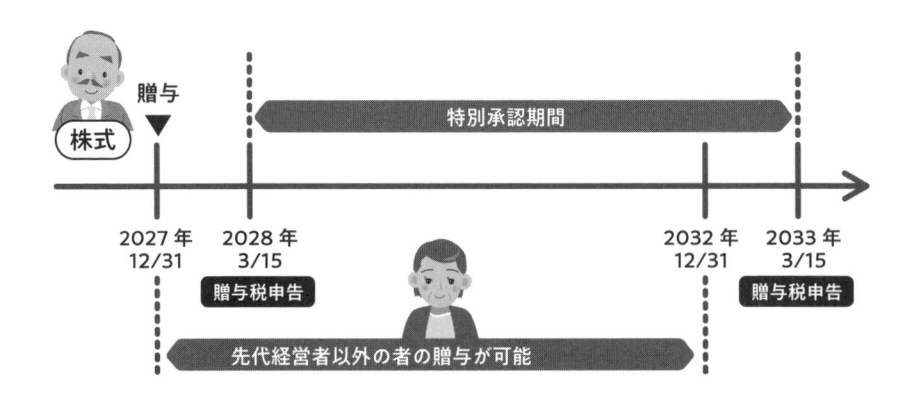

···【問3】···

　特例措置は、「事業承継によって、**後継者は発行済株式の3分の2は確保しなさい！**」と考えています。

① 受贈者が1人の場合

　受贈者が1人の場合、贈与すべき株式の最低数は、以下の通りとなります。

---

① 先代経営者の所有株式数 ＞（発行済株式の 2/3 －後継者の所有株式数）
　→ 贈与すべき最低株数は、（発行済株式の 2/3 －後継者の所有株式数）

② 先代経営者の所有株式数 ＜（発行済株式の 2/3 －後継者の所有株式数）
　→ 贈与すべき最低株数は、先代経営者の所有株式数のすべて

	父親	子ども
事業承継を行う前	100 株	0 株
贈与による株式承継	▲ 67 株 →	+67 株
贈与後	33 株	67 株
相続による株式承継	▲ 33 株 →	+33 株
相続後	-	100 株

　たとえば、発行済株式総数が 100 株を父親がすべて所有している場合、贈与すべき最低株数は、①に該当するため、「(発行済株式の 2/3 － 後継者の所有株式数)」となります。したがって、最低でも 67 株（＝67 株 － 0 株）は贈与しなければなりません。もちろん、それを超えることは任意ですから、100 株すべて贈与しても納税猶予制度を適用することができます。

　また、贈与によって 67 株を承継した後、先代経営者は 33 株を所有していますから、その 33 株については相続税の納税猶予制度を適用することができます。

	父親	母親	子ども
事業承継を行う前	60 株	40 株	0 株
父親からの贈与による承継	▲ 60 株 ←	→	+60 株
贈与後	－	40 株	60 株
母親からの贈与による承継	－	▲ 7 株 →	+ 7 株
贈与後	－	33 株	67 株

　これに対して、贈与者が複数いる場合、たとえば、父親が 60 株、母親が 40 株を所有する場合は、贈与すべき最低株数は、②に該当するため、先代経営者の所有株式数のすべてとなります。したがって、父親は所有する全株式である 60 株となります。また、その後に行われる母親からの贈与では、①に該当するため、「(発行済株式の 2/3 － 後継者の所有株式数)」となります。したがって、最低でも 7 株（＝67 株 － 60 株）は贈与しなければなりません。もちろん、それを超えることは任意ですから、母親の所有する 40 株すべて贈与しても納税猶予制度を適用することができます。

② 受贈者が複数の場合

　一方、受贈者が 2 人または 3 人の場合、贈与すべき株式の最低数は、贈与後における**いずれの受贈者の所有する株式数が発行済株式の 10 分**

の1以上となり、かつ、**いずれの受贈者の所有する株式数が贈与者の
所有する株式数を上回る**ことになる株数となります。

	父親	長男	次男
事業承継を行う前	100 株	0 株	0 株
贈与による株式承継	▲ 68 株 →+34 株	+34 株
贈与後	32 株	34 株	34 株

　たとえば、発行済株式総数が100株を父親がすべて所有していて、
後継者が長男と次男の2人である場合、各後継者に10%以上、かつ各
後継者が先代経営者の株数を上回ることが求められることから、贈与
すべき最低株数は、長男34株と次男34株を合計した68株となります。
もちろん、それを超えることは任意ですから、100株すべて贈与しても
納税猶予制度を適用することができます。

···【問4】··

初めて認定申請書を提出しようとする場合、その期間は以下の通りです。

申請基準日及び提出期限日

	申請基準日		提出期限日
贈与税	（1月1日～10月15日の贈与の場合）：10月15日 （10月16日～12月31日の贈与の場合）：贈与日		翌年の1月15日
相続税	相続の開始の日の翌日から5月を経過する日		相続の開始の日の翌日から 8月を経過する日

　新規適用年度については、都道府県の認定を受けるとともに、税務署へ
の手続きが必要となります。

　贈与税の納税猶予制度に係る認定申請書の提出期限は、翌年の1月15
日です。また、相続税の納税猶予制度に係る認定申請書の提出期限は、相

続開始日の翌日から8か月以内です。**相続税申告書の提出期限である10か月よりも早く、8か月で期限が到来するため注意が必要です。**

　適用した後は、都道府県に対する年次報告書及び税務署に対する継続届出書を提出する必要があります。

報告基準日及び提出期限日

	報告基準日	提出期限日
贈与税	贈与税申告期限の翌日から1年を経過するごとの日（3月15日）	（左記）基準日の翌日から3月を経過する日（6月15日）
相続税	相続税申告期限の翌日から1年を経過するごとの日	（左記）基準日の翌日から3月を経過する日

　贈与税の申告期限から5年間、贈与報告基準日の翌日から3か月以内に、雇用維持や納税猶予対象株式の継続保有など、納税猶予要件を引き続き満たしていることについて、毎年1回、都道府県に年次報告書の提出を行う必要があります。そして、その報告の2か月以内に税務署へ継続届出書の提出が必要となります。

···【問5】···

　事業承継税制の適用が取り消される事由は以下の通りです。認定が取り消された場合には、猶予された税額の全額に利子税を付して納付しなければなりません

① 事業継続期間（5年間）のみの要件

1. 後継者が代表者を退任した場合（身体障害者手帳の交付を受けた場合等を除く）
2. 報告基準日における5年平均従業員数が承継時の従業員数の80%を下回ったにもかかわらず、**都道府県知事にその理由の報告書を提出しなかった場合**
3. 後継者とその同族関係者の有する議決権の総数が総議決権数の50%

以下となった場合

4. 同族関係者で筆頭株主でなくなった場合

5. 後継者以外の者が黄金株を有することとなった場合

6. 都道府県知事への「年次報告書」、税務署への「継続届出書」を提出しなかった場合

② 事業継続期間（5年）経過後も求められる要件

1. 後継者が納税猶予対象株式の全部または一部を譲り渡した場合

2. 会社が一定の会社分割（分割型会社分割）または組織変更を行った場合

3. 会社が資産保有型会社または資産運用型会社となった場合

4. 主たる事業活動から生じる収入額（売上高）が零となった場合

5. 会社が資本金の額または準備金の額を減少した場合（無償減資及び欠損填補のための減資を除く）

6. 会社が合併により消滅した場合

7. 会社が解散した場合

8. 風俗会社になった場合

2. 事業承継税制と
   資産承継

事例

　甲社長（75歳）は、40年前に設立したA社（機械部品製造業、総資産10億円、無借金で自己資本100%）の創業者であり、株式1,000株（発行済議決権株式の100%）を所有し、これまで代表取締役社長として頑張ってきました。

　事業の最盛期には、年商50億円まで拡大した事業でしたが、市場環境の急速な変化から売上が激減し、5年前に営業を終了することとなりました。従業員は、経理担当の1人を除き、全員を解雇しています。

(単位：百万円)

資産		負債	
現金	30	流動負債	30
土地・建物	970	銀行借入金	0
		純資産	
		純資産	970
	1,000		1,000

　現在は本社ビルを外部に賃貸するとともに、投資用不動産を多数購入し、不動産賃貸業を営んでいます。最近は、高齢化社会に適合する新規事業として、高齢者向け介護事業（デイサービス）を考えるようになりました。

　引退を考えるようになった甲社長は、一人息子である長男である乙氏（45歳）にA社を承継したいと考えています。乙氏には兄弟はいません。

　顧問税理士によれば、A社の株式の評価額は10億円とされ、株式以外にも大きな個人財産を持つ甲氏の相続税は5億円を超える見通しです。税負担の大きさに困惑した甲氏は、株式承継に躊躇しつつここまで来てしまいました。

　しかし、商工会議所のセミナーで「事業承継税制」の話を聞き、A社

で適用できるのではないかと考えました。そこで、メインバンクの営業担当者に相談したのです。

甲社長：　商工会議所のセミナーで、事業承継税制の話を聞きました。贈与税ゼロで株式を贈与できるらしいですね。当社でも適用可能でしょうか？

営業担当者：事業承継税制は、経済産業省の制度で、『事業』の存続発展と雇用維持を目的とするものです。それゆえ、貴社のように不動産賃貸だけを行う会社には適用することはできません。

甲社長：　これからは不動産だけではないです。新しい事業として、デイサービスをやりたいんですよ。

営業担当者：貴社の貸借対照表を拝見しますと、事業承継税制の『資産保有型会社』または『資産運用型会社』に該当するはずです。これらに該当すれば、事業承継税制は適用できないのです。

…【問1】…

事業承継税制における『資産保有型会社』または『資産運用型会社』の定義を述べてください。

甲社長：なるほど、当社の特定資産である賃貸不動産は総資産の97%を占めていますから、適用対象から外れるんですね？

営業担当者：そうです。残念ですが、あきらめてください。その代わり、当行が長男の乙さんに融資しますから、甲社長がお持ちの株式をすべて買い取ってもらいましょう。甲社長のお手元には多額の現金が入りますから、それを投資信託で運用しておけば、相続税の納税資金も確保できますよ。一石二鳥です。

甲社長はメインバンクからの提案の意味が理解できなかったようです。後日、事業承継支援の専門家であるあなたは、甲社長から事業承継について相談を受けました。

甲社長：　メインバンクから事業承継税制は適用できない、その代わりに株式の買取資金を融資すると提案されたのだけど、どうすればいいですかね？

あなた：　おや、先日のお話では、介護事業を始めるとおっしゃっていましたよね。そうであれば、事業承継税制を適用できるはずですよ。

甲社長：　いや、賃貸不動産ばかり所有しているから、適用できないと言われましたよ。

あなた：　確かに形式的な要件は満たしていないかもしれません。しかし、事業実態要件を満たすことができれば問題ないですよ。

…【問2】

事業承継税制における「事業実態要件」について説明してください。

…【問3】

メインバンクの銀行は、Ａ社株式の買取りによる株式承継を提案してきました。この方法のメリットとデメリットを説明してください。

解説

···【問1】···

　資産保有型会社と資産運用型会社は、以下のように定義されています。大まかに言えば、**投資用不動産や金融資産などの「特定資産」が総資産の7割を超えている会社**ということです。

① 資産保有型会社とは？

　貸借対照表において、次のイ及びハの合計額に対するロ及びハの合計額の割合が、100分の70以上となる会社をいう。

- イ　総資産の帳簿価額の総額
- ロ　特定資産（現金、預貯金その他の資産であって財務省令で定めるものをいう）の帳簿価額の合計額
- ハ　5年以内に経営承継受贈者及び特別関係者が会社から受けた剰余金の配当等の額

特定資産とは？

- イ　金融商品取引法の有価証券及びみなし有価証券であって、特別子会社（資産保有型子会社または資産運用型子会社以外の会社に限る）の株式または持分以外のもの
- ロ　投資用不動産（一部が事業用で一部が投資用の場合は、投資用の部分のみ）
- ハ　ゴルフ会員権
- ニ　絵画、彫刻、工芸品などの動産、貴金属及び宝石
- ホ　現金、預貯金その他資産（受贈者・相続人やその関係者に対する金銭債権を含む）

資産保有型会社の形式要件　　$\dfrac{B+C}{A+C} \geqq \dfrac{70}{100}$

A= 総資産

B= 特定資産

C= 5年以内に経営承継受贈者及び同族関係者が会社から受けた配当金（贈与前を除く）及び損金不算入となった給与

② 資産運用型会社とは？

認定贈与承継会社の資産の運用状況を確認する期間として政令で定める期間内のいずれかの事業年度における総収入金額に占める**特定資産の運用収入の合計額の割合が 100 分の 75 以上**となる会社をいう。

資産運用型会社の形式要件　$\dfrac{B}{A} \geqq \dfrac{75}{100}$

A= 総収入金額

B= 特定資産の運用収入の合計額

···【問 2 】···

貸借対照表の資産のほとんどを投資用不動産が占めている場合など、形式要件を満たしていない場合であっても、**事業実態要件をすべて満たしていれば、贈与税の納税猶予制度を適用する**ことができます。

○ 事業実態要件

イ　贈与日まで**3 年以上継続**して、以下のいずれかの業務を行っていること。

① 商品販売等（商品販売、資産の貸付け（受贈者及び特別関係者に対する貸付けを除く）または役務提供で、継続して対価を得て行われるものをいい、その商品開発、生産または役務開発を含む）

② 商品販売等を行うために必要となる資産（常時使用従業員が勤務するための事務所、店舗、工場等を除く）の所有または賃借

③ これら業務に類するもの

ロ　贈与時において、**常時使用従業員数が 5 人以上**いること。

「常時使用従業員」とは、労働基準法第 20 条に基づく「解雇予告を必要とする者」です。パート、アルバイト、派遣社員、契約社員などで、平均的な従業員と比べて労働時間が 4 分の 3 に満たない短時間労働者は該当しません。ただし、親族外であること、すなわち、生計同一の親族ではない

従業員であることが求められます。

ハ　贈与時において常時使用従業員が勤務している事業所、店舗、工場その他を所有または賃貸していること。

以上のように、常時使用従業員を５人以上雇って会社の事業所で働かせ、３年以上、事業（商品販売、資産貸付または役務提供）を営んでいるならば、贈与税の納税猶予制度は適用できるということになります。

本事例では、介護事業を開始し、常時使用従業員を５人以上雇い入れ、営業所を構えて、３年後に株式を乙氏へ贈与するのであれば、**総資産のほとんどが賃貸不動産であっても贈与税はゼロ**となります。

…【問3】…………………………………………………………

株式の買取りは、銀行が提案する事業承継の方法です。これは、後継者が株式を買い取るための資金を貸し付けることと、先代経営者の手元に入った現金に対して金融商品の販売することを目的とする提案です。

この方法は、株式を有償で譲渡する方法であるため、後継者に自社株式を集中させても、将来の相続時に遺留分の問題が発生しないというメリットがあります。遺産争いの可能性があるケースにおいて効果的です。

しかし、先代経営者が株式を有償で譲渡するときに伴う譲渡所得に対する負担が問題となります。また、売却代金として多額の現金を受け取ることとなるため、それに伴う相続税負担が問題となります。所得税と相続税の二重課税が発生するのです。

売却代金を金融資産で運用することによって増やすことが期待できるものの、金融資産の相続に伴う税負担は、非上場株式の相続と比べて重くなることから、相続時まで総合的に見れば、将来の個人財産を減少させてしまうおそれがあります。

一方、後継者にとって、株式買取りのために調達した借入金の返済が重荷となります。会社の財務体質は一気に悪化することになるため、一時的に業績が赤字になれば、会社の資金繰りが悪化するおそれがあります。

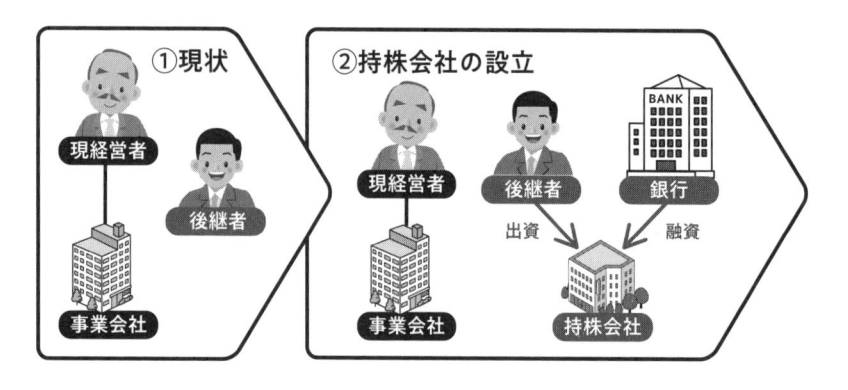

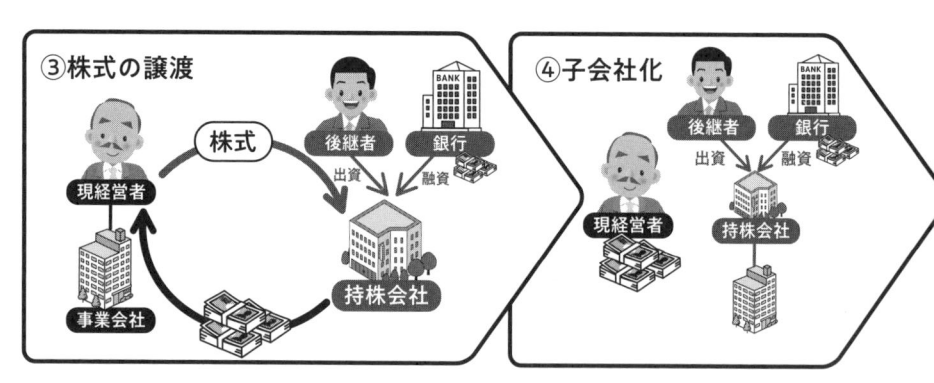

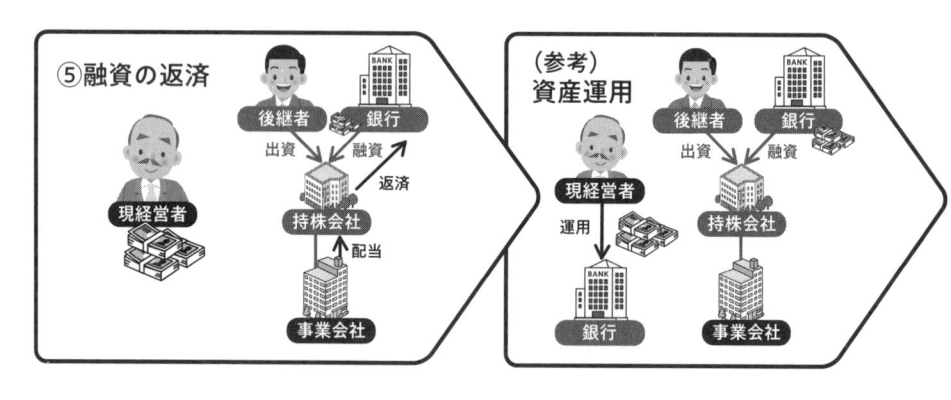

事例

　甲氏（75歳）は、40年前に設立したA社（警備業、従業員数150人、売上高7億円、当期純利益2千万円、純資産5億円）の創業者であり、株式1,000株（発行済議決権株式の100%）を所有し、これまで代表取締役社長として頑張ってきました。役員報酬は月額100万円です。

　引退を考えるようになった甲氏は、長男の乙氏（専務取締役、45歳）への事業承継を考えるようになりました。長女の丙さんは専業主婦をしており、会社経営に関与する意向はありません。

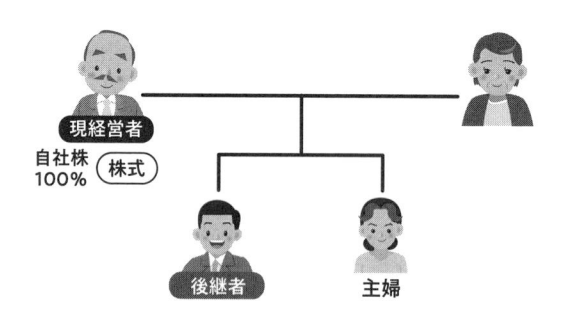

　後日、事業承継支援の専門家であるあなたは、甲社長から事業承継について相談を受けました。

　甲社長：長男の乙がこの会社を継いでくれます。私はこれまで40年間働いてきたのですが、ここで完全に引退しようと思っています。退職金はいくらもらえばいいですか？

　あなた：退職金ですか？甲社長が100%株主ですよね？自由に決めればいいと思いますよ。

　甲社長：顧問税理士から、退職金には上限があると聞きました。勝手に決められるものではないですよね？

あなた：それは、会社の経費に入れることができる上限額ですよね。それは法人税法の規定に従う必要がありますね。

···【問1】··

甲社長の退職金を支給する場合、会社で経費に算入できる退職金（＝甲社長の退職所得）の上限はいくらでしょうか？

ケース①：
株式評価額が高く、個人財産が少ないケース

甲社長：顧問税理士に自社株式を評価してもらったところ、4億円と言われました。私の手元には預金10百万円くらいしかなく、財産のほとんどが自社株式なんです。

あなた：それは困りました。将来の相続時に遺産分割に争いが生じるかもしれませんよ。

···【問2】··

甲社長の会社の貸借対照表と、個人財産が以下の状況であった場合、あなたはどのような方法を提案しますか？（事業承継税制は提案しないものとします）

（単位：百万円）

資産		負債	
流動資産	500	流動負債	50
土地・建物	100	銀行借入金	50
（時価）	（100）	純資産	
		純資産	500
	600		600

＜甲社長の個人財産＞
自宅は賃貸マンション、金融資産 10 百万円、A 社株式 4 億円

ケース②：
株式評価額が低く、個人財産が多いケース

....

甲社長： 顧問税理士に自社株式を評価してもらったところ、1 億円と言われました。しかし、評価額 1 億円の不動産と金融資産 3 億円があります。自社株式が財産に占める割合は 2 割程度ですね。

あなた： それであれば、後継者へ生前贈与しても、将来の相続時に遺産分割争いが生じるおそれはないでしょう。

...【問 3】...

甲社長の会社の貸借対照表と個人財産、個人財産が以下の状況であった場合、あなたはどのような方法を提案しますか？（事業承継税制は提案しないものとします）

（単位：百万円）

資産		負債	
流動資産	800	流動負債	100
土地・建物	100	銀行借入金	500
（時価）	（100）	純資産	
		純資産	300
	900		900

＜甲社長の個人財産＞
自宅 1 億円（時価）、金融資産 3 億円、A 社株式 1 億円

解説

…【問1】……………………………………………………………………………………………………

　退職金は、株主総会の決議があれば、会社法上は無制限に支払うことができます。会社に現金があるならば、1億円でも10億円でも構いません。株主が支配する会社ですから、その財産をどのように分配しようとしても、それは自由です。

　しかし、法人税法では「損金算入の限度額」が明確に定められています。つまり、会社の経費（損金）に入る金額には上限があるのです。この上限は、以下の計算式に従うこととなります。

> 税務上の退職金 ＝ 最終月額報酬 × 勤続年数 × 功績倍率（3.0倍〜3.5倍）

　本問では、**100万円 × 40年 × 3.5 ＝ 1億4,000万円まで経費に入れることができる**と考えてよいでしょう。

　株主総会の決議があれば、いくらでも支給することができますが、この上限を超えて支給した場合、退職金として経費（損金）に算入することができません。超えた部分は役員賞与となり、経費には算入できません。

　この一方で、受け取る個人の退職所得は、会社が支払う退職金の全額となります。法人税法の限度額は個人には関係ありません。個人の退職所得は分離課税で、2分の1課税で退職所得控除があるため、税負担は軽くなっています。

ケース①：
株式評価額が高く、個人財産が少ないケース

（単位：百万円）

資産		負債	
流動資産	500	流動負債	50
土地・建物	100	銀行借入金	50
（時価）	（100）	純資産	
		純資産	500
	600		600

＜甲社長の個人財産＞
自宅は（高級賃貸マンション）、金融資産10百万円、A社株式4億円

　このケースの特徴は、**株式評価額が高く、個人財産が少ない**ことです。役員報酬を抑え、会社に内部留保を蓄え続けてきた堅実な社長によくあるケースです。

　親族内承継における重要な問題は、株式の承継手続きに伴って将来発生する遺産分割です。

　親族内承継では、後継者になると決まった子どもに評価額の大きな株式が集中することになります。後継者ではない子どもへ承継される財産（株式以外の財産、不動産や金融資産など）の価値は、株式よりも小さくなります。

　このような場合、後継者がとそうでない子どもとの間で、相続する財産のバランスが悪くなり、受け取る財産の少ない子どもが遺産分割に不満を持つおそれがあります。

　これは、相続発生後であれば、遺産分割協議の争いとなって顕在化します。しかし、相続発生前に株式が生前贈与され、遺言書が作られていたの

であれば、遺産分割協議の対象となりません。

　そこで、民法は、相続人が最低限受け取ることができる割合である遺留分を規定し、贈与財産を「特別受益」として計算対象としています。つまり、生前贈与された財産まで含めて、公平に分けなければいけないのです。

　もし、後継者ではない子どもが、遺言書によって、遺留分を下回る割合の財産しかもらえないないとすれば、遺留分の減殺請求を行うことができます。すなわち、後継者に対して、遺留分に相当する財産を渡すよう求めることができるのです。

【民法の遺留分】

　遺留分とは、一定の相続人が最低限相続できる財産のことを言います（民法1028条）。基本的には、亡くなった人の意思を尊重するため、遺言書の内容は優先されるべきものです。しかし、「自分が死んだら、愛人に全財産をあげる」という遺言書を作られてしまうと、残された家族は気の毒になります。そこで、民法では、遺留分によって法定相続人が財産を受け取る権利を確保しているのです。

亡くなった方に妻と子2人がいる場合

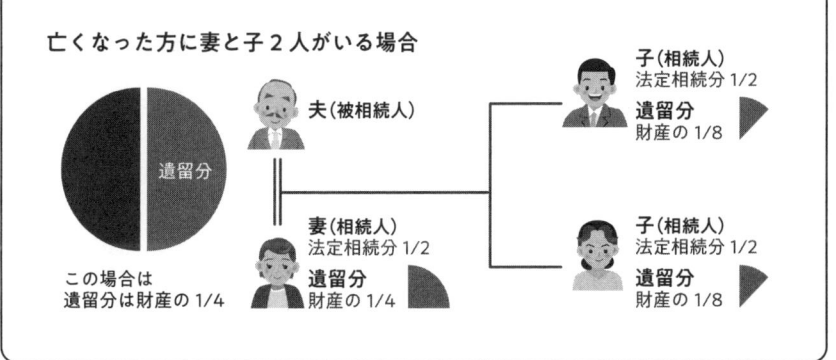

　本事例では、甲社長の財産のほとんどがA社株式です。これを長男の乙氏に贈与して遺言書を作成すると、長女である丙さんに分割される財産が極めて小さくなり、遺留分を侵害するおそれがあります。株式の承継手続きに伴う遺産分割が大きな問題です。

< 甲社長の個人財産 >
自宅は（賃貸マンション）、金融資産 10 百万円、A 社株式 4 億円

この点、解決方法は 2 つです。

① 株式を 【＝株式＋株式】 で分割する方法

A 社株式を子ども 2 人で分ける。たとえば、乙氏 51%、丙さん 49% として、後継者となる乙氏の支配権を確保する。丙さんの株式を無議決権株式（種類株式）とすることも検討する。

② 株式を 【＝（株式－債務）＋現金】 で分割する方法

甲社長が A 社から現金を吸い上げる（退職金や配当金）によって、A 社株式の評価額を下げるとともに、手元現金を増やして丙さんへ財産を渡す。

次に検討するのは、株式の承継手続きに伴う税負担の重さです。相続税評価額 4 億円であり、これを乙氏に贈与しますと税負担は約 2 億円になります。

親族内承継における株式承継の方法は以下の 3 つに大別されます。その会社に置かれた状況によって方法が異なるため、現金対価を支払うか、誰が税金を支払うか、この 2 点を検討して方法を選択します。

	現金対価	税金
後継者個人へ贈与	無償	後継者が贈与税
後継者個人へ譲渡	後継者が現金支払う	現社長が譲渡所得（安い）
会社へ譲渡	会社が現金支払う	現社長が配当所得（高い）

　現金対価の支払いの必要性は、現経営者が現金を持つ必要性があるかどうかによって決まります。本問では、後継者ではない子どもに現金を渡すため、甲社長が現金を会社から吸い上げて持っておく必要があります。

　そうしますと、会社へ株式を譲渡することによって（自己株式の取得）、会社から現金を吸い上げる方法が考えられます。しかし、自己株式の取得は、株主に「みなし配当」課税が生じ、所得税負担が重くなります。

　また、退職金の支払いによっても同様の効果を得ることができます。丙さんへ渡そうとする財産額に見合う退職金を支給すればよいでしょう。所得税負担も軽くなります。

　さらに、後継者である乙氏個人へ株式を譲渡することによっても、類似の効果を得ることができます。この方法によれば、株式の評価額を引き下げることはできませんが、甲社長の手元現金を増やすことはできます。ただし、甲社長は、譲渡所得に対する所得税（分離課税＝20.315%）を負担することになります。

① 株式評価額が低く、個人財産が多いケース

(単位：百万円)

資産		負債	
流動資産	800	流動負債	500
土地・建物	100	銀行借入金	500
(時価)	(100)	純資産	
		純資産	300
	900		900

< 甲社長の個人財産 >
自宅 50 百万円（時価）、金融資産 3 億円、A 社株式 1 億円

このケースの特徴は、**株式評価額が低く、社長個人財産が多い**というものであり、過去に十分な役員報酬を支払ってきたケースです。会社に内部留保が少ないため、借入金も多くなっていることでしょう。

【問2】のケース（株式評価額が高く、個人財産が少ない）とは異なり、後継者ではない子ども（丙さん）に対して、十分な金融資産を継がせることができます。すなわち、会社の後継者（長男）が株式のすべてを承継したとしても、遺産分割の問題は生じません。

したがって、甲社長が乙氏へ A 社株式を生前贈与すればよいということになります。【問2】のように退職金や配当金などで会社から甲社長へ現金を支払う必要はありません。

なお、【問3】のように株式買取りが適していないケースであっても、銀行が「借入金によって後継者が株式を買い取る方法」を提案してくるケースがあります。注意が必要でしょう。

本事例のまとめ（遺産分割の問題）

以上、本事例の要点を単純化してまとめますと、以下の計算例のようなイメージとなります。

たとえば、現経営者が自社株（5億円）と現金（1億円）と自宅だけ所有していたとしましょう。子ども2人で長男が後継者、長女は後継者ではないとします。後継者に事業を承継しますので、当然ながら株式は長男へ渡します。

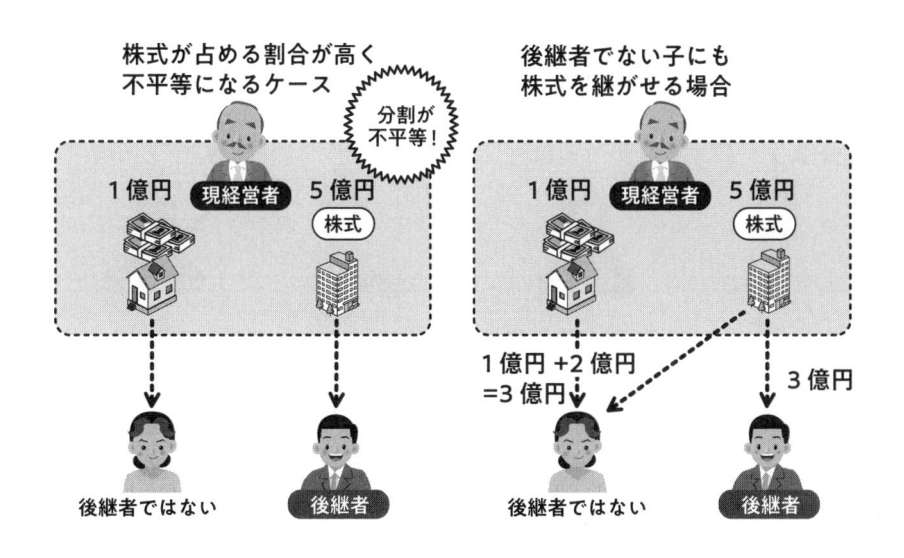

このケースでは、子どもたちの分割が著しく不平等となります。長男が5億円の株式、長女が1億円の現金であれば、長女は「自分の取り分が少ない」と不満を持つことでしょう。

ここで、後継者ではない子どもにも株式を渡すことを考えるかもしれません。確かに、会社法に詳しい専門家などが提案してくる優先配当・無議決権株式を活用すれば、支配権は後継者に集中させつつ、遺産分割のバランスを取ることができます。

しかし、後継者ではない子どもは、支配権のない非上場の株式を所有することを希望するでしょうか。ほとんどのケースでは「そんな株式は要らない、代わりに現金をくれ」と言うはずです。

そこで、事業（株式）の価値を下げるとともに、手元現金を増やすのです。具体的な方法は、①会社から退職金を支払う、②後継者が株式を買い取る、この2つです。

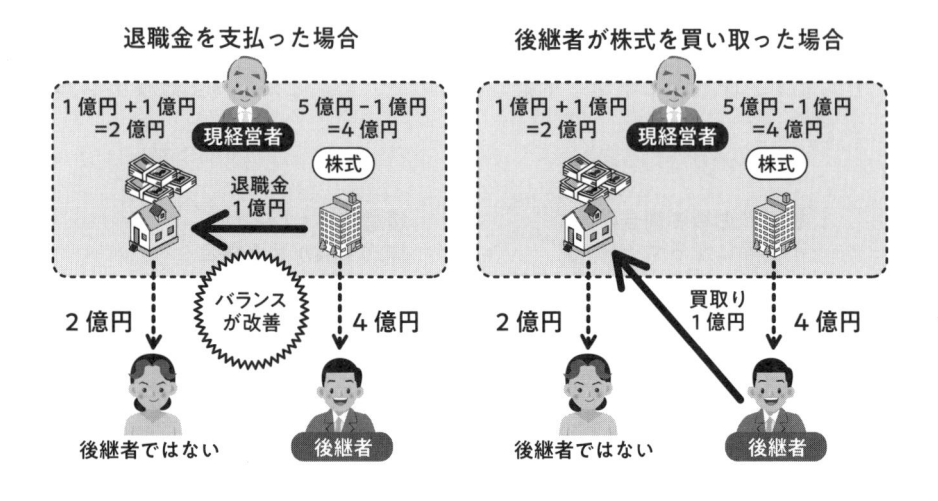

退職金を1億円支払えば、株式の価値が1億円低下するとともに、手元現金が1億円増えます。

一方、後継者が株式を買い取る場合の分割バランスに与える効果も同じです。たとえば、後継者が株式の一部を1億円で買い取ったとしましょう。現経営者の手元から1億円の株式が消えるとともに、手元現金が1億円増えます。

いずれにせよ、長男が4億円の財産（株式）を承継し、長女が2億円の財産を承継するということにすればよいでしょう。

これで完全に平等になったわけではありません。しかし、不平等の程度、バランスの悪さがかなり解消されます。これで長女の不満を取り除き、合意を得られる可能性が高くなります。また、少なくとも遺留分侵害の問題は解消されることになります。

これらの方法によって、個人財産のバランスを調整することが解決策です。事業承継を支援するには、承継手続きに伴う遺産分割の問題を見つけることが重要です。

解説（遺産分割の方法）

　なお、相続時の遺産分割の方法は、「誰が決めるか」によって３つに大別されます。

① 指定分割

　指定分割は、相続発生前に被相続人が決める方法です。この方法によるならば、被相続人が遺産分割の内容を生前に遺言書に書いておくことになります。

② 協議分割

　協議分割は、相続発生後、相続人が話し合って決める方法です。この方法によれば、共同相続人間の話合いによって遺産分割の内容を合意し、遺産分割協議書を作ることになります。

　近年、遺言書を書くケースが増えてきているものの、ほとんどのケースは協議分割です。協議分割の方法は３つあります。

　１つは、個々の相続財産を個別に共同相続人中の特定の者に分割する方法であり、これを**現物分割**と言います。しかし、高額な土地や非上場株式などに相続財産の価値が集中しているなど、相続財産の構成のバランスが悪い場合には、共同相続人間で不公平な分割となり、話合いが難航するケースが多くみまれます。

　もう１つは、相続財産を売却して現金にし、その現金を共同相続人間で分配する方法であり、これを**換価分割**と言います。この方法によれば、話合いで決めた割合で分割すればよいことになり、現物分割よりも公平な分割が可能となります。しかし、売却時に譲渡所得税が課されることから、税引後の現金が分配の対象となる点に留意しなければなりません。

　あと、個々の相続財産を個別に共同相続人の特定の者に現物で取得させるとともに、その現物を取得した相続人が他の共同相続人に対して、代償資産または代償債権を給付する方法があり、これを**代償分割**と言います。この方法によれば、同族会社の非上場株式等、相続人の

1人に集中させるべき相続財産を特定の者が単独で相続し、他の相続人がその株式等を取得した者の有する財産を受け取ることで、財産構成のバランスを調整して、公平な遺産分割が可能となります。

③ 審判分割

　相続人同士の話合いで合意できなければ、家庭裁判所に分割を請求することになります。これを審判分割と言います。

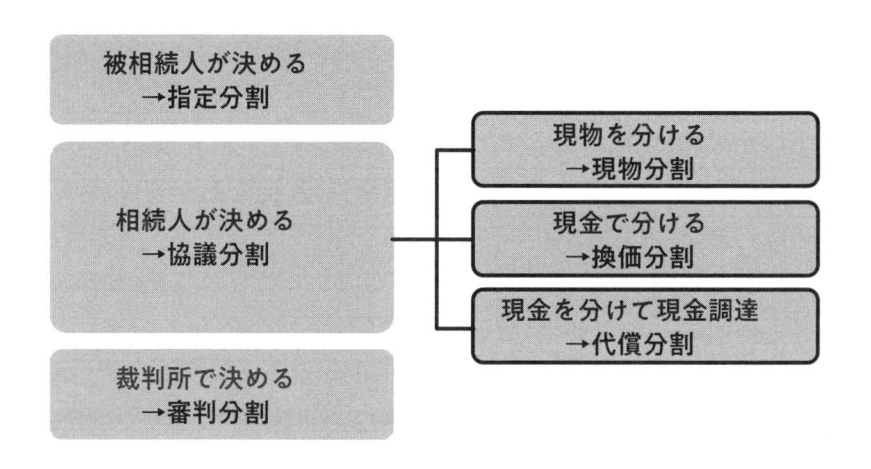

4. ファミリー・ビジネスの基本

事例

　甲社長（75歳）は、A社（飲食店チェーン業、従業員数 100 人、売上高 10 億円、当期純利益 5 千万円、純資産 5 億円）の 2 代目社長です。創業者である父から 5 年前に相続で承継した株式 4,900 株（発行済議決権株式の 49%）を所有し、これまで代表取締役社長として頑張ってきました。

　他界した父親からは、「兄弟で力を合わせ、家業を継いでほしい」と言われており、A社には、甲社長の弟である乙専務（専務取締役、73歳）がいます。兄弟は、若い頃は仲が良かったのですが、最近は会社経営のやり方を巡って喧嘩が多くなり、ほとんど会話することが無くなってしまいました。

　引退を考えるようになった甲社長は、一人息子である長男である丙氏（45歳）への事業承継を考えるようになりました。丙氏は、大学卒業後、大手銀行勤務、MBA 留学を経て、35歳で入社し、現在、経理部長として働いています。

　この一方で、A社では、乙専務の息子である丁氏（乙専務の長男、45歳）が営業部長として働いています。丁氏は調理師専門学校を卒業してすぐに入社し、調理師、2 箇所の店長を経て、現在は、新店舗開発や海外からの食材仕入などを担当しています。A社の成長に貢献して、多大な実績を残しました。そのため、丁氏は従業員からの信頼は厚く、絶大な人気があります。

　甲社長は、「息子の丙は経営者としてまだまだ未熟だが、丁が社長の右腕となって丙を支えてくれるだろうから、来年から丙を社長にしても大丈夫だろう」と考えています。

A社の株主構成は以下の通りです。

株主名	持株数	持株比率
甲社長（代表取締役、75歳）	4,900株	49%
乙（専務取締役、社長の弟、73歳）	1,800株	18%
従業員持株会	3,300株	33%
合計	10,000株	

※ 甲社長の長男である経理部長丙氏と、乙専務の長男である営業部長丁氏は、株式を所有していません。

顧問税理士による株式の相続税評価 @20,000円 × 10,000株 = 2億円

　後日、事業承継支援の専門家であるあなたは、メインバンクからの紹介を受け、甲社長から事業承継についての個別相談に対応しました。

　甲社長：　私は来年引退し、息子の乙を社長にしようと思います。当社では、従業員持株会がうまく機能しています。従業員が業績を上げようとするので、モチベーションを高める効果がありますね。それに、私たち株主の持株数を減らすこともできるので、相続税対策にもなっているのですよ。それでも私たちは過半数の株式を持っていますから、支配権に問題はないでしょう

　あなた：　社長、おっしゃる通り、事業承継がうまくいくといいですね。しかし、株式の承継手続きに伴って、問題が発生する可能性がありますよ。事業承継を進める前に、一度冷静に考えてみましょうか

···【問1】···

あなたはA社の事業承継に重大な問題があることに気づきました。それは何ですか？

···【問2】···

A社の問題の解決策を提示してください。

解説

…【問1】…………………………………………………………………

　創業100年という老舗企業がメディアで紹介されることがあります。世代を超えて存続する優良な企業は、事業承継に成功するとともに、「相続」というイベントを乗り越えてきています。

　相続には、事業のための資産を分けるという手続きが必要です。会社の社長は、経営者であるとともに、株式を所有する個人でもあります。相続の際、株式を、後継者である子どもと、それ以外の子どもたちに分けることになります。つまり、社長は、複数の子どもたちの中から、後継者となる子ども1人を選別しているということになります。

　しかし、株式を承継する子どもを1人に選別できないケースがあります。たとえば、平等を重んじる家系において、「会社の株式は、代々均等に分割して相続する」というルールがあったとしましょう。相続を通じて、株式は分けられることになります。

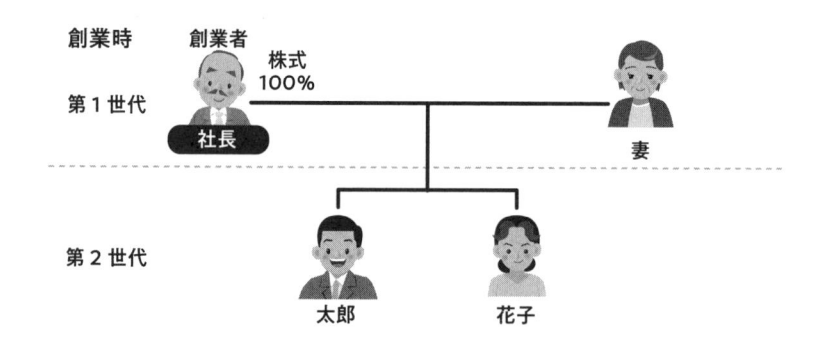

　まず、第1世代から第2世代への相続です。社長が他界して相続が発生し、長男と長女が株式50%ずつ承継したとしましょう。会社経営は、創業者から長男の太郎氏へ承継されました。

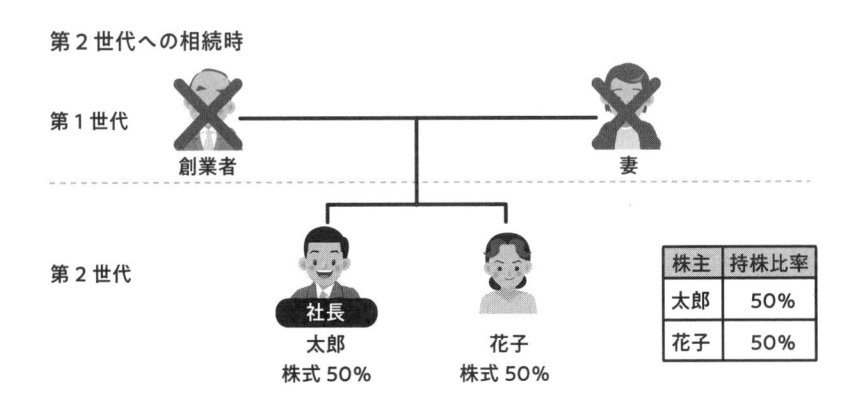

第2世代への相続時

第1世代　創業者　妻

第2世代　社長　太郎　株式50%　花子　株式50%

株主	持株比率
太郎	50%
花子	50%

次に、第2世代から第3世代への相続です。経営は、太郎から長男のA太郎へ承継されました。

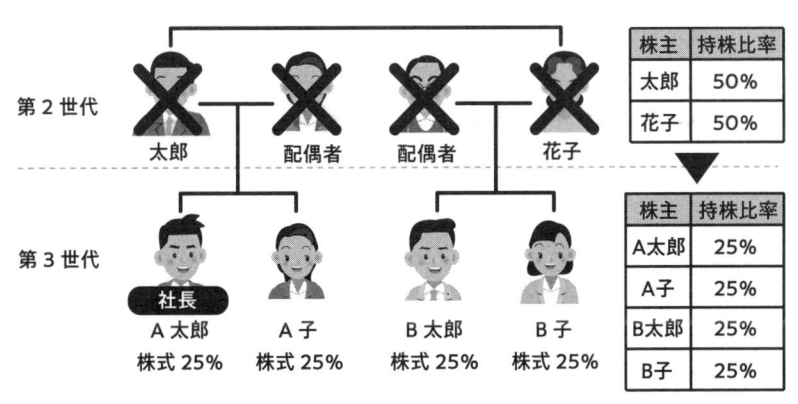

第3世代への相続時

第2世代　太郎　配偶者　配偶者　花子

株主	持株比率
太郎	50%
花子	50%

第3世代　社長　A太郎　株式25%　A子　株式25%　B太郎　株式25%　B子　株式25%

株主	持株比率
A太郎	25%
A子	25%
B太郎	25%
B子	25%

さらに、第3世代から第4世代の事業承継です。経営は、A太郎から長男のAa太郎へ承継されました。

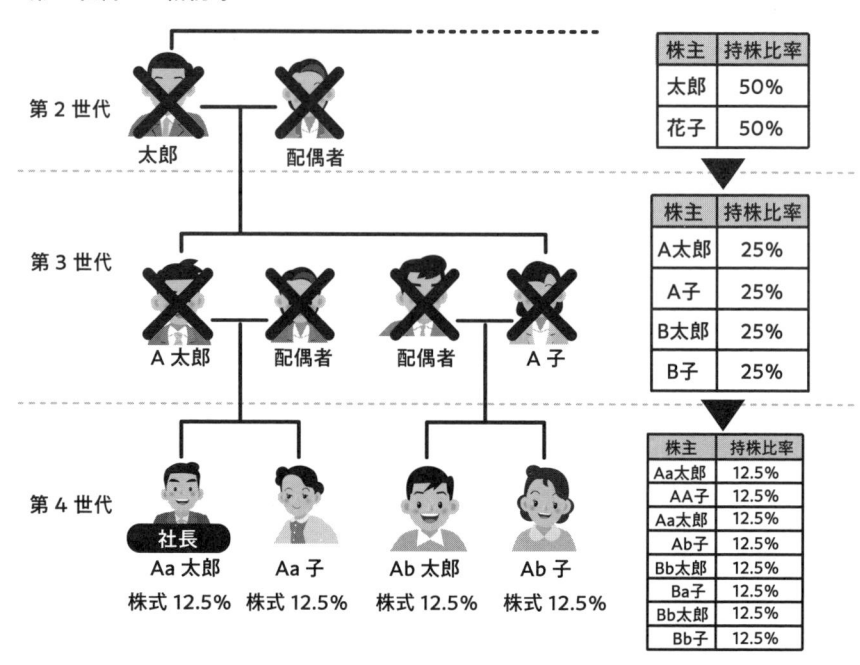

第4世代への相続時

第2世代	太郎	配偶者		株主	持株比率
				太郎	50%
				花子	50%

株主	持株比率
A太郎	25%
A子	25%
B太郎	25%
B子	25%

第3世代　A太郎　配偶者　配偶者　A子

株主	持株比率
Aa太郎	12.5%
AA子	12.5%
Aa太郎	12.5%
Ab子	12.5%
Bb太郎	12.5%
Ba子	12.5%
Bb太郎	12.5%
Bb子	12.5%

第4世代

社長
Aa 太郎　Aa 子　Ab 太郎　Ab 子
株式 12.5%　株式 12.5%　株式 12.5%　株式 12.5%

　このように株式を平等に分割するというルールを持つ家系では、3回の相続を経て、8人に株式が分散されることになります。その結果、社長であるAa太郎の持株比率は12.5%しかありません。この状態では、Aa太郎は、株主総会においていつ解任されるかわかりません。社長の地位がとても不安定なものとなります。

　このように、相続は、株式の分散をもたらす危険なイベントです。平等に相続することによって社長の支配権が失われ、その地位が不安定なものとなってしまうのです。

　会社法の観点から、社長の支配権が絶対的に安定するのは、株主総会の特別決議を可決させることのできる「3分の2超」です。たとえば、以下のように、社長が67%（＞3分の2）を所有している会社の社長の支配権は安定しています。社長が絶対的な権力を持つワンマン会社となります。

社長が 67% 所有している会社

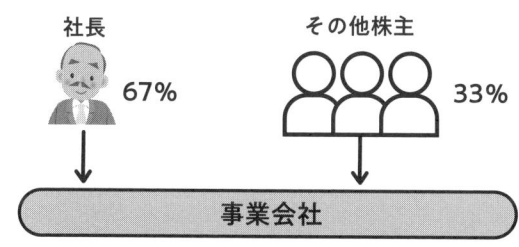

株主	持株比率
社長	67%
その他株主	33%

※ その他の株主とは、遠い親戚や他人のことを言います。

　社長の支配権が安定している会社のことを、「オーナー企業（オーナー・ビジネス）」と言います。

　ただし、会社が成長すると株式評価額が上昇し、後継者１人に株式を集中して相続させることが困難となり、複数回の相続を経て、親族内で株式が分散するケースがあります。上述のケースは、８人の株主が12.5％ずつ所有する極端なケースでしたが、実際にはもっと中途半端に分散します。実務上よく見られるのは、以下のようなイメージです。

創業家の株主が３人いる会社

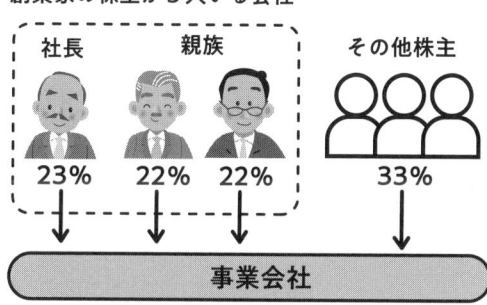

株主		持株比率	
親族	社長	23%	
	社長の兄弟	22%	67%
	社長の従兄弟	22%	
その他株主		33%	

　このケースでは、３人の親族が３分の２超を所有しているため、３人の親族が合意すれば、支配権を確保することができます。

　しかし、もし社長以外の親族が、社長との仲が悪くなったことによって敵対的になってしまった場合、社長１人の比率23％では、支配権を確保することできなくなります。

　このように**社長の支配権が、親族の合意に基づいて確保されている会社**

のことを、「**ファミリー企業（ファミリー・ビジネス）**」といいます。ファミリー企業では、オーナー企業とは異なり、**親族間での合意形成**によって支配権が維持されるのです。

　さらに会社が成長して、株式上場した場合も見ておきましょう。ファミリー企業でも上場することは可能です。

ファミリー・ビジネスである上場企業

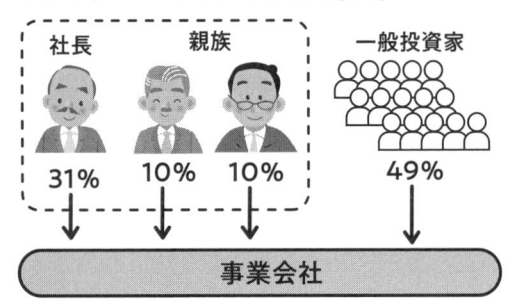

株主		持株比率	
親族	社長	31%	51%
	社長の兄弟	10%	
	社長の従兄弟	10%	
一般投資家		49%	

　もちろん、上場企業は、創業家の支配を無くし、一般投資家だけが株主になる状態を目指すべきです。つまり、所有と経営の分離させた企業、「パブリック・カンパニー」です。このような会社では、社長は会社を支配することがなく、一般投資家から経営を委ねられたサラリーマンとなります。

パブリック・カンパニーである上場企業

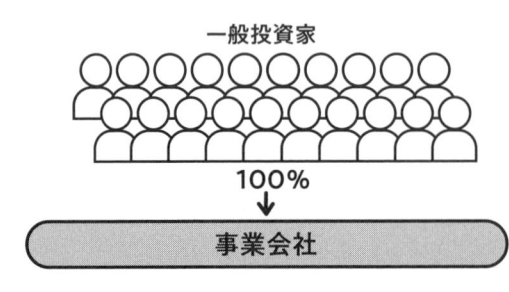

株主		持株比率	
親族	社長	0%	0%
その他株主		100%	

　本問を検討しましょう。株主構成は以下の通りです。

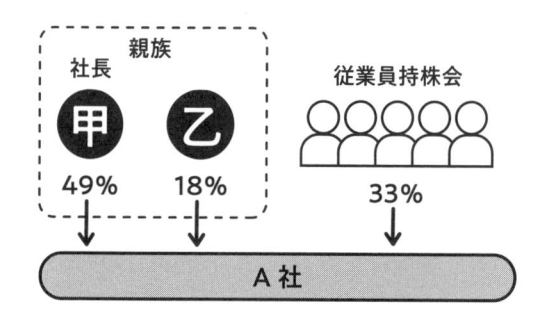

株主		持株比率	
親族	甲	49%	67%
	乙（弟）	18%	
その他株主		33%	

　兄弟で持株比率が3分の2超であり、支配権は安定しています。ただし、甲社長が単独で支配するオーナー企業ではなく、親族内での合意形成を前提とした**ファミリー企業**となっています。

　甲社長の望んでいる事業承継後の株主構成は以下のようなイメージでしょう。甲社長は息子である丙に、乙専務は息子である丁に株式を継がせるものとします。

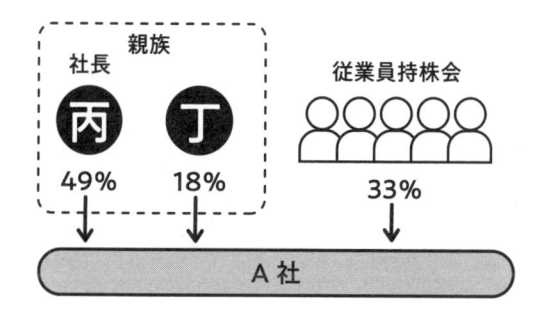

株主		持株比率	
親族	丙（甲の子）	49%	67%
	丁（乙の子）	18%	
その他株主		33%	

　しかし、A社では、甲社長と乙専務の仲が悪くなってきています。甲社長が子どもの丙氏を次の社長にしたいと考えていても、その一方で乙専務が子どもの丁を社長にしたいと考えるかもしれません。もし、丁氏を支持する従業員持株会が乙専務と結託すれば、株主総会において「丁氏を次の社長にする」という議案が通ることになります。その場合、わずか18％の株式しか所有していない丁氏が社長になってしまうのです。

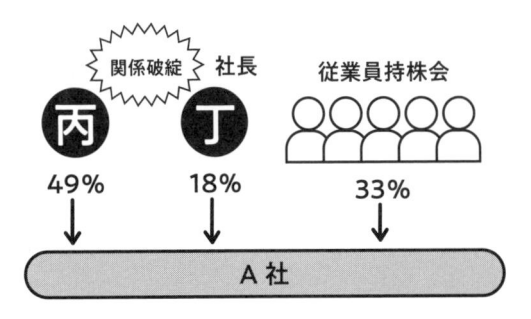

株主		持株比率	
親族	丙	49%	67%
	丁	51%	18%	
その他株主		33%	

··· **【問2】** ··

　株式の承継手続きに係る支配権の問題が生じないようにするためには、親族内で支配権を一本化し、分散させないようにします。具体的には、甲社長が主導して、親族全員の株式を持株会社に集中させます。すなわち、甲社長と乙専務の所有する株式を現物出資して、持株会社を設立するのです。

親族による持株会社の設立

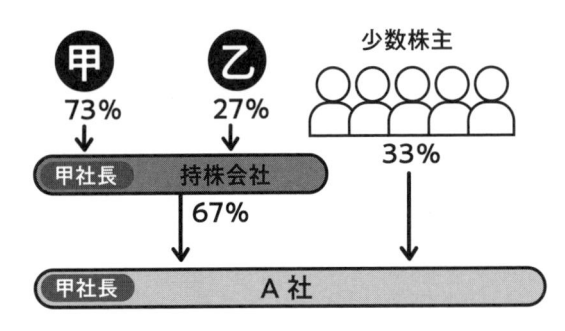

株主	持株比率
持株会社	67%
その他株主	33%

　これによって、A社に対する支配権は、親族個人ではなく、親族が多数決で選任した持株会社の代表者に一本化されます。本問では、甲社長が、持株会社の代表者に選任されるはずです。

　持株会社を設立することによって、親族内の多数派がA社を支配できるようになります。このような資本関係を構築することを、「エステート・

プランニング」と言います。また、このようなにして設立された持株会社のことを、「ファミリー・オフィス」といいます。

　ファミリー・オフィスは、事業という価値ある財産を永続的に管理するとともに、複数の親族間での合意を形成する機能を持ちます。その際、持株会社の内部において親族全員が、その社長を監視・監督するすることになります。これを**ファミリー・ガバナンス**といいます。

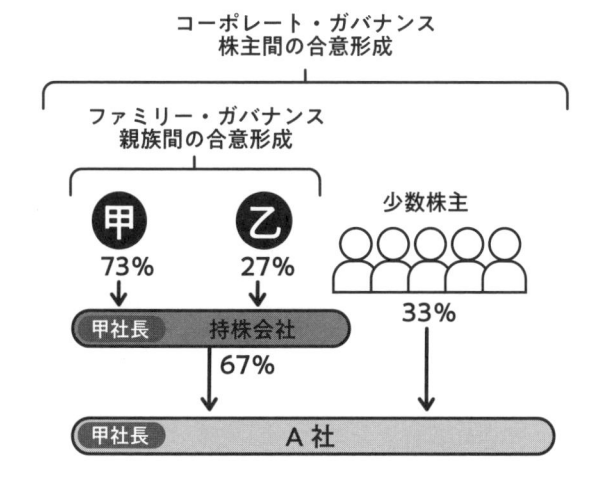

２段階のガバナンス体制

5. 経営環境の変化への適応

事 例

　A社（旅館業、従業員数30人、売上高4億円、当期純損失▲1百万円、純資産3億円）は、北海道にある創業100年の老舗旅館であり、3代目の甲社長（75歳、代表取締役）が株式10,000株（持株比率100%）を所有しています。甲社長の妻の丙さんは、女将として会社を支えています。

　旅館は、昭和初期に建てられた純和風の建物、自然と一体化した露天風呂を提供しており、日本人客から長年愛されてきました。

　一方で、この地域には、海外からインバウンドの外国人客が増えてきており、多数の競合他社が、お洒落な西洋風の建物、スタイリッシュな部屋風呂を完備したホテルを開業しました。外国人客から評判がとてもよいとのことです。

　3年前に甲社長の一人息子である乙さん（45歳、営業部長）がA社に入社し、現在は営業部長として働いています。乙さんは、学生時代にイタリアに留学して建築を学んだ経験があります。また、A社に入る前には、マスコミで採り上げられる有名なHリゾート社で働き、最新のホテル業務を習得して、立派な成績を残してきました。

　A社の事業承継を考えるようになった乙さんは、A社の経営環境を分析しました。営業部長として売上拡大のことばかり考えてた乙さんは、市場環境を先に分析したところ、今後も外国人観光客は確実に増加すると考えました。その結果を踏まえ、乙さんは、「経営環境が変化している。これまでのような和風旅館では存続できない。外国人が好むデザインのホテルに建替え、新しいサービスを提供したい。ちょうど大規模修繕の時期だから、建替えのチャンスではないか」と考えました。

　乙さんは、この想いを実現させるため、事業計画を立案し、それを甲社長に説明しました。しかし、「何を馬鹿なことを言っているのだ！うちは100年続いた和風旅館だぞ、自然と調和した露天風呂が当社の伝統だ。西

洋風のホテルなど絶対にダメだ！」と猛反対されました。

　後日、事業承継支援の専門家であるあなたは、メインバンクからの紹介を受け、乙さんから事業承継についての個別相談に対応しました。

乙氏　　：父に業態の転換を提案したのですが、却下されてしまいました。

あなた：そうでしたか。ところで、決算書を見せていただくことはできますか？

乙氏　　：事務所にあると思うので探してきますが、私は見たことがありません。

あなた：決算書を見ないと、事業再構築なんて話ができるはずないでしょう。決算書も見ないで、事業承継しよう、業態を転換しようなんて考えていたのですか？

乙部長：そうなんです。決算書をすぐに入手します。
　　　　見つかりました、こちらになります。

…【問1】…

決算書を見ると、当年度の業績悪化は恒常的なものであり、ここ数年は大幅な赤字が続いていました。乙さんは、どのように事業承継を行うべきでしょうか？

…【問2】…

決算書を見ると、当年度の業績悪化は、一過性の特別損失を計上したことによるもので、ここ数年は大幅な黒字が続いていました。乙さんは、どのように事業承継を行うべきでしょうか？

解説

···【問1】···

　外部経営環境が変化するということは、顧客のニーズが変化するということです。それに適合するようにビジネスモデル、商品・サービスを変えていかなければなりません。それが事業戦略の基本です。

　この点、乙さんが今までの顧客ニーズが変化していることに気づき、業績が悪化したことを決算書で確認できたのであれば、事業戦略を変更すべきでしょう。新しい業態に転換して、黒字化を目指すべきしょう。

　本問では、市場環境を分析した結果、新しい顧客ニーズ（外国人）を把握し、それに適合するような新業態（西洋風のホテル）に転換しようとすることは正しい経営判断です。

　しかし、乙さんは、後継者ではあるものの、まだ経営権を握ってはいません。現経営者である甲社長の理解を得なければ、事業戦略を変更することはできません。すなわち、乙さんは、経営環境の変化、業態転換の必要性、そのための具体的な事業計画を甲社長にしっかりと説明しなければなりません。甲社長が合意できた場合には、新業態への転換に着手すべきでしょう。

　しかし、甲社長に理解してもらうことができず、合意を得られなかった場合には、新業態へ転換することはできません。赤字であれば、倒産するまで継続させるしかありません。

　そうなった場合、乙さんは事業承継を断念することになるでしょう。事業を「継がない」という選択肢を選ぶということです。事業は廃業となります。

···【問2】···

　経営環境の変化が生じていても、業績好調で黒字が続いていることを決算書で確認できたのであれば、事業戦略を変更させる必要はありません。既存の顧客ニーズが残っていますから、それに対して既存事業を継続すべきです。

本問では、新しい顧客ニーズ（外国人）を把握したとしても、既存の顧客ニーズ（日本人）に対応するサービスで十分な価値を創造しているということです。新たな顧客ニーズに適合するような新業態（西洋風ホテル）に転換すべきではありません。

このような場合、事業承継には２つの方向が考えられます。１つは、乙さんが西洋風ホテルを経営したいという理想を捨てて、和風旅館の経営者になることです。理想を追っても、成功するとは限りません。価値のある事業を承継したのであれば、そのまま存続させるべきでしょう。

もう１つは、**乙さんが父親からの資金援助を受けて新しい事業を立ち上げるということです**。甲社長には豊富な資金力があると考えられますので、創業のための資金を援助してもらえばよいでしょう。具体的には、甲社長の出資によって新会社を設立し、乙さんが社長となって、新たに西洋風ホテルの経営を始めればよいのです。

自分がやりたい仕事をすることが、個人の人生における正しいキャリア選択、正しい生き方です。乙さんは自分の理想を追求すべきでしょう。新会社を設立して新事業を行えば、たとえ失敗したとしても、既存事業に悪影響を与えることはありません。初期投資の資金は失うことになるかもしれませんが、和風旅館という価値ある事業を存続させることができます。

しかし、甲社長に十分な資金力が無い場合が問題となります。そのような場合、既存事業をM&Aで売却して現金化し、その資金で新事業を始めるという選択肢があります。この選択には勇気がいるかもしれませんが、後継者である乙部長の幸せを考えるのであれば、自分の理想を追求し、やりたい仕事ができるという点において、正しい選択だと言えるでしょう。

知識と経験を積んだ乙部長が、西洋風リゾートホテルの新業態を本気でやりたいと決意したのであれば、新事業が成功する確率は十分高いはずです。また、既存事業を業態転換するのではなく、M&Aによって他社に引き継ぐのであれば、既存事業で働く従業員の雇用を維持することができるため、好ましい方法であると言えるでしょう。

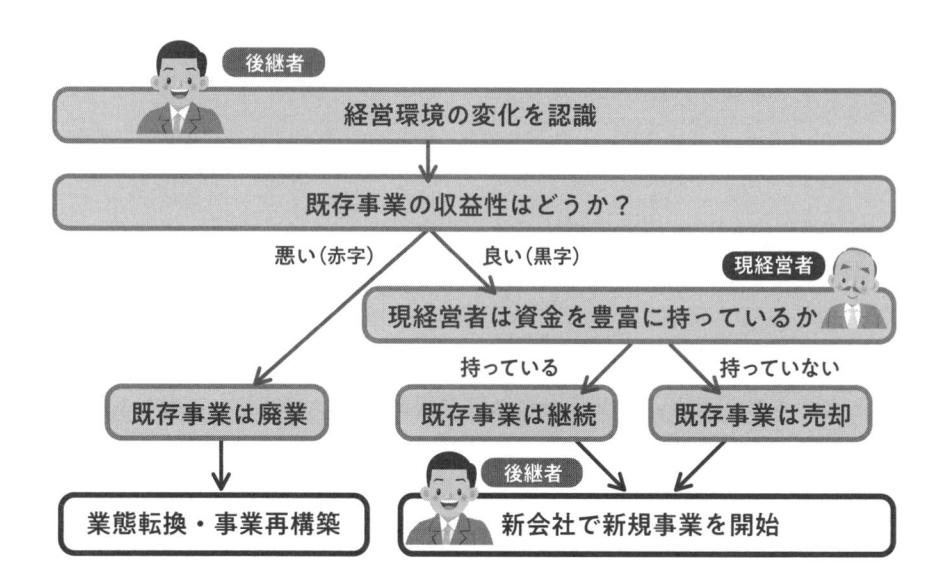

6. 少数株主

事 例

　A社（食品小売業、従業員数30人、売上高8億円、当期純利益3千万円、純資産3億円、借入金5億円）は、関東の地方都市にある創業50年の食品製造・卸売業です。A社の業績は好調で、今期の売上高と利益は前期を上回る見通しです。

　2代目であった夫が他界して以来、妻である甲社長（70歳、代表取締役）が、経営管理を全般的に担当しています。また、長男である乙さん（40歳）が、店長として店舗運営を担当し、二男の丙さん（38歳）が惣菜工場を担当しています。

　甲社長は、働くことに疲れたため、引退して息子の乙さんに社長をやってもらいたいと思うようになりました。乙さんも、今年になって、「そろそろ自分が社長に就かなければいけない」と考えるようになっていました。

　乙さんが、甲社長と相談したところ同意が得られたため、本日をもって代表者を交代することにしました。そこで、代表者の登記変更の申請を行おうとしたところ、以下のような**株主名簿**を見つけました。

【A社 株主名簿】　資本金1,000万円

株主名	株数		肩書
甲社長	20株	母親	代表取締役
乙	10株	本人（長男）	店長
丙	10株	二男	惣菜工場長
丁	10株	長女	アルバイト
X専務	30株	甲の弟、乙の叔父	専務取締役
Y	10株	第三者	取引先
Z	10株	不明（?）	不明（?）
合計	100株		

乙さんの父親は生前50株を所有していましたが、相続が発生したため、甲社長、乙さん、丙さんの3人が承継しました。

二男の丙さんは、惣菜工場を担当しています。調理の腕がよく、従業員から信頼と支持を得ています。長女の丁さんは、日雇いアルバイトをしていますが、派手にお金を使って遊んでおり、消費者金融でお金を借りていると聞いています。

甲社長の弟（乙さんの叔父）であるX専務は、専務取締役として卸売部門を担当しています。その息子（乙さんのいとこ）は、卸売部門の物流管理を統括しています。

なお、10株所有しているY氏は、創業時から取引がある仕入先の社長ですが、現在89歳という高齢になっています。

所在が不明なのがZ氏です。「Z」という名前は、乙さんに心当たりがなく、甲社長によれば、「Zさんは、亡くなったお父さんの親友でしたが、何年か前に他界したはずです」とのことでした。

乙さんは、所在不明の株主がいたり、経営に関与しない株主がいたりする状況には問題があるのではないかと感じました。しかし、とりあえず自分が代表に就任することが先決であり、株主の問題は後回しすればよいと思いました。

乙さんの代表取締役就任について、メインバンクの地方銀行に伝えたところ、営業担当者から、「新代表である乙さんに個人保証の必要書類を提出していただきます」と言われました。

後日、事業承継支援の専門家であるあなたは、メインバンクからの紹介を受け、乙さんから事業承継についての個別相談に対応しました。

…【問1】…

現在の株主に関する問題点をそれぞれ説明してください。

…【問2】…

乙さんは今すぐに代表取締役に就任すべきかどうか、アドバイスしてください。

解説

···【問 1 】··

　後継者である乙さんは、A 社株式を 10 株（10%）しか所有しておらず、支配権を持っていません。それゆえ、社長交代の手続きにおいて、以下のような問題が生じるおそれがあります。

① 丙（二男）

　弟の丙さんが、乙さんの代表就任に反対するおそれがあります。その場合、X 専務（叔父）と結託して会社の支配権を奪い取ろうとして、乙さんを取締役から解任しようとするかもしれません。

　甲社長（母親）が他界してしまった場合、以下のように株主構成が変わります。所有していた 20 株は、乙さん（長男）、丙さん（二男）、丁さん（長女）の 3 人に相続されます。

　ここで注意が必要です。この 20 株は相続発生した時点で 3 人の共有となります。20 株すべての議決権は、多数決で行使されることになるため、丙さんが丁さんと結託すれば、A 社の議決権の過半数である 70 株（70%）を獲得することが可能です（＝相続した 20 株＋丙さん 10 株＋丁さん 10 株 +X 専務 30 株）。こうなってしまいますと、乙さんが社長に就任できなくなってしまいます。

甲社長が他界した場合の A 社 株主名簿

株主名	株数		肩書
母親から相続し、乙、丙、丁の 3 人が共有	20 株		
乙	10 株	本人（長男）	店長
丙	10 株	二男	惣菜工場長
丁	10 株	長女	アルバイト
X 専務	30 株	甲の弟、乙の叔父	専務取締役
Y	10 株	第三者	取引先
Z	10 株	不明（?）	不明（?）
合計	100 株		

② 丁（長女）

　金遣いが荒く、消費者金融業者からの借金があることから、もし自己破産すると、A社株式が差し押えられ、消費者金融業者がA社の株主になってしまうおそれがあります。そうなると、A社株式を高額で買い取るように要求されることでしょう。

　また、乙さんの代表就任に反対するフリをしつつ、賛成する代わりにA社株式を高額で買い取るように要求してくることも想定されます。株式買取要求を拒否することはできますが、帳簿閲覧請求権などの株主権を行使された場合、機密情報の流出が心配です。

③ X専務（乙さんの叔父）

　X専務は、乙さんの代表就任に反対するおそれがあります。その上、息子が卸売部門の要職に就いていることから、息子を代表にするよう要求することも想定されます。X専務が丙さんと結託すれば、それを実現することが可能です。

　また、卸売部門はX専務とその息子が担当していることから、彼らが独立して別会社を設立し、事業を奪い取ってしまうおそれもあるでしょう。

④ 取引先Y氏、所在不明Z氏

　Y氏は創業時から取引があるとのこと、先代社長が健在の頃には、X専務との親密な人間関係が形成されていたはずです。そのような場合、X専務から依頼があれば、Y氏はX専務に株式を譲渡する可能性があると考えられます。その場合、X専務は40株を所有することとなり、議決権の過半数が目前となります。

　一方、Z氏は他界しているとの話がありますが、Z氏が持つA社株式10株は、そもそも名義株であった可能性があります。仮に真の株主が先代社長であると認定された場合、その株式は相続人である甲社長、乙さん、丙さん、丁さんの共有となります。

これに対して、Ｚ氏がまさに真の株主であった場合、Ｚ氏が持つＡ社株式10株は、Ｚ氏の相続人が所有していることとなります。それゆえ、Ａ社に対して株式を高額で買い取るように要求してくるおそれがあります。株式買取り要求を拒否することはできますが、帳簿閲覧請求権などの株主権を行使された場合、機密情報の流出が心配です。

…【問2】……………………………………………………………………

　乙さんは、代表取締役の就任について、今すぐ行うべきではありません。なぜなら、就任時に借入金の個人保証を引き受けるものの、代表者としての地位が安定しておらず、最悪の場合、解任されるおそれがあるからです。

　それゆえ、**代表に就任する前に、少数株主から株式を買い取り、最低でも過半数の議決権を持つことによって、支配権を確保しておかなければなりません。**他の株主に対して個別に提案したり、家族会議を行ったりするなど、株式買取交渉は早期に着手すべきです。

　なお、代表に就任した後に株式を買い取ることも考えられますが、いったん代表に就任してしまいますと、個人保証を外すことが困難になることに加え、時間がたつと株式評価額が上がって資金負担が増えるおそれがあります。代表に就任する前に問題を解決しておくべきでしょう。

7. 事業用資産である 土地の承継

事 例

　A社（機械製造業、従業員数20人、売上高5億円、営業利益2千万円、当期純利益1千万円、純資産1億円）は、関東の地方都市にある創業50年の町工場であり、創業者である甲社長（代表取締役、75歳）が株式51%を所有しています。

　甲社長の長男の乙氏はA社に勤務しており、後継者になることが予定されています。

　その一方で、次男の丙氏は公務員として働いており、A社に入社する意向はありません。

　甲社長の個人財産は以下の通りとなっています。A社株式100%の評価額が1億円ですので、甲社長の所有する株式の評価額は約50百万円となります。

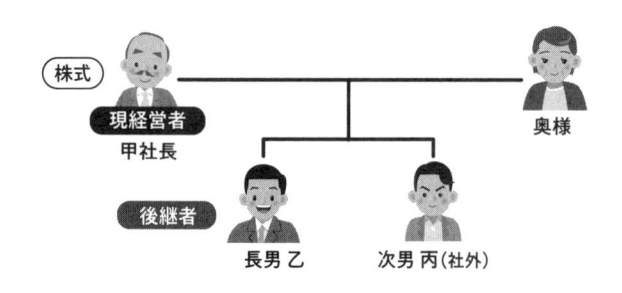

（単位：百万円）

個人財産	
金融資産	20
自宅土地・建物	50
工場の土地（500㎡）	不明
自社株式	50
（合計）	不明

　A社の工場は45年前に建設されたものです。その敷地は、甲社長個人が所有し、A社へ賃貸しています。なお、A社は甲社長に対して、権利金の支払いはなく、地代も支払っていません。また、土地の無償返還に関する届出書は、税務署に提出されていません。路線価図には、以下のように表示されていました。

　後日、事業承継支援の専門家であるあなたは、メインバンクからの紹介を受け、乙氏から甲社長の相続とA社の事業承継についての個別相談に対応しました。

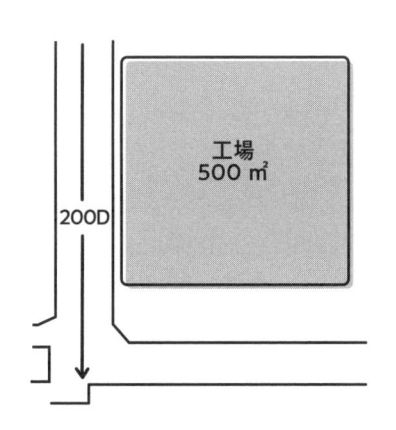

記号	借地権割合
A	90%
B	80%
C	70%
D	60%
E	50%
F	40%
G	30%

⋯【問1】⋯⋯⋯⋯⋯⋯⋯⋯⋯⋯⋯⋯⋯⋯⋯⋯⋯⋯⋯⋯⋯⋯⋯

甲社長が所有する土地（工場の敷地）の評価額はいくらでしょうか。ただし、簡略化のため、画地調整は一切行わないものとします。

⋯【問2】⋯⋯⋯⋯⋯⋯⋯⋯⋯⋯⋯⋯⋯⋯⋯⋯⋯⋯⋯⋯⋯⋯⋯

仮に「土地の無償返還に関する届出書」が税務署に提出されていた場合、甲社長が所有する土地（工場の敷地）の評価額はいくらでしょうか。地代が無料であった場合（使用貸借）と、有料であった場合（賃貸借）に分けて考えてください。

将来の相続時に A 社の株式評価額が 2 倍になった場合、甲社長の相続財産はいくらになるでしょうか。

工場の土地（500㎡）に長男乙氏に相続させることとして、小規模宅地等の特例を適用すれば、どれだけ評価額を引き下げることができますか？

解説

···【問1】··

　建物の所有を目的とする地上権または賃借権のことを**「借地権」**といいます。これは、土地を借りている借地人が有する権利です。不動産売買において借地借家法の借地権の話が出てくることがありますが、相続税法上の借地権は、課税対象と評価額の話となります。

　相続税法上の借地権を考慮した場合、土地は、借地権と貸宅地（底地）に分けられることになり、以下の算式が成り立つことになります。

> **自用地の評価額 ＝ 借地権の評価額 ＋ 貸宅地の評価額**
> **借地権の評価額 ＝ 自用地の評価額 × 借地権割合**

　更地の状態にある土地を**「自用地」**と言います。自用地の評価額は、土地の所有者が、自分の土地として自由に利用できることを前提とする評価です。これは、路線価が付されている地域であれば、**「路線価×地積」**（補正されます）で計算されます。

　このような土地評価の基礎となる路線価や借地権割合は、国税庁のWebサイトに掲載されている路線価図によって入手することができます。税理士が正確に相続税評価を行う場合には、その土地に面する路線の数、奥行きや間口の距離、土地の形状など、現場におかれた状況を反映させるように評価を調整することになります。

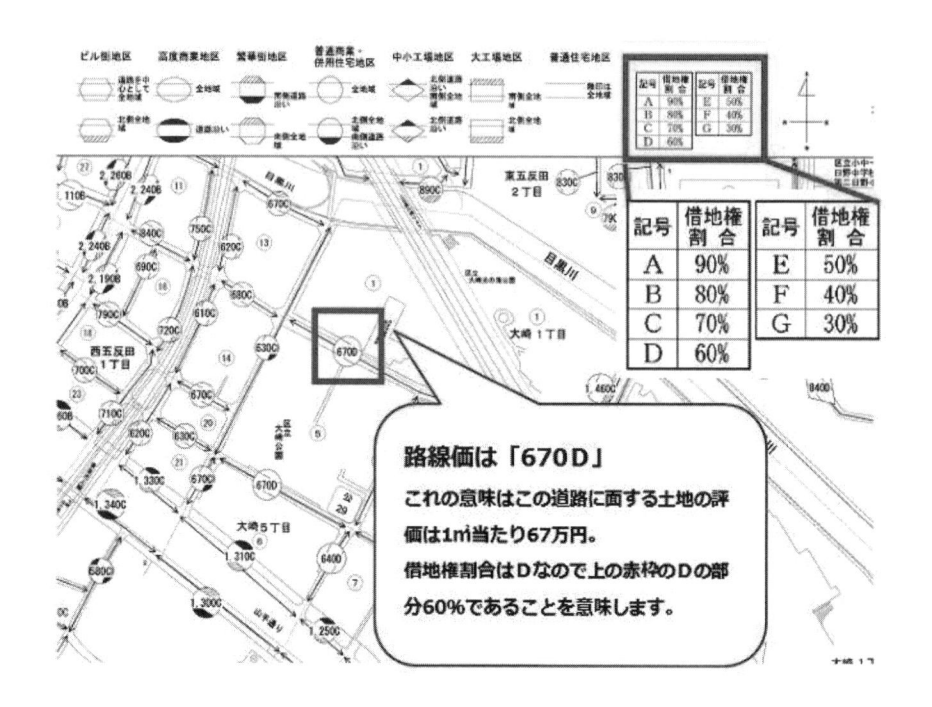

路線価は「670D」

これの意味はこの道路に面する土地の評価は1㎡当たり67万円。

借地権割合はDなので上の赤枠のDの部分60%であることを意味します。

記号	借地権割合	記号	借地権割合
A	90%	E	50%
B	80%	F	40%
C	70%	G	30%
D	60%		

個人が法人に土地を貸した場合のイメージ

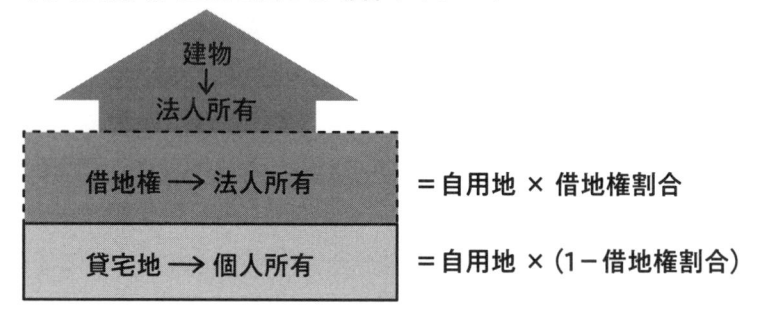

建物
↓
法人所有

借地権 → 法人所有	＝自用地 × 借地権割合
貸宅地 → 個人所有	＝自用地 ×（1－借地権割合）

土地の貸借には、有償のケース（賃貸借）と無償のケース（使用貸借→固定資産税相当程度の地代しか支払われていない場合も同様に取り扱います）があります。

個人間において建物所有を目的とする土地の使用貸借が行われた場合、借地権はゼロ、底地は自用地として評価されます。

これに対して、法人が他人の土地を使用した場合、権利金を支払わず、「相

当の地代（＝自用地評価額×６％）」よりも少ない地代しか支払っていないときは、法人が借地権をタダでもらった（贈与を受けた）ものとして、もらった利益に対する法人税が課されます。

（借）借地権 ×××　　　（貸）受贈益 ×××

$$借地権評価額＝自用地評価額 × \left(1 - \frac{実際に収受している地代}{相当の地代}\right)$$

もちろん、ここでの借地権や受贈益は、会計帳簿には記載されていない資産や益金ですので、決算書には出てきません。正しく申告するのであれば、法人税申告書の別表で調整されることになります。

ただし、「土地の無償返還に関する届出書」を税務署に届け出ていれば、法人は、借地権はもらっていないものとなり、利益は発生せず、法人税は課されません。無償で返すことを約束しているからです。

それでも、実務の現場では、「土地の無償返還に関する届出書」を税務署に出していないケースが、数多く存在しています。このような場合の課税関係が問題となります。

本事例では、Ａ社は、借地権を取得する対価である権利金を支払っておらず、地代は少ししか支払っていませんから、借地権をタダでもらったものとして、法人税等が課されることが原則です。

しかし、Ａ社が甲社長から土地を借りて工場を建設したのは45年前です。そのときに受贈益を申告していなければ、５年間で時効となって消滅したと考えることができます。それゆえ、Ａ社は、タダでもらった借地権を持っていることとなります。これを「時効の借地権」と言います。

そうしますと、甲社長個人が所有する貸宅地（底地）の評価額は以下の通りとなります。

200 千円× 500㎡×（1 - 60%）=40 百万円

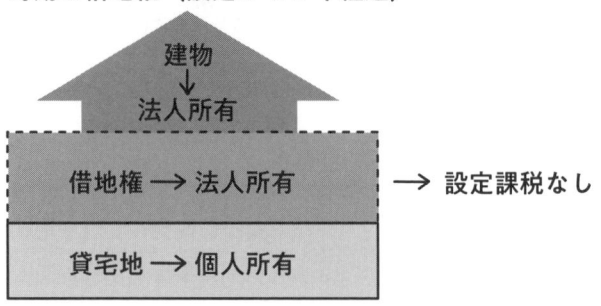

時効の借地権（設定から 5 年経過）

建物
↓
法人所有

借地権 → 法人所有　　→　設定課税なし

貸宅地 → 個人所有

…【問2】…………………………………………………………………

　借地権の設定に際して、「土地の無償返還に関する届出書」を税務署に提出しておけば、法人は借地権をもらったことにはならず、課税されません。

　それでも、法人と個人との間で賃貸借契約が締結された場合、借地人は借地借家法によって強力に保護されることになります。

　そこで、相続税法では、**「土地の無償返還に関する届出書」を提出したとしても、法人と個人との間に賃貸借契約がある場合には、借地借家法による不都合を考慮して、土地評価において▲ 20% の評価減を行うこととしています。**つまり、底地（貸宅地）を「自用地× 80%」で評価するのです。一方の法人の株式を評価するときには、「自用地× 20%」を純資産価額に加算します。

　そうしますと、甲社長個人が所有する貸宅地（底地）の評価額は以下の通りとなります。

【無償返還届出書を提出して、**賃貸借の場合**】
200 千円 × 500㎡×（1 − 20%）= 80 百万円

【無償返還届出書を提出して、**使用貸借の場合**】
200 千円 × 500㎡ = 1 億円

「無償返還届出書」＋賃貸借	「無償返還届出書」＋使用貸借
建物 ↓ 法人所有 20％評価 → 法人 土地80％評価 → 個人	建物 ↓ 法人所有 土地100％評価 → 個人

···【問3】···

　貸宅地の評価額を40百万円とすれば、甲社長個人の財産評価の合計は1億6千万円となります。ここで将来、A社株式（持株比率51%）が5千万円から1億円へと2倍になりますと、将来の相続財産の合計額は2億1千万円となります。

（単位：百万円）

個人財産	
金融資産	20
自宅土地・建物	50
工場の土地（500㎡）	40
自社株式（51%）	50
【合計】	160

2倍

（単位：百万円）

個人財産	
金融資産	20
自宅土地・建物	50
工場の土地（500㎡）	40
自社株式（51%）	100
【合計】	210

···【問4】···

　小規模宅地等の特例とは、被相続人の居住用、事業用、貸付事業用に使用されていた宅地等を相続した場合、宅地の評価額が減額される制度のことをいいます。その減額割合、限度面積は以下の通りです。

宅地等		減額される割合	適用対象限度面積
被相続人の事業の用に供されていた宅地等	特定事業用（貸付事業以外）	80%	400 ㎡
	特定同族会社事業用	80%	400 ㎡
	貸付事業用	50%	200 ㎡
被相続人の居住の用に供されていた宅地等		80%	330 ㎡

　個人事業主が店舗・工場など事業所のために使っていた土地（特定事業用宅地等）は、一定の条件を満たした場合、400㎡まで評価額の 80% が減額されます。

　また、一定の要件を満たす同族会社へ貸していた土地（特定同族会社事業用宅地等）は、一定の条件を満たした場合、400㎡まで評価額の 80% が減額されます。

　本事例では、同族会社である A 社の事業に使われていた土地 500㎡であり、評価額が 40 百万円でした。それゆえ、以下の通り計算されます。

【特定同族会社事業用宅地等】
4,000 万円 ×（400 ㎡ /500 ㎡）× ▲ 80% = ▲ 2,560 万円

【土地の評価額】
4,000 万円 − 2,560 万円 = 1,440 万円

　したがって、土地の評価額は、1,440 万円まで引き下げられることになるのです。

8. 後継者による事業性評価

事例

　甲社長（75歳）は、地方都市にあるA社（食品スーパー4店舗、従業員数30人、売上高10億円、当期純損失▲1千万円、純資産3千万円）の創業者であり、株式1,000株（持株比率100%）を所有し、これまで代表取締役社長として頑張ってきました。妻の丙氏は経理を担当して、夫の仕事を手伝ってきました。

　後継者候補である長男の乙氏（45歳）が5年前に、大手商社を退職してA社に入社しました。現在は、購買担当責任者として働いています。

　ある日、乙氏は、仕事で多忙な日々の中、ふと立ち止まって事業承継について考えてみました。

　　乙氏：そう言えば、うちの会社って儲かっているのかな？

　A社の食品スーパー事業を巡る経営環境は年々厳しくなってきており、地域の人口減少、大手ショッピング・モールの台頭、インターネット宅配事業者との競合などにより、A社の顧客は年々減少しています。また、地産地消を標榜して地元の朝一番に採れた新鮮な野菜を販売する八百屋が登場し、大人気となっています。

　しかし、乙氏は決算書を詳しく見たことがなく、A社が赤字である現状について何ら疑問視していませんでした。

　一方、広告宣伝は、新聞折り込みチラシのみ実施していまいした。Webサイトのホームページでも、簡単な会社案内しか掲載していませんでした。

　そして、丙氏が担当する経理業務も、昔ながらの手作業で会計帳簿を入力しており、繁忙期は夜中まで入力作業を行うこともありました。顧問税理士は創業以来の長いお付合いである70歳のベテラン大先生でしたが、クラウド会計導入など新しいサービスを提案してくれることはありません。

　後継者候補の乙氏は、業務効率化やマーケティングにIT技術を活用し

なければいけないと思っていましたが、自分自身が営業畑出身でIT を苦手とし、日常業務に忙殺されていたため、経営改善への取り組みは、自分が社長に就任した後から始めても間に合うだろうと楽観的に考えていました。

　後日、事業承継支援の専門家であるあなたは、メインバンクからの紹介を受け、乙氏から事業承継についての個別相談に対応しました。

乙氏　　：甲社長がそろそろ引退しますので、私が社長に就任しようと思います。商工会のセミナーを受講しましたところ、『事業承継は、株式の税務や法務の問題が重要だ!』と言われましたが、当社は問題ないでしょうか。

あなた：相続税がかかるかもしれませんが、お父様である甲社長の持株比率は 100% ですから、大きな問題はありません。それよりも、乙さんは会社の事業性をしっかりと評価しましたか？会社の財務内容や収益性についても理解できていますか？

乙氏　　：それが決算書を見ても、よくわからないです。父（甲社長）と会社の仕事のことを話す機会がほとんど無いので、正直なところ、よく知らないんですよ。どうせ私しか後継者がいないので、そのうち自然と理解できるでしょう。

あなた：何を言ってるんですか!?事業の実態を知らないで、それを承継しようとされているのですか？隠れた借金があるかもしれませんし、今後も赤字が解消しないかもしれません。近い将来に危機的な状態に陥ってしまうかもしれませんよ。

乙氏　　：それは重大なことですね。どうすればよいのでしょうか？

あなた：今後も事業が存続して成長することができるかどうか、事業性評価を行いましょう。

…【問 1 】…………………………………………………………………………

金融機関による事業性評価への取り組みが注目されていますが、事業性評価は後継者にとっても不可欠であるといわれます。その理由を説明してください。

…【問 2 】…………………………………………………………………………

Ａ社の事業性の評価を行うためには、中小企業庁の「ローカルベンチマーク」を使うことが効果的だといわれます。ローカルベンチマークとは何か、説明してください。また、現経営者との対話が必要だといわれます。後継者が現経営者に対して、何をヒアリングすべきでしょうか。

解説

···【問１】···

　金融庁の平成 26 事務年度の金融モニタリング基本方針のなかでは、「事業性評価」について、以下のように定義されています。

> 金融機関は、財務データや担保・保証に必要以上に異存することなく、借り手企業の事業内容や成長可能性などを適切に評価し（事業性評価）、融資や助言を行い、企業や産業の成長を支援していくことが求められる。

　それゆえ、「事業性評価」とは、事業の収益性・安全性および成長可能性を評価することだと考えられます。つまり、「今後も儲かるビジネスかどうか調べる」いうことでしょう。

　事業で利益を生み出すことができるかどうかは、提供する商品やサービスが顧客ニーズに適合しているかどうかが問題となります。具体的な評価の前提として、**「提供する商品・サービスがなぜ顧客に選ばれているのか」を理解する必要があります。**

　「事業性評価」は、金融機関だけが行うものではありません。事業承継を行う後継者にとって不可欠な取り組みとなります。すなわち、**後継者が、現経営者が築き上げた事業に係る「事業性評価」を行わなければならないのです。**

　後継者は、経営者になることが人生でただ１つの選択肢というわけではありません。サラリーマンとして大企業で活躍する、IT ベンチャーを起業して個人事業主となるなど、他の選択肢を持っています。すなわち、後継者は、人生における複数の選択肢の中から、家業を継いで経営者になるという選択肢を選ぶというキャリア選択を行うことになるのです。

　それゆえ、後継者は、キャリア選択を間違わないようにするため、現経営者が築いた事業に価値があるのか、事前に評価しなければいけません。その事業が実際に儲かっていて、今後も儲かり続けるものなのか、自分自

身はその事業に関心を持ち、やりがいや面白さを感じることができるかなど、事前に確かめておくべき事項がたくさんあるのです。

　事業承継した後で倒産させてしまい、「失敗だった、こんな事業など承継すべきではなかった！」と後悔しても取り返しがつきません。後継者にとっての事業性評価は、事業承継において最優先の手続きだと言っても過言ではないでしょう。

後継者による事業性評価の視点

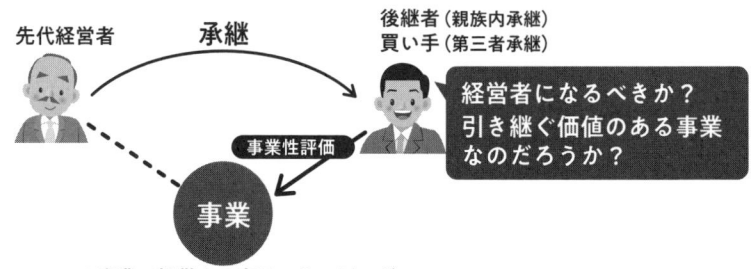

…**【問2】**…

　後継者が、事業の現状を理解しようとするならば、「**ローカルベンチマーク**」（中小企業庁）を利用して現経営者と対話を行うとよいでしょう。

　ローカルベンチマークは、事業の経営状態の把握を行うツールとして、経営者や金融機関・支援機関等が、経営者と同じ目線で対話を行うための基本的な枠組みで、事業性評価の「入口」として活用されることが期待されるものです。

ローカルベンチマークの構成は、地域の経済・産業の現状などを把握するプロセス（第一段階）と、事業の成長性や持続性・生産性を判断するプロセス（第二段階）の二部構成となっています。第一段階は、RESAS（地域経済分析システム）を使って外部経営環境を分析するものですが、これは省略してもよいでしょう。

　第二段階が重要です。これは、「財務情報」（6つの指標）と「非財務情報」（4つの視点）に関する各データを Excel シートに入力し、その結果に見ることで、事業の現状を把握するものです。

財務情報の6つの指標

①売上高増加率（売上持続性）、②営業利益率（収益性）、

③労働生産性（生産性）、④ EBITDA 有利子負債倍率（健全性）、

⑤営業運転資本回転期間（効率性）、⑥自己資本比率（安全性）

非財務情報の4つの視点

①経営者への着目、②事業への着目、③関係者への着目、

④内部管理体制への着目

社長との対話

後継者との対話

従業員へのヒアリング

　財務情報は、決算書の数値を Excel に入力するだけの作業です。これは後継者が自ら行うことができます。その結果を現経営者に見せるとよいでしょう。

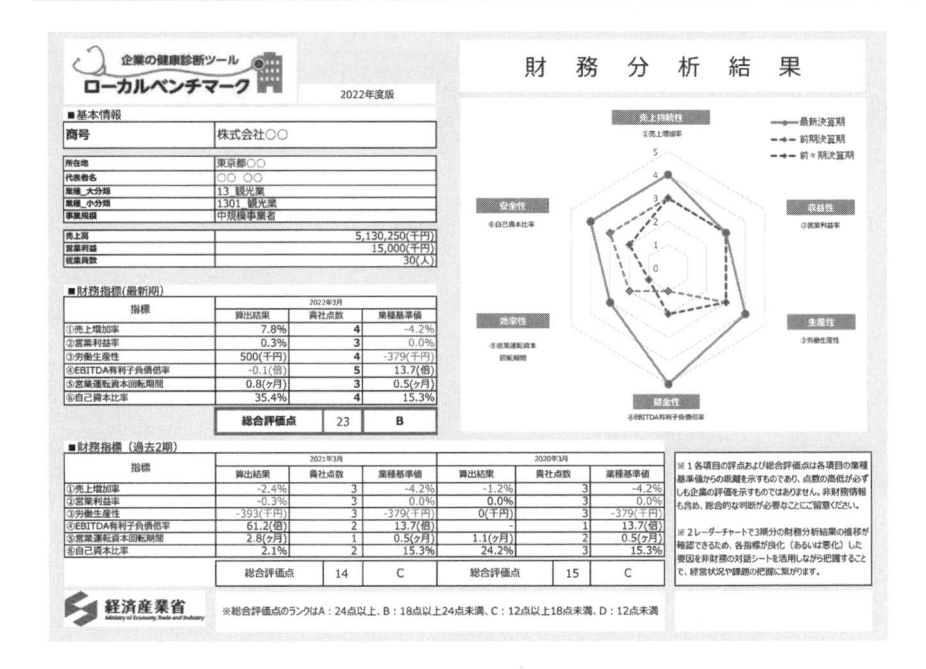

後継者が現経営者に聞くべき内容は、**業務フローと商流のヒアリング**と、**非財務情報のヒアリング**に大別されます。

業務フローの作成を通じて、各業務の具体的内容とつながりを把握します。また、商流の作成を通じて、取引先との取引理由を把握し、どのような流れで**顧客提供価値**が生み出されているかを分析します。

以上から、各業務のつながりを理解し、どの業務に問題があるのか、どの業務に差別化ポイントや競争優位性（お客様から選ばれている理由）があるのか検討します。

●**製品製造、サービス提供における業務不フローと差別化ポイント**

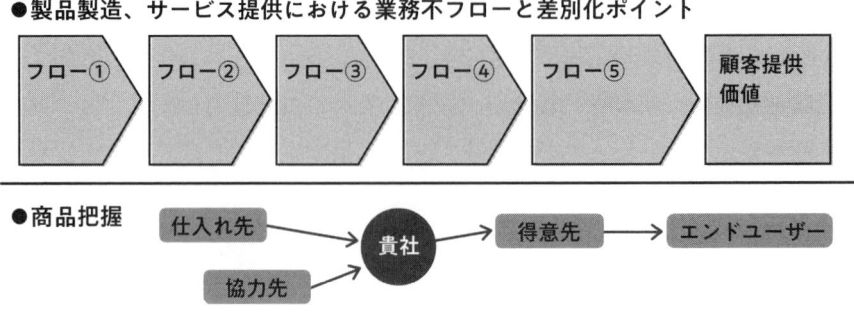

例：製造業

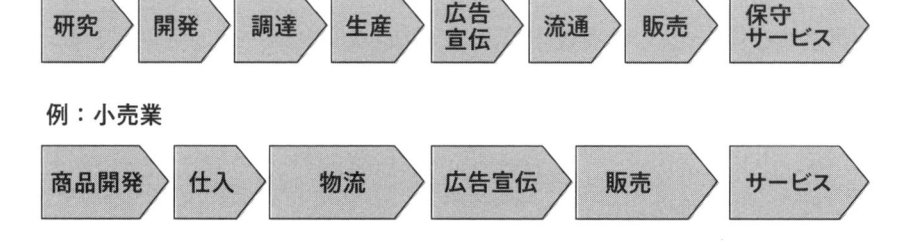

例：小売業

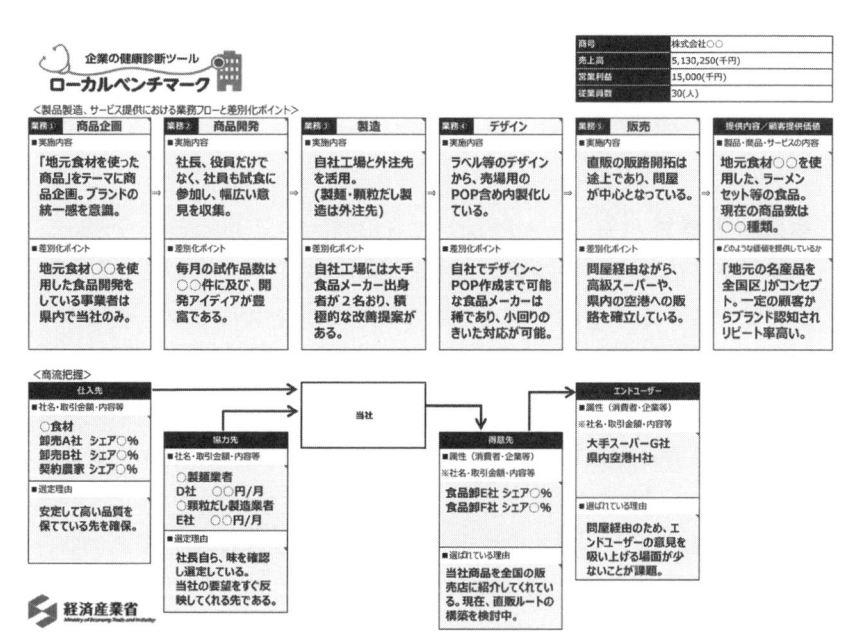

（出所：経済産業省・株式会社帝国データバンク「ローカルベンチマーク『参考ツール』利用マニュアル」2018年）

次に、以下の4つの視点に基づいて、現経営者に対してヒアリングを行い、現状把握を行うとともに、問題点を見つけ、課題と解決策を明らかにします。

① 経営者への着目

地域企業においては、経営者が与える影響が大きく、経営者の優劣

が事業の優劣を左右します。そのため、「経営者」自身の現状について理解することが重要です。また、事業承継プロセスを前に進めるために、誰を後継者としたいか、現経営者の意向を確認することが不可欠です。

具体的な質問項目

- ✓ 現経営者自身の現状
- ✓ 経営理念・ビジョン、事業の方向性
- ✓ 経営意欲・健康状態
- ✓ 後継者の有無

② 事業への着目

　事業がどのように収益を上げているのか、それをどのような仕組みで実現しているのかという点、すなわちビジネスモデルを理解するとともに、事業の強みと弱みがどこにあるのかを把握します。

　その具体的な作業として、業務フローと商流を把握し図示することで、現経営者との活発な対話が生まれ、事業内容を深堀りすることができます。

　また、商品やサービス1つ当たりの原価をきちんと把握できているか、IT活用によって生産性向上に取り組んでいるかといったことも重要な項目となります。

具体的な質問項目

- ✓ ビジネスモデル、商流と業務フロー（図示する）
- ✓ 沿革
- ✓ 技術力・販売力の強み・弱み（SWOT分析）
- ✓ IT活用の状況

③ 関係者への着目

　事業を取り巻く市場環境を把握するとともに、販売先や仕入先との関係を理解する視点も欠かせません。

　また、経営に必要不可欠である従業員に関する項目については、業界・地域内の平均と比較することで、実態が見えてきます。

　さらに、取引金融機関の数と推移を見ることで、金融機関のスタンスやメインバンクとの関係などを知ることができます。

具体的な質問項目

> ✓市場動向
> ✓顧客関係（顧客リピート率、取引先数の推移）
> ✓従業員
> ✓取引金融機関

④ 内部管理体制への着目

　中小企業においては、依然として親族による属人的な経営も多いことから、どの程度内部管理体制が整っているかという視点も重要です。事業の推進に必要な人材が配置されているか、人材育成するシステムが構築されているかという点も重要な視点です。

　また、会社全体の方向性が定まっているかを確認するため、経営目標が従業員全員に共有されているかを確認します。

　さらに、社内の会議体の運営状況を確かめることも重要です。議題内容、経営目標について議論されているか、経営者以外の重要人物の有無などを確かめることも必要でしょう。

　他の非財務項目のヒアリング結果と比べて違和感がある場合、係争事件の有無やコンプライアンス上の問題がないかを調べることも必要となります。

具体的な質問項目

> ✓ ガバナンス、組織体制
> ✓ 経営目標と事業計画と社内会議による共有
> ✓ 研究開発・商品開発
> ✓ 人材育成
> ✓ コンプライアンス上の問題点の有無

　ローカルベンチマークは、現経営者との対話を深め、お互いに課題を認識し、行動につなげていくための「きっかけ」または「たたき台」として活用することができます。

　後継者にとっては、現経営者による過去の経営を理解し、将来の経営判断に資する情報となり、利害関係者と対話を行うための手段となります。もちろん、事業承継の支援者との情報交換における有益な材料となります。

　いずれにしても、**ローカルベンチマークは「対話」のための手段であり、これを作成するだけで事業性を改善できることはありません。**最初の「きっかけ」を作るのは支援者であるかもしれませんが、後継者がローカルベンチマークを使って現経営者との対話を行い、事業の現状把握と問題点の発見を行うことが、事業承継における最優先のプロセスとなります。

　もし、事業承継の支援者が、後継者と現経営者との対話をサポートするのであれば、以下のような質問を投げてあげればよいでしょう。質問された現経営者は、「よくぞ聞いてくれました」と喜んで回答してくれることでしょう。これらの質問を対話のきっかけとしましょう。

＜質問事項＞

> （1）創業者はなぜこの事業を始められたのですか？
> （2）なぜこの場所・この時期に事業を始められたのですか？
> （3）創業期の事業環境はどのようなものだったのでしょうか？
> （4）事業が軌道に乗ったきっかけはどのようなものだったのでしょ

うか？

（5）過去に大変な時期（受注が減少していた、赤字や負債を抱えていたなど）もあったと思いますが、どのように乗り越えられたのですか？

（6）事業内容が変化していますが、どのような理由があったのでしょうか？（事業の転換点となった時期はいつですか？）

（7）今後はどのように事業を発展させていきたいとお考えですか？

（8）御社の業務の流れ（業務フロー）について教えてください。何か強みとなる特徴はありますか？

（9）競合他社と差別化するためにどのような工夫をされていますか？

（10）競合他社と比較してどのような点に課題があるとお考えですか？

（11）御社は業界内でどのようなポジションにあるとお考えですか？

（12）競合先は昔と今とで変化がありますか？

（13）昔と今で顧客のニーズはどのように変化しているとお考えですか？

（14）この先、御社にとってどのようなことがチャンスになるとお考えですか？

（15）この先、御社にとってどのようなことがリスクになるとお考えですか？

（出所：大山雅己『事業性評価がよくわかる本』）

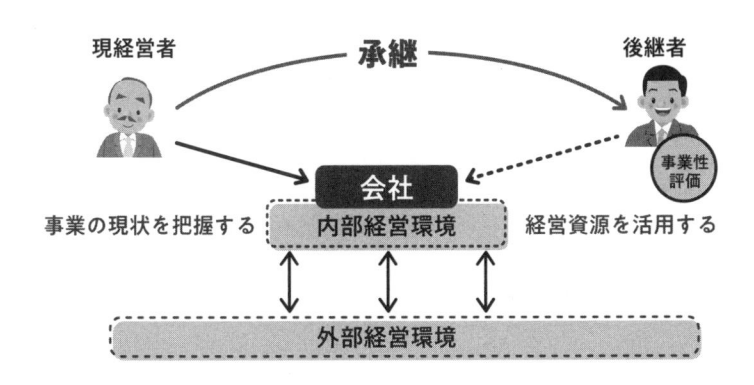

9. 事業性評価の進め方

事 例

　甲社長（75 歳）は、東京都内にある A 社（中華料理店 2 店舗運営、従業員数 10 人（パート・アルバイト 20 人）、売上高 1 億円、当期純利益 1 千万円）の創業者であり、株式 1,000 株（持株比率 100％）を所有し、これまで代表取締役社長として頑張ってきました。

　A 社の店舗は、郊外の幹線沿いの本店と、大きな JR ターミナルの駅前の 1 店舗です。本店では宅配の注文も受けており、店舗スタッフが配達しています。

　料理の味の評判はとてもよく、店舗近隣住民からの知名度も高いほうです。特に、ヘルシーな素材を使った餃子が大人気です。最近では、焼売など餃子以外の点心メニューを増やしたことから、女性客が増えています。

　毎朝、本店の厨房をセントラルキッチンとし、ここで製麺、肉や野菜のカット、餃子を作り、それを駅ビル店舗に配送することで、調理の効率化を図っています。

　仕入は、主に食品商社 X 社からの配送ですが、野菜だけは調理人が青果市場へ毎朝買いに行きます。

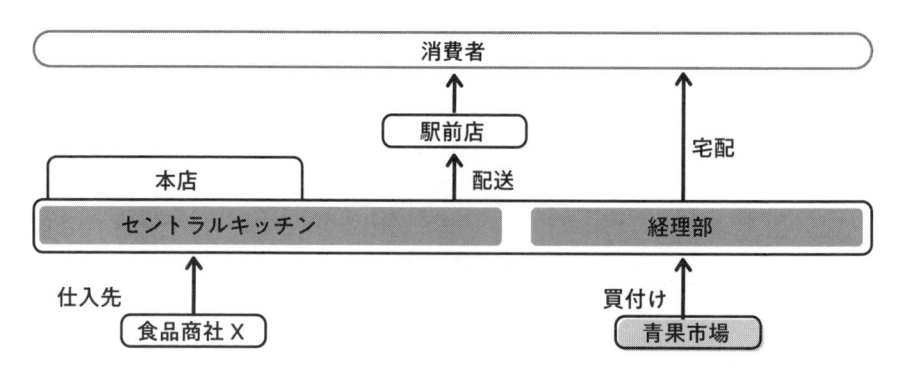

···【問1】··

この商流図を見て、あなたはA社に対して経営指導を行います。甲社長に対してどのような質問を行いますか。
··

　A社の財務状況については、直近の3か年、売上高は横ばいとなっています。また、野菜の仕入価格やアルバイト人件費が上昇しているため、利益率が低下しています。これに対処するため、A社はメニューの変更、細やかな値上げを行いました。しかし、黒字を確保するだけで精一杯であり、大きな改善はできません。

　そして、パート・アルバイトの人材採用が年々厳しくなっており、賃上げ圧力もあり、人件費の負担が重くなってきています。

　さらに困ったことに、今年度中には、本店の近くに、低価格の大手外食チェーンの中華料理店が新規出店する予定です。

　甲社長は事業承継を行おうとしています。後継者候補である長男の乙氏（45歳）は調理師として一人前となり、5年前に有名ホテルを退職してA社に入社しました。現在は、本店の料理長として働いています。

　ある日、後継者候補の乙氏は、多忙な日々の中、ふと立ち止まって事業承継について考えてみました。
··

　乙氏：　そう言えば、うちの会社って儲かっているのかな？調理師
　　　　　である自分は会社のことを何も理解できていないが、大
　　　　　丈夫だろうか？
··

　後日、事業承継支援の専門家であるあなたは、メインバンクからの紹介を受け、乙氏からA社の事業承継についての個別相談に対応しました。
··

　乙氏：　私が後継者になる予定ですが、会社の現状はどうなって
　　　　　いるのでしょうか？調理師の私は、会社をどのように経
　　　　　営するのか、よくわかっていません。

あなた： まずは外部経営環境を一緒に調べてみましょうか。デー
タを持ってきますよ。

....

あなたは乙氏のために資料を提供しました。業界団体のデータによれば、東京都内の中華料理店の売上高は前年比３％増加、全体の客単価は５％上昇となっていました。飲食業は景気変動の影響を受けやすく、インバウンド効果、原材料価格や人件費の上昇、競合の出店など多くの外部要因によって業績が変動します。近年は、販売価格を上げることで、飲食店全体の業績は改善傾向にあります。

しかしながら、今年に入ってから、物価上昇による実質賃金の減少によって、消費者の低価格化志向が高まってきています。消費者ニーズは、高付加価値を求める顧客と、低価格を求める顧客に二極化しているようです。

特に、健康志向や食に対するこだわりの高まりから、高品質の食材を使った料理を求める顧客が増えてきています。

一方、大手外食チェーン店が薄利多売を仕掛ける動きも見られます。また、コンビニや食品スーパーの惣菜などの中食市場との競争が始まっています。

それでも、Ａ社が営業する東京都中心部では、急激な需要減少は考えにくく、顧客数と売上高は維持できるものと考えられます。

....

乙氏 ： なるほど、飲食店は厳しい経営環境に置かれているようですが、当社の状況はそれほど悪くはないということですね？

あなた： お父様の甲社長が頑張ってきたからですよ。しかし、現状を変えずに昔のやり方をそのまま承継すれば、近い将来、顧客が減ってしまうかもしれません。今後は、乙さん主導で、新しい事業も考えなくてはいけません。

乙氏 ： 新しいメニュー開発にも挑戦してみたいですね。

あなた： 次に内部の経営資源を確認してみましょう。過去の決算書を理解するとともに、甲社長にヒアリングした結果を

お話しましょう。

　各店舗の売上は、毎週月曜日に、本社経理部に電子メールで報告させており、経理部スタッフ２名が手分けして集計し、会計システムに入力しています。しかし、食品商社への仕入れは月末一括払いなので、店舗ごとの原価計算は行っていません。甲社長は、毎月末に顧問税理士から提出される合計残高試算表を見て、全社的な損益管理のみ行っています。

（単位：百万円）

	A 社昨年度実績	対売上高比率	業界平均
売上高	300		
（対前年比）	（+3.5%）		（+0.5%）
材料費	105	35%	32%
人件費	114	38%	33%
家賃	50		
その他経費	31		
利益	10		

　各店舗では、アルバイト・パートのシフトは店長が決めていますが、店舗ごとの人件費のばらつきが大きいように見受けられます。

　また、ランチと夜の間、14 時から 17 時がアイドル・タイムとなっており、店舗スタッフが暇を持て余しているようです。

　さらに、アルバイト・パートがレジ対応を行っており、手書伝票で売上を記録している、記入ミスだけでなく売上代金が着服された可能性もあるようです。これについて、IT 業者から「エアレジ」というタブレット端末を活用したレジ・システムと、「MF 会計」というクラウド会計システムの導入を提案されています。しかし、甲社長をはじめ A 社スタッフは IT 活用が苦手であるため、導入する気配はありません。

　A 社の調理師に、中国人の丙氏がいます。丙氏は、地元香港で秘伝のタレとレシピを使った焼売と餃子の新メニューを開発していましたが、そ

れが SNS の口コミで人気が広まると、週末に行列ができるようになりました。

ところで、最近は、加工食品のインターネット通販に人気があるようです。A 社にも楽天や Amazon から EC 店舗の出店を提案されていますが、甲社長はあまり関心が無いようです。

また、ウーバーイーツや出前館から、料理の宅配サービス代行を提案されました。しかし、1 件当たりの配送料が高額であるため、導入すべきかどうか悩んでいます。

....

あなた ： いろいろと問題がありますね。

乙氏 　： 実際にどの店舗で儲かっているのかどうか、よくわからないですね。

あなた ： 飲食業では各店舗の採算管理が重要です。不採算であれば、テコ入れや撤退を考えなければいけません。最も重視すべき指標は FL 比率です。F は材料費（Food）、L は人件費（Labor）を意味します。

乙氏 　： 当社の FL 比率を見ると、いずれも業界平均を上回っています、コスト削減が必要ですね？

あなた ： その通りです。コストが高い原因を考え、業務の効率化を図る必要があるでしょう。たとえば、仕入先を見直すことで原価率を下げることができないか検討しましょう。他社から見積もりを取ってみませんか？

乙氏 　： なるほど、材料費の低減ですね。一方、人件費の負担が重いのは、当社の経理などの事務が手作業であることが原因だと思います。それを改善することはできませんか？

あなた ： 手書伝票での集計は非効率で、これに人件費がかかっています。レジの会計を電子化して、効率化しましょう。また、店舗の売上報告が週1回というのは少なすぎです。毎日、本社へ報告できるシステムを入れましょう。POS システムは高額ですから、タブレット端末を使う『エア

レジ』を使ってみましょうか。さらに、料理の原価計算を行うために、クラウド会計を使って、店舗別の損益計算ができるようにしましょう。これによって2人いる経理担当者を1人に減らせると思いますよ。

乙氏　：なるほどITの活用で、業務を効率化できそうですね。この一方で売上を増やすにはどうすればよいでしょうか？

…【問2】………………………………………………………………

売上高を増やすための方法を提案してください。

…【問3】………………………………………………………………

SWOT分析を行い、強みを機会に活かす戦略を提案してください。

解説

···【問1】···

　商流図から、ビジネスモデル全体像が明らかになりますので、そこから深掘りしていきましょう。質問事項として以下のものが考えられます。

- 店舗が2店舗あるが、各店舗の損益はどのように管理して、職員の業績をどのように評価しているか評価しているか？
- 仕入先は固定化していないか？値下交渉や他社の相見積もりはできないか？
- 調理、配送、経理など個別業務は効率的に遂行されているか？
- 消費者に対する販路を増やすことはできないか？

···【問2】···

　売上を増加させる方法として、以下のものが考えられます。

- EC店舗を開設し、中国で修行を積んだ丙氏が作る餃子や焼売などの加工食品を販売する。
- 無駄になっている昼間のアイドル・タイムを活用して、従業員がブログやSNSに記事を投稿し、既存店舗やEC店舗への集客を図る。
- ウーバーイーツや出前館を活用する。
- ぐるなび、食べログ、ホットペッパーグルメなどの販促サイトへ広告を出す。

···【問3】···

　事業性評価を行う際には、必ずSWOT分析を行います。

	【機会】	【脅威】
外部環境	・高価格 ・高付加価値の料理を求める顧客（ヘルシー志向の女性客） ・インターネット通販（EC） ・宅配事業 UB 社の外部提携	・仕入価格の上昇 ・人件費の上昇 ・大手外食チェーンとの競合 ・食に対する品質管理の厳格化によるコスト上昇
	【強み】	【弱み】
内部環境	・後継者が調理師である ・味の評判と知名度 ・中国人丙氏の開発する点心の新メニュー ・野菜仕入の目利き力	・ずさんな人件費管理 ・手書きの売上集計 ・店舗ごとの損益管理なし ・IT 技術や EC 活用の欠如

　SWOT 分析を進める場合、社内の情報を集めるために、現経営者と後継者だけでなく、幹部社員まで集めるべきです。SWOT 分析の結果に基づいて事業戦略を立案し、それを従業員が実行に移す必要があるためです。会議室に集まり、3時間から4時間かけて SWOT 分析のための社内会議を実施します。

<SWOT 分析の具体的な進め方 >

① アイデアを記入する

　参加者全員に付箋とペンを配布します。SWOT の4要素ごとに、たとえば自社の「強み」は何か、思いついたことを各自付箋に記入します。できるだけ多いほうがよいでしょう。

② 関連するアイデアをまとめる

　次に、進行役がその付箋を集めて、ホワイトボードに貼り付けます。似たような内容の付箋は近くに貼ります。

③ グループ化する

　参加者各自、書き方や表現はバラバラでしょうから、進行役が似たような内容をグループ化し、複数の参加者から提出された意味のあり

そうな内容を要約します。一方で、特殊なものは除外します。

④ 関連線を引く

　関連すべきグループに線を引きます。SWOTは2列×2列で4種類の組み合わせが考えられますが、これからの事業戦略を立案するために、最も重要な組み合わせは、「機会」×「強み」であり、これを「積極化戦略」といいます。積極化戦略は、自社の強みを活かせるチャンスが到来している部分です。

　具体的なアクションプランは、売上拡大とコスト削減という2つの側面から、業務フローごとに検討すればよいでしょう。参加者全員の意見を集約して、今後の事業戦略を練り上げます。

　A社事例では、【強み】「中国人丙氏の開発する点心の新メニュー」を、【機会】「インターネット通販（EC）」に組み合わせる戦略を検討しています。これ以外にも、【強み】調理師である後継者と中国人丙氏の知識と経験を活用して、【機会】高価格・高付加価値の料理を開発することで売上を拡大することができるかもしれません。

　【弱み】については、1つひとつ解消していかなければいけません。A社は内部管理が不十分であったため、業務フローを見直します。特に、管理業務についてはIT活用による業務効率化を検討しなければいけません。

1. アイディアを記入する

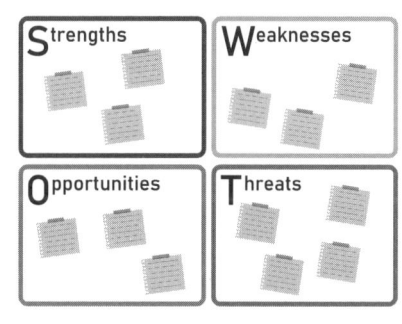

2. 関連するアイディアをまとめる

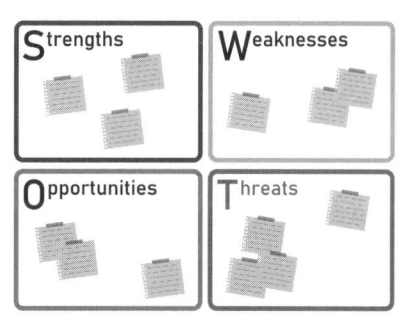

3. グループ化する

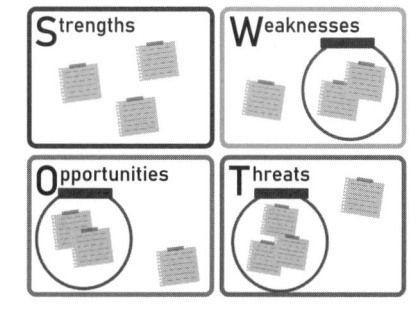

4. 関連線を引く

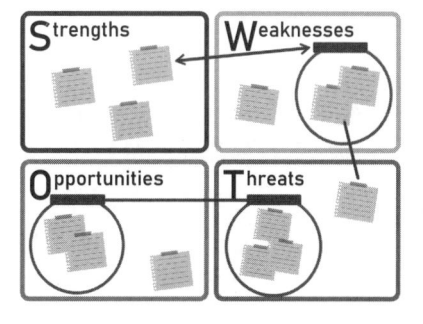

10. 経営承継と後継者教育

事例

　A社は、売上高10億円、当期純利益3千万円、従業員100人、純資産3億円のビルメンテナンス業です。甲社長（代表取締役、75歳）は、息子の乙氏（経営企画部長、45歳）を後継者にしたいと考えています。

　事業承継支援の専門家であるあなたは、メインバンクからの紹介を受け、A社の事業承継についての個別相談に対応しました。

　　あなた：　事業承継の準備を進めていますか？

　　甲社長：　幹部社員がしっかりやってくれていると思います。私は
　　　　　　　ゴルフ三昧の毎日ですよ。

　　あなた：　そうですか。御社は5年前に事業部制を採用され、権限と
　　　　　　　責任を社員の方々へ移譲されました。組織的経営が行わ
　　　　　　　れていますから、誰が次の社長になっても大丈夫ですね？

　　甲社長：　私がここまで築き上げてきた会社ですから、当然に息子
　　　　　　　の乙に継がせたいと思っています。彼はいま経営企画部
　　　　　　　を任せていて、予算・実績比較などの管理会計をやらせ
　　　　　　　ています。

　　あなた：　乙さんの後継者教育はどのように行われていますか？他
　　　　　　　社で働く経験も積ませてあげましたか？

　　甲社長：　乙は、新卒で当社に入り、20年ここで働いています。う
　　　　　　　ちには独自の仕事のやり方がありますから、他社の仕事
　　　　　　　を覚えても仕方ないでしょう。

···【問１】···

甲社長は、息子を新卒採用して働かせていますが、一定期間は他社で修行させたほうがよいという意見もあります。後継者教育はどのように考えるべきでしょうか？

....

　　あなた：　他の従業員とはうまくやっていますか？

　　甲社長：　それが、うまくやっていけないようなのです。わがままな性格で、上司の命令に従わなかったり、職場の飲み会に参加しなかったり、協調性がなく浮いているようです。それでも、彼は社長となる人間ですから、このままでもいいでしょう。

···【問２】···

後継者を社内で教育する場合、「社長の仕事を覚えさせること」と、「社員との人間関係を作ること」の２つを目的とすべきという意見があります。これらを達成するためには、後継者には、どのような職務を経験させておくべきでしょうか。

　数日後、後継者となる乙氏と面談したところ、口数も少なくて大人しい性格であり、父親である甲社長の命令に従って忠実に働いている様子でした。

....

　　あなた：　乙さん、甲社長も75歳ですね、後継者は乙さんでしょう。次の社長になる覚悟はできていますか？

　　乙氏　：　はい、新卒で入社してから、ずっと当社で働いています。ここまで来ると、父の後を継ぐしか、私の道はないでしょうね。

　　あなた：　そんな受身で消極的な姿勢では社長は務まりませんよ、会社のトップとして、責任をもって従業員を守り続ける

　　　　　　自信はありますか？

乙氏　：当社の規模は大きくなりました。業績も安定しています。もはや誰が社長になっても同じですよ。

あなた：上司や先輩との人間関係は良好ですか？

乙氏　：正直なところ、入社してから、上司や先輩との間には溝がありますね。私が『社長の息子』として特別扱いされるからです。社内会議で話すことはありますが、飲み会には参加しないので、腹を割って話をしたことがありません。

あなた：会社の仕事は好きですか？社長になったら、会社をどのようにしたいですか？将来の夢はありますか？

乙氏　：仕事は嫌いです。定時に退社して、早く家に帰って家族と過ごしたいのです。会社の将来ですか？このまま現状維持できればいいのではないでしょうか。

あなた：現状維持などといった消極的な姿勢は変えなければいけません。そもそも社長の仕事って何なのか、勉強してきましたか？

乙氏　：社長の仕事は、得意先とゴルフに行くことですよ！得意先と親密な人間関係を大切にすることが重要です。そのために、ひたすらゴルフと会食接待です。

···【問3】··

チェスター・バーナードは、「組織の3要素」は、共通目的、協働意欲、コミュニケーションだと提唱しました。一方で、経営者の仕事は、「戦略立案」と「経営管理」だと言われることがあります。後継者に対して教えるべき、「社長の仕事」とは何か、あなたの考えを述べてください。

··

甲社長：乙を社長にしたいのですが、経営能力も足りておらず、性格も適していないように見えます。

あなた：　乙さんに社長にするならば、経営者に求められる資質を
　　　　　備えているか、事前に評価しておかなければいけません

甲社長：　どのような資質でしょうか？

あなた：　社長として従業員に対するリーダーシップを発揮するに
　　　　　は、仕事で実績を残していなければいけません。息子さ
　　　　　んが残された実績は何ですか？

…【問4】……………………………………………………………………

企業経営を成功に導くために、経営者に求められる資質には何があるで
しょうか、あなたの考えを述べてください。

解説

　子どもを後継者にしたいと考えた場合、子どもが大学を卒業するときに決めるべきことがあります。それは、**子どもを社外で修行させるか、社内だけで教育するかという問題**です。

　20代の未熟な若者をいきなり自社に入れますと、様々な問題が発生します。たとえば、社長の子どもだと周囲はチヤホヤ特別扱いし、世間知らずのまま自己中心的な人間となってしまったり、逆に社長から強いプレッシャーをかけられて萎縮し臆病者になってしまったりします。また、従業員の立場からすれば、「社長の子ども」の取り扱いや接し方が難しく、自然と溝ができてしまう可能性があります。

　これに対して、他社に就職させますと、サラリーマンの１人として働かせることになり、誰からも特別扱いされることはありません。それゆえ、組織と人の実態を知ることができます。

　たとえば、社長がいかに現場を理解していないか、逆に従業員が社長の気持ちを把握できず面従腹背しているか、仕事そっちのけで遊んでばかりいる社員がどれほど多いか、**雇われる立場にある従業員の気持ちを理解すること**ができます。これだけでも、他社で働く意義は大きいでしょう。

　事業の規模にもよりますが、多くの場合、後継者教育の第一歩は、社外での経験を積ませることです。就職先としては、同業種の大企業とするケースが多いようです。これによって、一般の従業員の気持ちを理解する能力や、社会人としての常識・マナーを習得させます。大企業であれば、組織運営の仕組みを学ぶことができます。また、同業種であれば、そこで獲得した人脈を将来活かすことができます。

　大企業ではなく、ベンチャー企業に就職させることも選択肢となるでしょう。多種多様な経験を積むことができ、早い段階から責任ある仕事を任せてもらうことで、企業経営に係る仕事を効率的に経験することができるからです。

　後継者を入社させたとしても、その人が一人前の経営者に成長できなければ意味がありません。計画的な後継者教育を行う必要があります。そのためには、主力事業の営業責任者の経験と、経営企画部で働く経験が求められます。

　後継者に求められる経験として、主力事業での営業の仕事があります。主力部門の仕事を知らずして、社長になるわけにはいきません。ここでは、3年くらい所属して働き、他の従業員に認められるような実績を残す必要があります。社内で一番稼ぎやすい部門で実績を残すことができない人に、従業員がついてくるはずがないからです。

　もう1つは、経営企画部の仕事です。現場の仕事を経験した後は、経営企画部門の責任者になることです。

　ここで後継者が働く目的は2つあります。

　1つは、社長の仕事を覚えることです。経営に関する意思決定を現経営者の代わりに行うこととします。特に、責任の軽い経営判断は、現経営者に頼らず行ってみて、それに伴う失敗体験も数多く持たせるほうがよいでしょう。

　もう1つは、社員との人間関係の構築させることです。後継者は現経営者のようなリーダーシップを発揮することが困難です。それゆえ、組織的な経営を行うほうがよいと考えられます。

　後継者に交代した後は、**後継者を中心としたコミュニケーションが円滑に行われるような組織を作らなければいけません**。たとえば、毎月1回は、後継者が主導する経営会議を開き、経営幹部の全員を参加させ、業績報告、課題の検討を行うのです。後継者が策定した事業計画や予算と実績を比較します。

　また、後継者と同年代の従業員を幹部社員として登用し、後継者を支える右腕人材として育成するのです。現経営者を支えてきた役員・管理職は、社長と同世代ですから、高齢になっているはずです。将来のことを考え、次世代の経営体制を構築するのです。営業系で1名、管理系で1名、製造業であれば技術系で1名を選抜すればよいでしょう。

従業員の世代交代でも、古参の従業員が持っている知的資産（知識、技術、人脈など）を若手の従業員に承継することが必要です。後継者は、自分のほうから古参の従業員に対して話しかけ、積極的に教えを請う姿勢で接しなければいけません。

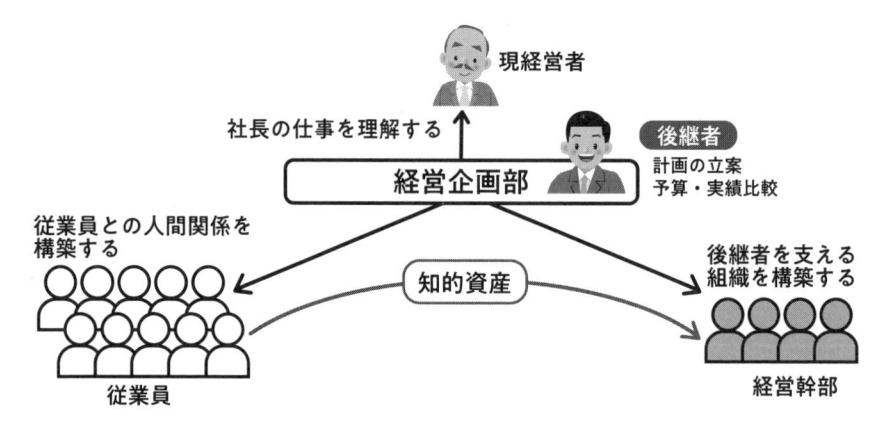

···【問3】··

　社長の仕事とは、事業を経営することです。経営とは「戦略を立てること」と「管理すること」です。

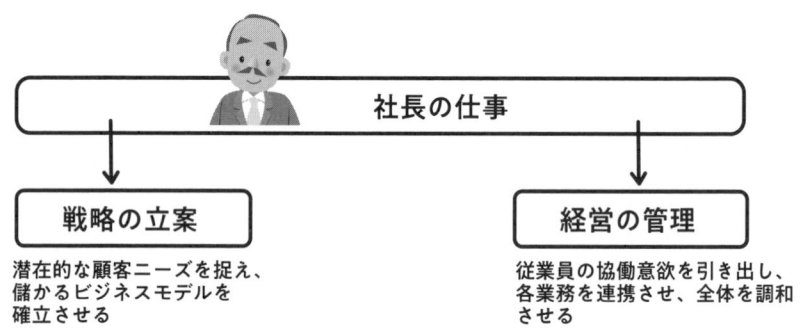

① 戦略の立案

　戦略の立案とは、顧客に何が売れるのか（顧客ニーズ）を捉えることです。これを正しく捉えることができなければ、利益を生み出すことができません。しかも、多くの顧客ニーズは目に見えないものであり、時代や環境の変化に応じて変化するため、把握することは容易ではあ

りません。

　顧客ニーズを捉えるためには、ビジネスの現場に出て働くことが必要です。商品やサービスを消費するのは人間です。毎日毎日、ビジネスの現場に出て、人に接し、話すことで「売れるもの、儲かるもの」が見つかります。それゆえ、「人嫌い、人間ぎらい」の人は経営者に向いていないでしょう。

　競合他社に対して差別化するならば、潜在的なニーズを把握しなければいけません。消費者は、自分では気づいていない潜在的なニーズを満たすような新しい商品やサービスが登場すれば、それに飛びつき、高いお金を支払おうとします。

　しかし、**潜在的なニーズを捉えるためには、可能な限り多くの人と接することが必要です。**顧客と直接会い、会話を重ねる機会が多ければ多いほど、ヒントを得る可能性が高くなります。オフィスワークを続けても、顧客のことを知ることはできません。「売れるものは何か」、毎日毎日、考え続けながら、数多くの顧客と会って話すのです。

　顧客ニーズを捉えることができれば、短期的に利益を得ることができます。しかし、長期的に利益を獲得し続けるには、それだけでは不十分です。

② 経営の管理

　経営の管理とは、経営資源が調和するように、うまく連携させることです。つまり、購買・仕入、企画・開発、製造、販売、サービス、人事・労務、経理・財務など、すべての業務を効果的かつ効率的に連携させることです。それゆえ、社長に求められる能力は、個別の業務の専門性よりもむしろ、それら全体を俯瞰できることと言えます。

　事業は、多くの従業員によって構成されています。その管理を行おうとするならば、従業員の協働意欲が必要です。経営学では、分業による協業によって生産性が向上し、利益が生まれると言われます。考え方や価値観が異なる従業員たちの仕事を全体として1つにまとめ、組織として機能させなければいけません。

経営管理をうまく機能させるには、経営理念と経営目標を従業員と共有することと、仕事の意味と役割を従業員に理解させることが必要です。経営者が何をやりたいのか、そこに従業員がどのように貢献しているのか理解させなければいけません。従業員の業績を公正に評価し、それに応じて賞与が支払われるような報酬体系も効果的でしょう。

また、分業化された仕事を円滑に連携させるため、従業員同士のコミュニケーションを活性化させることが必要です。社内会議を行うことはもちろん、飲み会などによって親睦を図ったり、個別面談などで個人的な悩みや意見を聞いたりすることが必要です。

伝統的な経営学でチェスター・バーナードが提唱した**「組織の3要素」とは、共通目的、協働意欲、コミュニケーション**でした。社長の仕事とは、まさに「組織の3要素」を機能させることだと言えるでしょう。

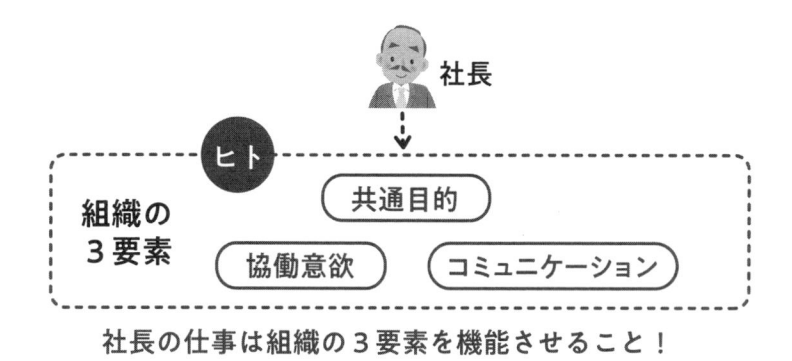

社長の仕事は組織の3要素を機能させること！

┈【問4】┈┈┈┈┈┈┈┈┈┈┈┈┈┈┈┈┈┈┈┈

現経営者の子どもが自社に入った後、いざ事業承継しようとするならば、子どもが経営者にふさわしい資質を備えているかどうか、現経営者が評価しなければいけません。後継者に求められる資質には、以下のようなものがあります。

① 業績を上げた実績があること

いくら肩書が社長だとして、立派な経営理念を掲げても、仕事の実

績が伴わなければ、部下がついてきません。明らかに利益獲得に貢献した実績があれば、部下は安心してついていけることになるのです。それゆえ、現経営者は、まだ元気に働くことができるうちに、後継者が仕事の実績を残すことができるようにサポートし、教育しなければいけません。

② 健康で体力があること

　創業者は、24時間365日喜んで働き続けるタイプの人間です。経営者には、いざとなると、部下とともに徹夜も辞さないような体力があることが求められます。それゆえ、若い頃からスポーツに励み、体力作りを行っておかなければいけません。

③ 明るく社交性があること

　経営者の仕事の多くは、様々な人間関係を作る仕事です。人間関係の幅を広げなければなりません。そのためには、明るく陽気で、人見知りしない性格が必要となります。いい大人なのに、初対面の相手に挨拶できない、楽しく会話ができない人見知りタイプは不適格です。

　性格には生まれ持って備えている要素もありますが、訓練によって高めることができる要素もあります。コミュニケーション能力は不可欠です。

④ リーダーシップを発揮できること

　事業を構成する経営資源の中で最も重要なものは、「ヒト」（従業員）です。従業員の頭の中に知的資産が蓄積されているからです。

　そして、従業員を動かすのは、理屈や論理ではなく感情です。感情面で従業員の動機づけを行え、リーダーシップを発揮なければ、組織を維持することはできません。

⑤ 人情に厚いこと

　他人のために尽力する労を惜しまない、周囲の人の幸せを考えて協

力する、このような自利自他の精神によって、周囲の人の感情に影響を与えることによって、信頼関係が生まれるのです。

⑥ 現実的で柔軟な意思決定ができること

　自社の置かれている状況、経営環境を冷静かつ客観的に理解し、現実的に意思決定できることが求められます。創業者であればワンマンで進めることも可能だったかもしれません。しかし、変化の激しい時代には、現実的で柔軟な意思決定が求められるのです。

11. 引退する経営者の気持ち

事 例

　甲社長（75歳）は、40年前に設立したA社（機械部品製造業、従業員数20人、売上高20億円、当期純利益3千万円、純資産3億円）の創業者であり、株式1,000株（発行済議決権株式の100%）を所有し、これまで代表取締役社長として頑張ってきました。

　甲社長は、資金も人脈もないという状況から、モノ作りが好きで365日休まず働き続け、度胸で起業して成功者となりました。甲社長は、これまで「生涯現役で何が悪い、俺は死ぬまで仕事を続けるぞ」と公言しています。

　一方、後継者候補と位置づけられている長男の乙氏（40歳）は、高卒後、定職に就かず遊び呆けた生活を送った後、24歳のときにA社に入社しました。現在は、原材料の購買管理の仕事に従事しています。

　ある日、甲社長は、妻から「一人息子である長男である乙へ社長交代してはどうか」、「乙はまだ経営者として頼りないけれども、教育して鍛えれば一人前の経営者になるはずだ」と言われました。

　後日、事業承継支援の専門家であるあなたは、甲社長から事業承継について相談を受けました。

　甲社長：　妻から社長を交代したらどうかと言われたんです。どう思われますか？

　あなた：　奥様のおっしゃる通りです。そろそろ事業承継を考える時期になりました。そのうち一気に体力と気力が落ちて、社長として働くことができなくなりますよ。

　甲社長：　いや、私は75歳ですよ。まだ早いでしょう。あと10年は現役で働けますよ。

…【問１】…………………………………………………………

甲社長は、なぜ社長交代しようとしないのでしょうか。それに対して、事業承継支援の専門家であるあなたは、どのようにアドバイスしますか？

> 甲社長：社長交代に失敗すると、当社の存続が危ぶまれるということですね、よくわかりました、来年、息子の乙に社長を交代します。
>
> あなた：そうですよ。乙さんには、社外で後継者研修を受けてもらい、社内では社長の右腕として経営の意思決定の訓練をさせるようにしましょう。
>
> 甲社長：しかし、いまの仕事は私の生きがいで、仕事以外にやることがないのです。社長職から退いたら、これからどうやって生きていけばいいのですか？

…【問２】…………………………………………………………

あなたは、甲社長の引退後の生活について、どのようにアドバイスしますか？

解説

…【問1】…………………………………………………………………………………

　創業者の多くは、仕事が好きで好きでたまらず、こんな面白い仕事は死ぬまで辞められないと思っています。**事業承継の必要性は認識しているが辞めたくない**というのが本音でしょう。いったん引退して社長交代しても、不満がたまって再度社長に戻るような人もいます（大塚家具のケース）。結局のところ、命をかけて築いてきた会社は自分のモノだと考えてしまうのです。

　社長が引退しようとしない理由は主として以下の3つが挙げられます。

① 社長職の仕事が面白いから

　社長という仕事は、とても面白いものです。誰からも指示されず好きなようにできます。従業員も仕入先も尊敬の目で見てくれます。働いていますと、次から次へと新しい事業アイデアが浮かんできます。お客様のためにと思って創り出した商品・サービスが売れて繁盛します。毎日の生活に張り合いがあり、休日も遊んでいられません。正月も働きます。こんなに面白く、やりがいのある仕事は他にはないのです。

　このような状況では、社長職が自分の人生そのものとなります。社長を辞めることは死ぬことと同じと感じてしまうわけです。

② 仕事を辞めたら収入が減るから

　これまで会社で最も高い役員報酬を取っていたため、引退したら当然に報酬は減ることになります。贅沢三昧の生活であったはずですから、これまでの生活水準を下げたくありません。また、病気になって高い医療費がかかってしまうことに不安を感じます。しかし、これまで蓄積してきた個人財産を取り崩すという発想が浮かんできません。個人財産を減らすことには漠然とした恐怖感が伴うからです。

③ 社会的地位や名誉を失いたくないから

　社長職から引退することは、最高権力者の地位を失うことであり、それには寂しさ、不安が伴います。自己概念が消失してしまうからです。極端なケースでは、仕事ができない自分は存在価値が無いと思い込むこともあります。周囲から尊敬される立場、高い地位と名誉を失うことについても漠然とした恐怖感が伴うのです。

　事業承継支援の専門家は、**このような現経営者の寂しさと不安な気持ちを理解し、共感しながら話を聞くことが求められます**。頭越しに否定せず、社長の話を聞く姿勢を見せることが必要です。しかし、事業承継は重大な問題ですので、先延ばしはできません。時間をかけて、社長交代に向けて説得しなければいけません。

　一般的に、**経営者が60歳を超えたら事業承継の準備に着手しなければいけない**と言われています。これは、後継者に事業を継ぐことは簡単なことではなく、通常**5年間くらいの期間を必要とする**からです。

　親族内承継のための期間には、後継者に対して経営ノウハウを習得させ、仕事に必要な人脈（特に顧客）を引き継がせ、従業員との信頼関係を築かせるのです。5年は必要になると考えなければなりません。

　現経営者がこれらの準備を行わず、突然他界することになったり、突然入院することになったりすると、現場は大混乱に陥り、社長不在の事業の存続が危うくなります。後継者が未熟な状況で社長に就任しても、リーダーシップを発揮できず組織が壊れ、従業員が離散するおそれがあります。

　事業承継支援の専門家は、現経営者に対して、自分の幸せだけでなく、後継者や残された従業員の幸せを考えること、事業そのものの継続が重要であることを理解させなければいけません。子どもの状況によっては、親族内承継を断念させ、第三者承継への変更を勧めるケースもあるでしょう。

　ほとんどの経営者は、「仕事を辞めた後、何をすればいいかわからない」と言います。しかし、創業者の多くは、ゼロから1を生み出す能力を持つ優れた人物です。新たな生きがいを見つけることは可能です。そのため、社長職を退任した後に何をやるか、日頃からじっくり考えておくべきでしょう。

　引退後の生き方の選択肢は、以下の3つに大別されます。

① 完全引退する

　これは、経営から完全に手を引いて、隠居生活を送るという生き方です。

　このタイプは少数派です。病気で入院するような状況に陥り、現経営者が、自分が長生きできないことを自覚し、命を縮めるような仕事やストレスからすぐに離れて残された時間を有意義に生きようとするケースです。それを家族や医者が強く勧めるようになって、現経営者は潔く完全引退を決意することになります。

② 別事業を立ち上げる

　これは、本業の経営から離れるものの、NPOや慈善活動など別の事業を立ち上げ、新たな事業を経営するという生き方です。

　長年にわたって事業を営んできた経営者のほとんどは、事業意欲の塊のような存在です。事業を成功させることが生きがいとなっています。社長から引退しても意欲が無くなるわけではありません。そこで、その事業意欲を別の事業に向けさせるのです。また、業界団体の要職に就く、政治家の後援会の会長になるなど、公職の名誉職などに就いて新たな生きがいを見つけることも可能でしょう。

　これによって、お金を稼ぐことではなく、**「社会貢献」で他者に利益をもたらすことで自己実現欲求を満たす**といった高次元の生き方も可能となるはずです。

　この方向へシフトすれば、引退と同時に創業というイベントが発生

します。創業の専門家のサポートも必要となるでしょう。

③ 会長に就任して後継者を支える

　これは、社長職を退いて後継者に譲り、自分は**代表権の無い「会長職」に就任する**という生き方です。ほとんどの事業承継では、この選択肢が選ばれます。

　経営そのものに口を出すことは控えつつも、会長という立場から若い新社長の精神的な支えとなり、指導・助言を行います。

　また、社長のカリスマ性や属人的な能力に依存していた経営スタイルを、社長に頼らない組織的な経営に転換させるのです。部下に権限を移譲し、自律的に機能する組織に変えていかなければなりません。会長としてこのような仕事を担当すればよいでしょう。

　しかし、**問題となるのは、トップの権力を手放そうとしない会長です。**これまで「社長と部長」であった肩書が「会長と社長」に変わっただけで、権力をすべて握っておかないと気が済まない、細かいことまで口出しする、挙句の果てには「お前は社長失格だ、黙って俺に言う通りにやれ！」と怒鳴り散らすというケースです。これは、引退する経営者が、仕事が無くなった寂しさや不安、権力を失う恐怖感に耐えられず、相変わらずトップの権力にしがみつこうとすることが原因です。このような事態に陥ってはいけません。

　会長職を1年から2年を過ごしたら完全引退します。もちろん出社することもなくなります。その後、自分の人生の新たなライフスタイルを見つけ、有意義な時間を過ごし、悔いの残らない人生を送るようにします。

　創業してここまで会社を大きくした経営者は、金銭欲、名誉欲、支配欲は人一倍旺盛であり、強い欲望は消えることはないでしょう。そこで、次の欲望の矛先をどこに向けるかが問題となります。

　この点、残された欲望といえば、「生命欲」と「享楽欲」が考えられます。生命欲とは、いつまでも健康で長生きしたいという欲求です。ゴルフを続ける、健康食品をとり、最新医療で若返りを図る、そのためにお

金と時間をふんだんにかけることです。また、享楽欲とは、思いのままに快楽を味わうことです。仕事以外に「やりたいこと」、「我慢してきたこと」があるはずです。旅行、芸術や音楽など趣味に没頭することです。配偶者を失ったのであれば、新たな恋愛も楽しみとなるかもしれません。

事業承継支援の専門家は、**引退する経営者の気持ちを理解し、人生相談に対するアドバイスも提供しなければならない**のです。

第4章

従業員承継の事例研究

1. 後継者の決意と覚悟

事 例

　A社（機械製造業、従業員数20人、売上高10億円、当期純利益3千万円、純資産2億円、借入金1億円）は、関東の地方都市にある創業50年の町工場です。大手自動車メーカーとの継続的な取引があり、業績は安定しています。

　創業者である甲社長（代表取締役、75歳）は、高い営業力を発揮して、A社をここまで大きくしてきました。しかし、持病の進行と体力の衰えから、そろそろ引退したいと思っています。

　甲社長の子どもは娘2人で、いずれも結婚して専業主婦をしています。親族は誰もA社で働いていません。

　そこで、甲社長は、中堅社員として頑張っている乙部長（50歳、営業担当）を後継者にするのはどうかと考えました。乙部長は新卒でA社に入社し、工場の製造作業と総務経理の仕事を経験し、10年前から営業部長として活躍しています。

　甲社長は乙部長に会社を継いでくれないかと相談したところ、乙部長から「しばらく考えさせて欲しい」と言われました。

···【問1】···

乙部長が後継者となる場合、従業員から「経営者」に転身しなければいけません。乙部長個人の人生設計、キャリア形成の観点から、「経営者」になるメリットとデメリットは何でしょうか？

···【問2】···

乙部長が後継者となることを検討する場合、乙部長個人が具体的に検討すべき事項を列挙してください。

解説

··· 【問 1 】 ··

　乙部長は、長年の間、従業員（サラリーマン）として働いてきており、雇用契約に基づいて、与えられた仕事と安定した給与に守られてきました。しかし、経営者になると、その立場は従業員とは全く異なるものとなります。「雇われる立場」から「雇う立場」に変わるのです。

　経営者になると、会社の借入金の連帯保証を行わなければなりません。このため、もし会社が倒産すれば、経営者個人も自己破産することになります。業績が赤字になれば、従業員の給与は、銀行借入してでも支払わなければいけません。しかし、経営者個人の給与は当然にゼロにせざるをえません。つまり、**経営者は、会社の経営リスクを負わなければならないの**です。

　それゆえ、従業員であった乙部長が経営者になるとすれば、この大きな経営リスクを負担する決意を行い、覚悟しなければなりません。

　その代わり、**経営者になれば「企業経営」という面白い、やりがいのある仕事をすることができます。**これは従業員ではできない仕事であり、働く個人に大きな幸せをもたらしてくれる仕事です。個人が簡単に得られるキャリアではありません。乙部長にとってみれば、重い経営リスクを負担する代わりに、企業経営という面白い仕事に就くというリターンを得ることができるのです。事業に成功すれば、大きな個人財産を築くことができるでしょう。

　一般的に、企業経営という仕事に就くことは容易ではありません。個人の自己実現を追求するために、自ら経営者になろうと考える人はたくさんいます。「起業家、アントレプレナー」という方々です。しかし、起業や創業は容易ではありません。創業資金の融資を受け、顧客ゼロの状態から、事業を興し、価値ある事業を創り上げるのです。経営者には「働き方改革」など無関係ですから、24時間365日休みなく働くことになります。

　しかし、本事例のような従業員承継では、乙部長は、すでに稼働している事業を引き継ぐことができるのです。顧客もいて、大きな初期投資も必

要ありません。すでに従業員を 20 人も抱えていますので、人材採用の必要もありません。一通りの経営資源が揃っています。また、乙部長にはА社で 20 年以上働いた経験があり、それを活かすことができます。このような事業承継は、乙部長個人にとって、非常に貴重な機会であり、**従業員（サラリーマン）から経営者に転身することができる絶好のチャンス**だと言えるでしょう。

···【問 2】··

後継者候補となった従業員は、その事業が本当に価値あるものであるかどうか、事業承継の前に確認しておかなければなりません。価値がない会社を継いでしまうと、経営者として利益を得るどころか、借入金の返済まで肩代わりすることになるからです。そこで、以下のポイントについては、事業承継を行う前に必ず確認しておかなければなりません。

- 変化する経営環境に事業戦略は適合しているか
- 顧客データなどの無形資産（知的資産）を確実に承継できるか
- 従業員に対してリーダーシップは発揮できるか
- 従業員の管理（コンプライアンス、マネジメント）に問題はないか
- 事業（株式）を譲り受ける価額は適正か
- 借入金・保証負債を承継することになるのか

これら以外にも、

- 有形固定資産に壊れているものはないか
- 未払税金など簿外債務は無いか
- 不良在庫、不良債権などお金にならない資産を抱えていないか
- 社長交代と同時に重要な従業員が退職してしまうおそれはないか

なども確認しておくべきでしょう。

一般的に、「社長の仕事は、売上の拡大、従業員の動機づけ、この 2 つ

に尽きる」と言われることがあります。事業戦略の決定と顧客の承継は、売上拡大のために不可欠なものです。また、社長のリーダーシップと従業員のマネジメントは、従業員の動機づけのために不可欠なものです。これらの項目の課題を検討するということは、社長になった後、「社長の仕事」に専念できるかどうかを確認しておくということです。事業承継できたものの、様々な無理難題を押し付けられてしまうと、社長の仕事に専念することができません。そのような状態であれば、そもそも承継できないと判断すべきでしょう。

　事業承継の際に、従業員が検討すべき内容を具体的に挙げてみましょう。

① 変化する経営環境に事業戦略は適合しているか

　現在の事業戦略は、現経営者の創業時の経営環境を前提として設定したものです。現在も経営環境が変わっていなければ、これまでの事業戦略を続けるべきです。

　しかし、デジタル技術、AIなどが普及して経営環境が変化したことで、新しい事業戦略に変えなければいけないことがあります。事業戦略を経営環境に適合させなければ、事業を維持することができなくなるからです。

　事業戦略を再構築する方法には様々なものがありますが、海外輸出など新たな市場の獲得、インターネット通販など新たな販売チャネルの開発が考えられるでしょう。また、顧客ニーズに合わせて新製品・新サービスを開発することがあります。そして、新たな市場へ立ち位置を変えるために、全く別の事業への転換も求められるケースがあります。

② 顧客データなどの無形資産（知的資産）を確実に承継できるか

　承継すべき経営資源には、ヒト・モノ・カネ・情報があります。この中でも、目に見えない無形資産を確実に承継することが最も重要なことだといわれます。これが他社との競争において「強み」の源泉となるからです。承継に失敗して喪失してしまうと事業承継の意味がな

くなります。

目に見えない無形資産とは、知名度・ブランド、技術・ノウハウ、顧客情報などの知的資産です。目に見えないがゆえに、事業承継の際は、散逸させたり消滅させたりせず、そのまま後継者に引き継ぐことができるかどうかが問題となります。

知的資産の中でも、顧客データと顧客関係の引継ぎが最も重要です。顧客名簿・リストだけではなく、顧客との人間関係までセットで考えなければいけません。顧客が製品・サービスを購入してもらえるがゆえに売上を獲得できるのです。顧客が購入を続けようとしてくれなければ、売上が無くなってしまいます。

ただし、顧客との人間関係のほとんどは、引退する現経営者とお客様との間に築き上げられたものでしょう。いわゆる「馴染みのお客様」です。この点、他の従業員との人間関係に基いて取引が行われているのであれば、経営者交代の影響は受けません。しかし、現経営者個人との人間関係に基いて取引が行われているのであれば、経営者交代によって取引されなくなるおそれがあります。

それゆえ、**後継者は、現経営者が営業活動するときに同行しなければいけません。**顧客との面談、会食・ゴルフ接待に同席するなどして、顧客との人間関係を引き継ぐことが必要です。

一方、**現経営者は、後継者との対話を通じて、具体的な顧客情報（顧客ニーズは何か、どのように取引を行えばよいか）を後継者へ伝えなければいけません。**目に見えない経営資源は、現経営者の頭の中に蓄積されています。現経営者が黙っていては、後継者へ承継されることはありません。それを対話によって伝達することが必要となるのです。

③ 従業員に対してリーダーシップは発揮できるか

リーダーシップとは、「人を通して課題を解決する力」を言います。社長自ら経営課題を解決するのではなく、従業員を動かして経営課題を解決させることになります。

創業者であれば、経営者と従業員の間に人間関係ができあがってお

り、経営者個人のカリスマ性が、すべての従業員の求心力になってい
たはずです。

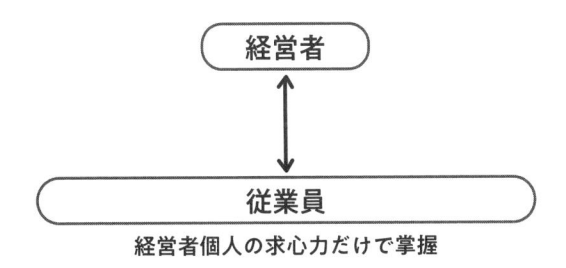

経営者個人の求心力だけで掌握

　経営者が従業員を掌握し、そのリーダーシップは十分に発揮されて
いたはずでしょう。従業員は、「社長のために働く！」という状況です。
　しかし、これは創業者であるからこそ可能になるリーダーシップで
す。従業員との間にカリスマ性や求心力を持たない後継者が、真似を
することはできません。

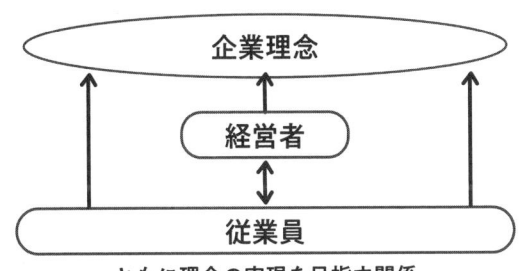

ともに理念の実現を目指す関係

　そこで、後継者は、別の位置に求心力を持たせるのです。具体的には、
**会社の存在意義や共有すべき価値観を明確化し、「経営理念」を設定し
ます**。現経営者が引退した後、従業員が何のために働くのか、心の拠
り所となり、その求心力として機能するような経営理念です。
　後継者は、経営理念を従業員と共有し、その実現に向けて一丸となっ
て協働する体制を作ります。すなわち、従業員の求心力は、社長個人

ではなく、経営理念に求めることになります。「社長のために働く！」状態から、「全社員のために力を合わせて働く！」状態に変えるということです。

④ 従業員の管理に問題はないか

組織におけるルール・規則として、人事制度（勤怠管理、採用・退職、昇給・昇格、教育など）、就業規則、目標管理制度（業績評価）などがあります。

後継者は、これらの社内ルール・規則が守られ、当然に法令も遵守されているかどうかを事前に確認しておきます。機能しておらず、いつ問題が発生してもおかしくない状態にあれば、社会保険労務士などの専門家の力を借りて、内部統制を整備しておくべきでしょう。

⑤ 事業（株式）を譲り受ける価額は適正か

経営者（代表取締役）の地位は、株主総会の多数派株主によって支えられています。したがって、経営者になるのであれば、自ら多数派株主になることが必要です。後継者は現経営者から自社株式の過半数を承継しなければいけません。

事業（株式）の承継には、その対価が有償のケースと無償のケースが考えられます。無形資産だけを承継するのであれば、無償のケースも多く見られますが、有形資産や株式を承継するのであれば、後継者は有償となります。そこで、対価支払いのために必要な資金をどのように調達するかが問題となります。

この点、**後継者は、日本政策金融公庫の「事業承継・集約・活性化支援資金」によって調達することが可能です。**融資限度額は、国民生活事業で 7,200 万円となっており、返済期間は、設備資金 20 年以内、運転資金 7 年または 8 年以内となっています。日本政策金融公庫の融資は、原則的に法人に対する貸付となっていますが、この制度を使えば、後継者となる個人に対する貸付を実行してもらうことができます。無担保・無保証となるケースもあるようです。

一方で、現経営者から後継者への譲渡価額をいくらにするかが問題

となります。M&A であれば交渉を通じて適正に決めることができますが、経営者と従業員との関係であれば、交渉を通じて適正に決めることができません。それゆえ、税法上の時価が適正な譲渡価額になります。

税法上の時価をそのまま使う必要はありませんが、そこから大きく乖離しますと税負担が重くなることがあるため、顧問税理士に相談して決めることが必要となるでしょう。

⑥ 借入金・保証負債を承継するか

現経営者は、会社の借入金に係る連帯保証を行っているはずです。経営者が交代すれば、債権者である金融機関は、後継者が保証債務を負担するよう求めてくるはずです。これに応じるかどうかが問題となります。

この点、全国銀行協会が公表する「経営者保証に関するガイドライン」によれば、事業承継時において債務者は、経営者の保証の見直しを金融機関に求めることができます。これに基づいて交渉を行い、金融機関と合意することができれば、後継者が連帯保証を行わないことも可能となります。

経営者保証ガイドラインは、中小企業の経営者による個人保証には、資金調達の円滑化に寄与する面がある一方、経営者による思い切った事業展開や、事業再生を阻害する要因となっています。そこで、このような問題を無くすためのガイドラインが金融機関に与えられているのです。

これによれば、ⓐ法人と経営者の資産等が明確に区分されていること、ⓑ法人に財務基盤の強化が認められること、ⓒ法人から財産状況の正確かつ適切な開示等が行われることの3要件が充足されているならば、中小企業の経営者に対して連帯保証を求めないこととなっています。

法人と経営者との関係の明確な区分・分離

●債務者は、法人の業務、経理、資産所有等に関し、法人と経営者の関係を明確に区分・分離し、法人と経営者の資金のやりとりを、社会通念上適切な範囲を超えないものとする体制を整備するなど、適切な運用を図ることを通じて、法人個人の一体性の解消に努める。また、こうした整備・運用の状況について、**外部専門家（公認会計士）による検証**を実施し、その結果を、対象債権者に適切に開示する。

財務基盤の強化

●経営者保証を提供しない場合においても事業に必要な資金を円滑に調達するために、債務者は、**財務状況及び経営成績の改善**を通じた**返済能力の向上**等により信用力を強化する。

財務状況の正確な把握、適時適切な情報開示等による経営の透明性確保

●債務者は、資産負債の状況（経営者のものを含む。）、事業計画や業績見通し及びその進捗状況等に関する対象債権者からの情報開示の要求に対して、**正確かつ丁寧に信頼性の高い情報を開示・説明する**ことにより、経営の透明性を確保する。開示情報の信頼性の向上の観点から、**外部専門家（公認会計士）による情報の検証**を行い、その検証結果と合わせた開示がのぞましい。また、開示・説明した後に、事業計画・業績見通し等に変動が生じた場合には、自発的に報告する適時適切な情報開示に努める。

2. 過大な債務

事 例

　甲社長（75歳）は、高級寿司店3店舗を営むA社（飲食業、従業員数20人、売上高3億円、当期純利益▲3千万円、純資産▲5千万円、銀行借入金2億円）の創業者です。30年前に設立し、発行済株式の100%を所有し、これまで代表取締役社長として頑張ってきました。

　A社のお寿司は「魚が新鮮でとても美味しい、板前さんの愛想もよく、サービスが良い」と評判の人気店です。

　引退を考えるようになった甲社長は、後継者を誰にすべきか悩んでいますが、外科医師として活躍する長男、3人の子どもの育児に追われる長女に会社を継ぐことは難しそうです。

　そこで、入社20年目、板前として頑張ってくれている乙氏（40歳）に承継したいと考えています。先日、乙氏と2人で話す機会があり、「会社を継いでくれないか」と打診しました。

　乙氏は、根っからの職人気質を持っており、美味しいお寿司を握ることが生きがいとなっていました。しかし、自分が社長になること、他の板前の世話をすること、そして、自社株式を買い取ることについて大きな不安を持ちました。なぜなら、A社は10年前に無理な新規出店と不動産投資による巨額な損失を計上した結果、2億円の銀行借入金を背負ってしまったからです。近年のコロナ対応緊急融資制度によって追加の借入も行っていました。

　現在、支払利息を毎年1,000万円も支払っており、損益を悪化させています。また、新型コロナ・ウィルス問題によって、ここ数年は赤字が続いてきました。

　乙氏が事業承継を躊躇したため、事業承継が進まない状況が続くなか、ある日、甲社長のもとに、「新しく完成したJR駅ビルに出店しないか」という話が持ち込まれました。この駅の利用客数はとても多く、開店すれ

ば繁盛することが間違いありません。年間売上高2億円の増加は期待できる儲け話です。甲社長は、駅ビルにぜひ出店したいと思いました。

　このような新規投資の話もあり、後日、事業承継支援の専門家であるあなたは、メインバンクからの紹介を受け、甲社長からA社の事業承継についての個別相談に対応しました。

甲社長：JR駅ビルに新店舗を出せば、大きく利益を増やすことができ、借入金を返済できると思います。それでも乙は引き継ぐことを希望しないんです。

あなた：それは2億円の銀行借入金が原因ですね。過去の投資の失敗は、甲社長の責任です。後継者の乙氏に返済させるべきではありません。商売だけ引き継ぐべきではありませんか？

甲社長：そんなことができるのですか？

···【問】···

事業承継支援の専門家であるあなたは、債務の承継に関してどのような指導を行いますか？

解説

　中小企業の事業承継に係るメディア報道では、M&A で売却して創業者利益を得た話などハッピーリタイヤの成功事例がとり上げられることが多いようです。しかし、これは規模が大きな中堅企業の話であり、零細企業の事業承継では、成功事例よりも失敗事例のほうが多いようです。

　現実には、中小企業の半数以上は赤字であり、しかも、その多くは債務超過で銀行借入金の返済に苦しむ状態です。これは、市場環境の変化に適応することができず、事業性が悪化したことが原因でしょう。

　一方の債務超過については、過年度の赤字が累積したことも原因の1つですが、その赤字の原因が、経営者が自分に報酬を支払いすぎたケース、経営者が無謀な投資に失敗して大きな損失を計上したケースがあります。

　オーナー企業では、個人と法人が一体化しています。赤字経営の中小企業を経営している社長は、法人が赤字だから個人も赤字だということはなく、十分な報酬をもらって豪邸に住んでいたり、多額の金融資産を持っていたりするケースが多く見られます。

企業のオーナーは家計と会社が実質的に一体化している

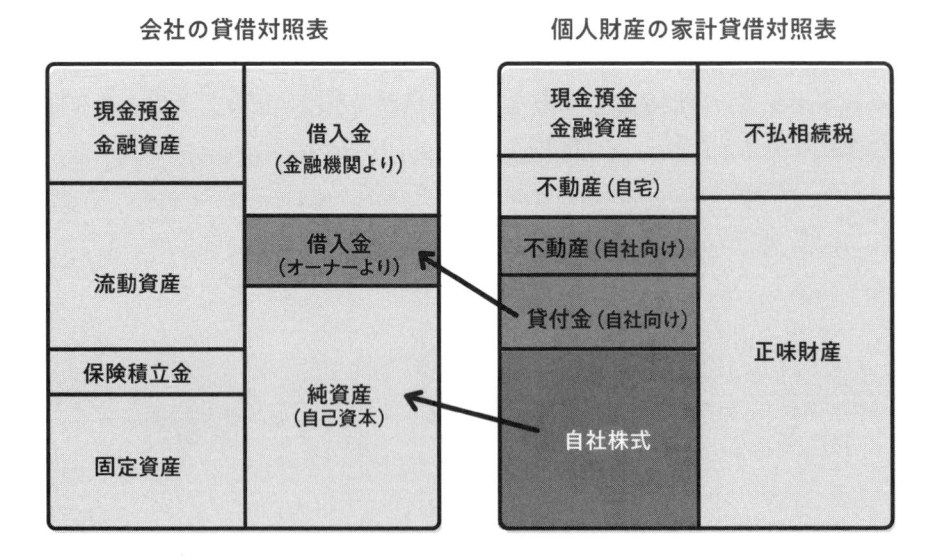

　本事例は、事業そのものは好調ではあるものの、過去の投資の失敗によって重い借入金を負担しています。新規出店によって黒字が確実だと見込まれていますので、一見して借入金の返済は目処がついたように見えます。

　しかし、本来、過去の損失を原因とする銀行借入金は先代経営者の責任で返済すべきものです。後継者に、返済を押し付けるべきではありません。親族内承継であれば、先代経営者から後継者へ相続される財産によって返済できますが、従業員承継であれば、後継者へそのような財産は与えられません。

　本事例では、従業員が、大きな借入金の引継ぎと個人保証に躊躇しています。借入金の保証をしていると、会社が倒産すれば、個人も自己破産する可能性が高いでしょう。後継者が「継いでやるぞ!」と意気込んでも、奥様が「止めてください!」と言うかもしれません。サラリーマンとして働いてきた従業員に、重い責任を背負わせるのは酷な話でしょう。

　そこで、**従業員には、借入金のない身軽な事業だけを引き継がせてやる方法、すなわち、Ａ社の株式承継は行わず、経営資源だけの引継ぎを考えます。**

　重い借入金を後継者に継がせてしまうと、新店舗が利益を上げても、先代経営者の負の遺産である借入金返済に充てられることとなり、後継者の手元にお金が残りません。これでは、後継者の立場において、モチベーションがわいてこず、経営者になる覚悟ができません。事業承継は失敗となります。

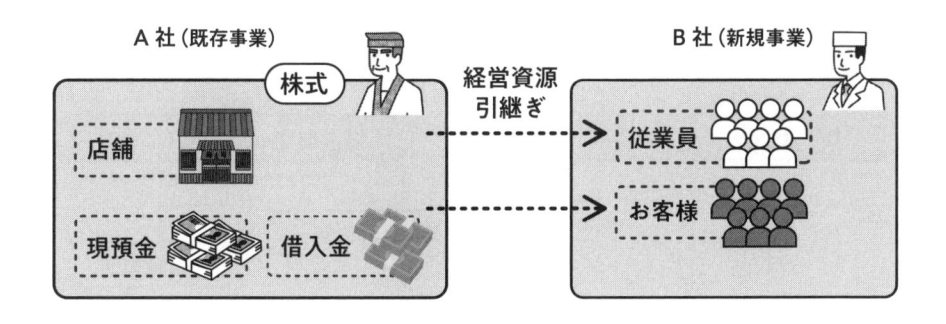

具体的な方法は、従業員である乙氏が、自ら新会社Ｂ社を設立し、JR駅ビルに新しい店舗を出店します。もちろん、サラリーマンであった乙氏には、保証金や内装工事・設備購入など、初期投資の資金がありません。そこで、日本政策金融公庫から融資を受けるとともに、足らない資金は甲社長個人が貸し付けます。この際、経営承継円滑化法の金融支援の認定を受けると、金利を低くすることが可能となります。

　また、Ａ社の従業員は全員退職させ、新会社Ｂ社に雇用させます。従業員（寿司職人）や技術・ノウハウ（ここでは寿司の調理技術）という経営資源を引き継ぐのです。

　具体的には、Ａ社において従業員の雇用契約の解除、店舗の賃貸借契約の解除を行う一方で、Ｂ社において雇用契約の締結、店舗の賃貸借契約の締結を行います。機械設備や什器備品はそのまま店舗に残しておき、居抜きで賃借すればよいでしょう。不採算店舗があれば閉店し、その余剰人員をJR駅ビル新店舗での業務に従事させます。

　このような**経営資源の引継ぎには、譲渡対価の支払いは必要ありません。また、課税されることはありません。**

　その一方、自社株式と、借入金の経営者保証は甲社長が持ち続けたまま、廃業します。ここで、残された２億円の借入金については、その後、複数のパターンが想定されます。

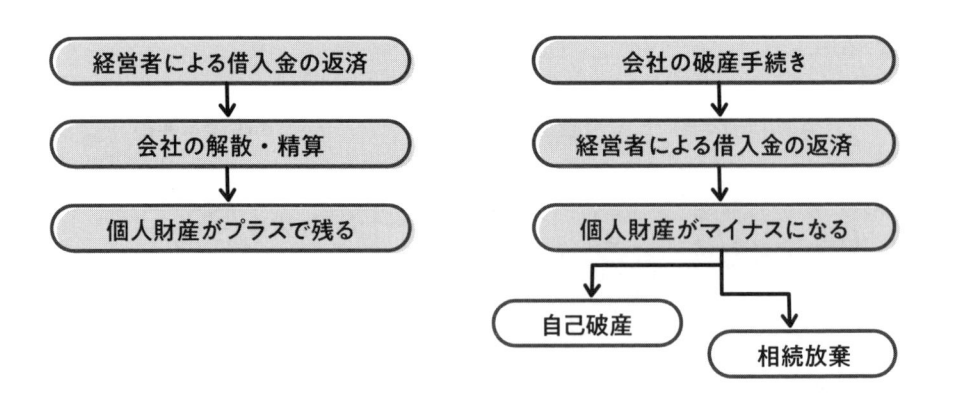

経営者が個人財産によって会社の借入金を返済できるのであれば、会社への増資または貸付、または代位弁済したうえで、会社を解散・清算させます。会社に債務免除益が発生したとしても、清算するときには期限切れ欠損金を使うことによって法人税等の課税なしで終わることができます。

　一方、**経営者が個人財産によって会社の借入金を返済できないのであれば、会社が破産手続きを申し立てます。**そうすると、経営者に保証債務の履行（代位弁済）が求められますが、返済できませんので、通常は**経営者個人のほうでも自己破産の手続きを行います。**

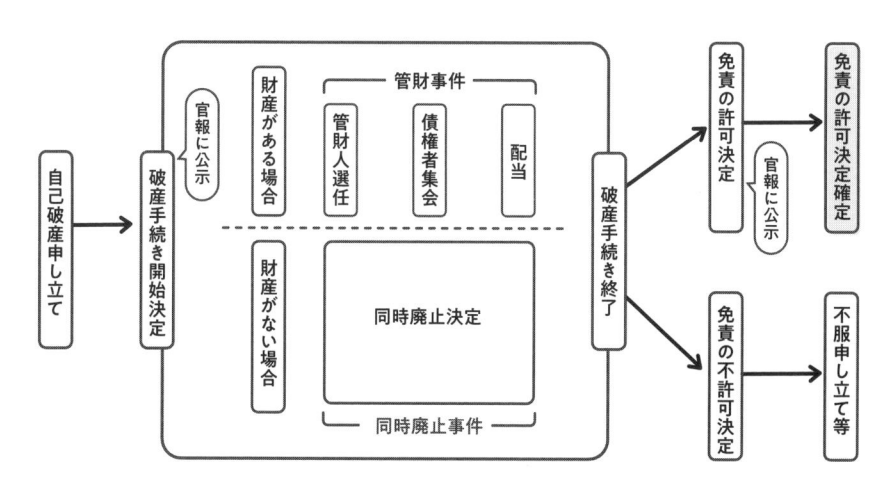

　経営者が会社の借入金を個人が肩代わりして返済した後、まだ個人財産が残っていれば、それが老後資金となります。しかし、自己破産の手続きを行うことになれば、個人財産が無くなってしまいます。

　そうなっても、公的年金や企業年金まで失ってしまうことはありませんし、経済的に自立した子どもに同居させてもらうなど、老後生活を支えてもらうことは難しい話ではありません。できれば、このような最悪の事態を想定し、子どもにお金を贈与しておくなど、早い段階から経営者個人の資産承継を進めておけばよいでしょう。

　大きな問題となるのは、自己破産の手続きが完了しないうちに相続が発生してしまうケースです。この場合、保証債務が相続されてしまいます。このような事態が発生した場合には、**相続発生後4か月以内に家庭裁判所**

へ相続放棄を申し立てます。相続放棄とは、相続人がプラスの財産もマイナスの財産も一切相続しないことです。

　なお、経営者が自己破産の手続きを行えば、金融機関側には貸倒損失が発生します。しかし、**信用保証協会の保証があれば、金融機関は貸付金の80%を回収することができ、20%の損失を計上するだけで済みます。**そもそも借入金の 80% は国が肩代わりする制度となっていることから、事業承継を優先して考えればよいでしょう。破産について過度に心配する必要はありません。

　本事例では、甲社長が個人で 2 億円の借入金の返済を行うことになります。その財源が個人財産となりますので、個人で所有する不動産や金融資産を現金化することが求められるでしょう。返済資金が足らない場合には、自己破産を申し立てます。その一方で、後継者である乙氏は新会社の事業に注力することができます。

　なお、会社法上の手続きである「事業譲渡」を行うことはできません。金融機関から取消しを求められるおそれがあるからです。

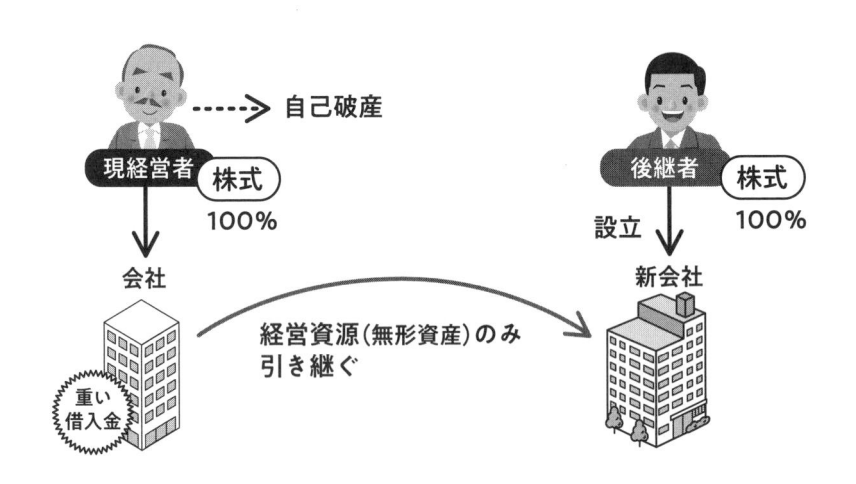

第5章

第三者承継
の事例研究

事 例

　A社は、工作機械製造業を営む創業50年の町工場である（従業員数30人、売上高10億円、純資産2億円、土地の時価1億円）は、創業者である甲社長（代表取締役、75歳）が株式100%を所有しています。

（単位：百万円）　　　貸借対照表

資産		負債・純資産	
現金預金	50	借入金	100
土地	250	その他負債	50
その他資産	50	純資産	200
（合計）	350	（合計）	350

※ 土地には含み損があります。

損益計算書

売上高	1,000
営業利益	80
当期純利益	30

　しかしながら、子どもは会社を継ぐ気がなく、親族は誰も社内で働いていません。そこで、中堅社員として頑張っている乙部長（50歳、営業担当、親族外の従業員）を後継者にしようと考えました。

　甲社長は乙部長に「会社を継いでほしい」と1か月にわたって説得してみましたが、乙部長からの最終回答は、「じっくり検討したのですが、私が社長として会社を経営できる自信がありません」とのこと、乙部長から後継者になることを断られてしまいました。

　そこで、顧問税理士に相談したところ、「M&Aで他社に引き継いでもらうしかありません」とのアドバイスを受け、M&A仲介業者を紹介して

もらいました。

営業マン： このリストをご覧ください。当社の情報力で、数多くの譲受け企業の候補先をご紹介することができますよ。

甲社長：なるほど、上場企業も含めてたくさんありますね。これならば、譲受け企業が見つかりそうですね。

営業マン： 当社で検討した結果、最適な候補先は、Ｘ社だと考えられます。Ｘ社の乙社長は人格的にも素晴らしい経営者です。貴社の従業員を安心して任せることができますよ。早速、トップ面談を設定しますので、お会いになってみませんか？

甲社長：わかりました。ぜひお願いします。

　後日、甲社長は、Ｘ社の乙社長と面談しました。お互いの価値観が合い、事業のシナジー効果が大きいとして、話が弾みました。乙社長によれば、１週間以内に、意向表明書を提出したいとのことでした。

営業マン： 最適なお相手です。ぜひＸ社に決めてください。当社が仲介させていただきますよ。

甲社長：そうですね、Ｘ社との交渉を進めてください。御社にお支払する仲介手数料はどうなっていますか？

営業マン： 手数料はレーマン方式によって計算します。

…【問１】……………………………………………………………………

甲社長はこの段階でＸ社を譲受け企業として決めてもよいのでしょうか。

···【問2】··

M&A仲介業者との契約内容を確認したところ、買手と売手の双方にアドバイスを提供し、双方から報酬をもらうとのことでした。また、以下の条項が入っていました。

「当社以外の専門家の助言を受けてはならない。当社以外の専門家の助言を受けて M&A が成立した場合であっても、成功報酬の全額を当社に支払うものとする。」

甲社長は、M&A 仲介業者との業務委託契約を締結するべきでしょうか。

··

　M&A 仲介業者との業務委託契約を締結した甲社長は、A 社がいくらで売れるのか心配になり、聞いてみました。

··

甲社長：私の株はいくらで買ってもらえるのですか？そちらのパンフ
　　　　レットに『株価算定サービス無料』って書いてありますよね、
　　　　計算してもらえますか？

営業マン：一般的に、株価は「年買法」で計算します。具体的には、
　　　　　時価純資産に営業権を加算して計算します。営業権は、営業
　　　　　利益の3年から5年分が相場ですね。そうしますと、営業権
　　　　　は2億4千万円（＝8千万円×3年）くらいだと考えましょう。
　　　　　御社の純資産は2億円ですから、株価は4億4千万円になり
　　　　　ます。この金額で売却できるようなお相手を紹介します。

甲社長：本当ですか!?そんなに高い金額で売れるんですか？ぜひお願
　　　　いします。

営業マン：お相手もある話ですので保証はできませんが、M&A のプ
　　　　　ロである私にお任せください。

···【問3】···

M&A仲介業者はA社の株式価値を計算しましたが、この計算方法は正しいものでしょうか？

··

　　　　　：

（数日後）

　　　　　：

営業マン：X社から受け取った意向表明書には、『DCF法による株価2億3千万円』という記載がありました。ちょっと安くなりますが、ここは妥協しましょう。

甲社長：話が違うじゃないですか。先日は、純資産を時価ベースに修正しても2億9千万円で売れるという話でしたよね？どういうことですか？

営業マン：まあ、相手がある話ですから、簡単に決まりませんよ。買手は安く買いたいと思うのが当然です。一発目は低い金額を提示してきたのでしょう。これから私が仲介役として交渉しますので、任せてください！

···【問4】···

譲受け側から提示された株式価値は、M&A仲介業者が計算した株価を大きく下回るものでした。このような差異が生じるのはなぜでしょうか？

···【問5】···

M&A仲介業者は、譲渡し側と譲受け側それぞれの妥協点を探って価格交渉の合意を目指すことが一般的ですが、このような交渉は、譲渡し側の利益を犠牲にするものだと言われることがあります。これはなぜでしょうか？

解説

甲社長は、譲受け企業を早い段階で１社に限定してしまうのではなく、他にも有力な候補先はないか、複数の候補先から意向表明書を受け取るようにすべきでしょう。

譲渡価格が高くなる、従業員の処遇が改善される譲受け企業が、他に存在しているかもしれません。できれば、M&A仲介業者だけでなく、金融機関、顧問税理士などから、幅広く候補先の情報を集めるべきです。そうして受け取った意向表明書を比較検討し、X社が最適だと判断すれば、X社との交渉を開始すればよいでしょう。

一般的に、M&Aの譲受け企業との交渉を進める方法には、「相対取引」と「競争入札」の２つがあります。

① 相対取引

相対取引とは、特定の譲受け企業と一対一で交渉を行う方法です。特に、譲渡し企業と同業者が強い関心を示した場合に採用されることになります。

相対取引のメリットは、交渉がシンプルであるため、短期間で交渉をまとめることができ、譲渡し企業の機密情報が漏洩するリスクが低くなることです。その半面、譲受け企業に競争相手が存在しないため、譲渡し側の交渉力が弱くなり、譲渡価額が低くなる傾向にあります。

譲渡し側において譲渡価額を高くしたいという強い要望がなく、外部の利害関係者に対する説明責任がない場合、相対取引が採用されます。

② 競争入札

競争入札とは、譲受け企業となりうる複数の候補先に対して同時に提案を行い、条件交渉を並行して進めることで、取引条件が最も良い譲受け企業１社を絞り込む方法です。複数の候補先の間で譲渡価額などの取引条件を競わせることになります。

競争入札のメリットは、**譲受け側に競争環境が生じるため、譲渡価額の最大化が実現すること**です。その半面、交渉プロセスが複雑になるため、交渉が長期化する可能性があり、情報漏洩がおこりやすいというデメリットがあります。

競争入札とする場合、中小企業の事業承継であれば、1回の入札で譲受け企業を決めてしまうケースがほとんどです。しかし、大企業のM&Aのように2回の入札を実施することで、候補先の競争を厳しくする戦術をとることも可能です。その場合、意向表明の段階で1回、デュー・ディリジェンス実施後にもう1回入札を行い、徐々に候補先を絞り込みながら、取引条件を競わせることになります。

譲渡し側の利益を優先し、譲渡価額を最大化するためには、**相対取引よりも競争入札を実施すべき**でしょう。競争入札を実施することによって、譲渡価額などの取引条件、譲渡し側の利益は最大化されます。その場合、M&A仲介業者ではなく、FA（仲介ではなく片側を支援する専門家）を雇い、複数の候補先との交渉の窓口を務めてもらうようにします。

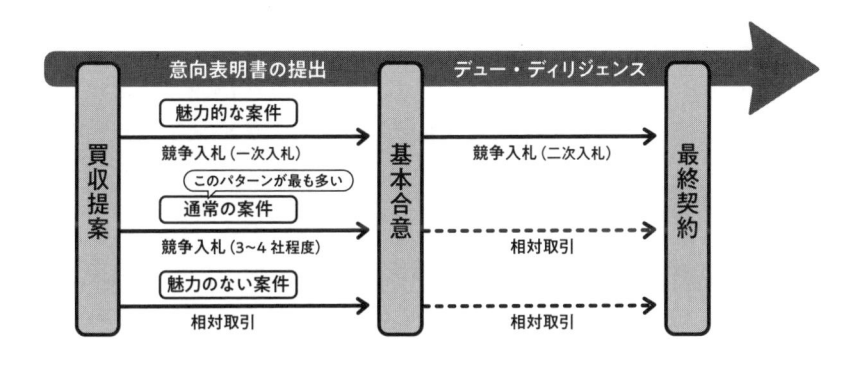

そうは言っても、中小M&Aの現場では、複数の候補先が交渉に応じるほど魅力的な企業であるケースはそれほど多くありません。魅力のない企業がM&Aの対象となる場合、候補先を1社見つけることだけでも、かなりの時間と労力を必要とすることがあります。

結果的に候補先が1社しか見つからなければ、競争入札は実行する

ことができず、相対取引とせざるを得ません。中小 M&A の現場では、譲受け側を見つけるだけでも相当の時間がかかるケースがほとんどです。

相対取引しか選択できない場合、譲渡し側から取引条件を提示して交渉する余地はありません。拒否すれば、M&A が成立しません。それでも、他の候補先を探し続ける時間的な余裕があれば、ここで交渉を終了してもよいでしょう。しかし、すぐにでも引退したい高齢の現経営者にそんな余裕はありません。譲受け側から提示される取引条件を受け入れることが現実的な選択肢となります。

譲受け側の候補先が 1 社しか見つからない事態を回避するためには、M&A を検討する前に事業の磨き上げを行っておくことが必要です。これは後継者不在の中小企業の経営者にとって必須の経営課題だと言えるでしょう。

···【問 2 】··

M&A 仲介業者は、片側の FA ではなく、両側の「仲介」に係る業務委託契約を提示してきます。仲介によれば、支援する専門家は、譲渡し側と譲受け側の両側から報酬を受け取ります。不動産業界ではこれが一般的であり、違法行為ではありません。しかし、利害が対立する譲渡し側と譲受け側の顧客の利益を同時に実現することはできません。

譲渡し側に有利な取引を行えば、譲受け側が不利になりますし、逆に、譲受け側に有利な取引を行えば、譲渡し側が不利になります。これが利益相反の問題です。

M&A 仲介業者が、FA ではなく仲介にこだわるのは、仲介手数料（売上）を大きく稼ぐためです。M&A 仲介業者は、FA の報酬を 50% ずつ両側に請求するわけではありません。FA の報酬の 100% を両側に請求します。結果として、1 件の M&A が成約しますと、金融機関など FA の 2 倍の報酬額を獲得することになります。それゆえ、仲介は極めて収益性の

高いビジネスとなるのです。

　この点、銀行や証券会社などの金融機関は、M&A の片側だけに業務を提供し、片側だけから報酬を受け取る FA 業務しか実質的に認められていません。利益相反取引に関して金融庁の厳しい監督を受けるからです。しかし、M&A 仲介会社は金融庁の監督を受けていないため、仲介の業務が認められるのです。

　この結果、M&A 仲介業者は、仲介の契約を行うことによって、M&A 当事者の利害対立に関与することができなくなります。

　たとえば、譲渡価額の交渉の現場をイメージしてみましょう。譲受け側は「安く買いたい」と考えますが、譲渡し側は「高く売りたい」と考えます。それゆえ、M&A 当事者の利害は対立しており、両側の利益を同時に実現することは理論的に不可能なのです。

　譲渡し側の立場からすれば、M&A 仲介業者に、譲渡価額を抑えられては困りますので、できるだけ幅広い範囲で譲受け側の候補先の情報を集めるべきです。その中に好条件を提示する候補先が見つかるかもしれません。事業承継・引継ぎ支援センター、金融機関などに譲受け側の候補先の紹介を依頼すると応じてくれるはずです。複数の情報源を持つことが、M&A 成功の秘訣です。

　そこで問題となるのが、「他の専門家の排除」に係る契約内容です。

> 「当社以外の専門家の助言を受けてはならない。当社以外の専門家の助言を受けて M&A が成立した場合であっても、成功報酬の全額を当社に支払うものとする。」

　このような契約を結んでしまえば、情報源は M&A 仲介業者の 1 社に限定されてしまい、他の専門家からの情報提供を受けることができなくなります。M&A 仲介業者からこのような契約内容を提示されたときは、この条文を削除するように依頼すべきでしょう。

M&A 仲介業者が行った年買法による株式価値の計算は以下の通りでした。

M&A 仲介業者方式による株価算定（当初の計算）

> 株価 ＝ 時価純資産 ＋ 営業権
> ＝ 純資産2億円（?）＋ 営業権2億4千万円（＝8千万円×3年）
> ＝ 4億4千万円（?）

　非上場企業の株価は、上場企業の株価とは異なり、市場での時価が公開されていません。それゆえ、高くしてほしい譲渡し側と、安くしてほしい譲受け側との交渉を通じて決定するしかないのです。

　譲渡価額の交渉では、譲渡し側は高く売ること、譲受け側は安く買うことを目指すため、お互いの妥協点の限界を探り、最終的な譲渡価額を一本化することになります。このような交渉の終着点が、まさに「時価」となるのです。利益が相反する純然たる第三者間で交渉が行われたのであれば、その時価は適正だと考えることができます。

　この点、顧問税理士に相談し、適正な譲渡価額ではなく、相続税評価額などを聞いてしまう経営者もいます。M&A において税法に基づく評価額が採用されるケースはありませんので注意しましょう。

　ここでよくある間違いは、譲渡し側が自ら事業価値や株価を計算しようとすることです。M&A 仲介業者が「株価算定無料サービス」として提供しているため、自ら計算できるものだと誤解する経営者が多く見られます。

　冷静に考えていただきたいのは、事業を承継し、これから将来にかけて事業を営んでいくのは誰かということです。それは譲渡し側ではなく譲受け側だということです。つまり、**M&A によって実現する価値は、これから事業の営む譲受け側の経営者が創り出すものなのです。**この時点では、

譲受け企業が決まっておらず、誰が経営するか想像もつきません。つまり、事業価値や株価は、譲渡し側の経営者が計算できるようなものではないのです。

　譲受け側は、自ら経営することを想定し、回収できうる投資額として譲渡価額を決定します。経営者のやり方が異なれば、全く目線が合わないことになります。譲渡し側が事業価値や株価を計算しても意味はありません。

　それでも、教科書的な計算式に数字を当てはめる作業は可能です。年買法の計算式を使うとすれば、本事例では、時価純資産の計算が間違っています。時価純資産は、簿価純資産に対して、含み損益を加算または減算したものです。土地や金融資産のように大きな含み損益が発生しうる資産が計上されている場合には注意が必要でしょう。

　純資産を簿価ではなく時価で評価する場合、以下のような計算となります。簿価ベースの株価は4億4千万円でしたが、時価ベースとなると2億9千万円ということになります。

M&A仲介業者方式による株価算定（正しい計算）

　含み損 = 土地の時価1億円 − 土地の簿価2億5千万円 =
　　　　▲1億5千万円
　株価 = 時価純資産 + 営業権
　　　 = 時価純資産5千万円（= 簿価2億円 − 含み損1億5千万円）
　　　 ＋営業権2億4千万円（= 8千万円×3年）
　　　 = 2億9千万円

譲渡価額に関して、譲渡し側の目線と譲受け側の目線が大きく異なることがあります。それは、譲受け側は対価の支払いが投資であり、その回収を考えるからです。

一般的に、**譲受け側の経営者が事業への投資を検討する際、将来生み出される利益またはキャッシュ・フローを感覚的に予測し、支払った投資額を何年で回収できるかを感覚的に計算します。**これが投資の採算性評価です。もちろん、回収できるから投資を実行するわけですので、回収できなければ実行しません。つまり、回収できるかどうかを先に考えるのです。

具体的には、将来のこれだけの回収額が見込めるから、現時点でいくらまで支出（投資）することができる、この投資額は何年間で回収することができるだろうなどと頭の中でイメージします。

この結果、現時点で支出できる金額として決定された金額が、M&Aにおける譲渡価額となります。

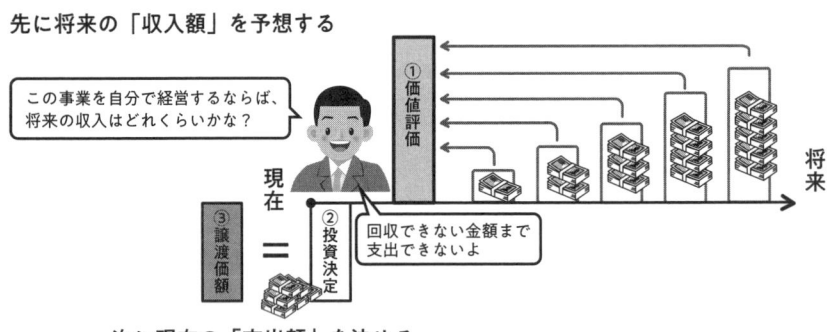

このような投資回収計算を行う方法として、ファイナンス理論には、DCF法があります。この方法によれば、事業価値は、資産の時価の積上げで評価されるものではなく、将来生み出すキャッシュ・フローの割引現在価値の合計額によって評価されることになります。そのうえで、株式価値は、「事業価値＋非事業性資産・負債－有利子負債」として計算されます。

株式価値 = 事業価値 + 非事業用の資産 + 現金預金 - 有利子負債

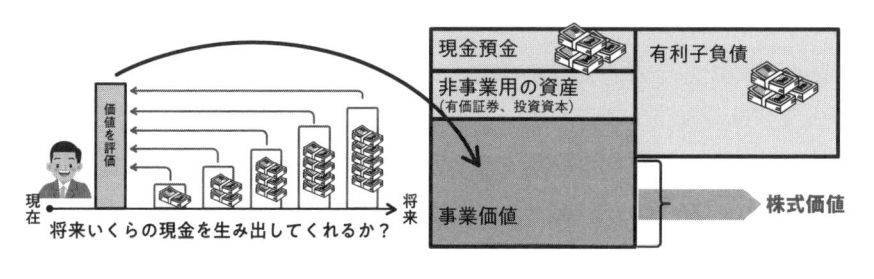

DCF 法によって A 社を評価しますと、以下の通りとなるでしょう。

- ●法人税率は 30% とします。
- ●割引率として、X 社の要求利回り 20% を使います。
- ●キャッシュ・フローは、簡便的に税引後営業利益とします。

【DCF 法による株価算定】

株式価値＝事業価値 + 非事業性資産・負債 - 有利子負債

事業価値＝将来キャッシュ・フローの割引現在価値

　　　　　＝（営業利益 8 千万円 ×（1 - 法人税率 30%））÷ 20%

　　　　　＝ 2 億 8 千万円

株式価値＝事業価値 2 億 8 千万円 + 現金預金 5 千万円 - 借入金 1 億円

　　　　　＝ 2 億 3 千万円

　ちなみに、年買法も、営業キャッシュ・フローから回収することを想定しているため、投資回収計算を考える方法の 1 つだと言うことができます。そこでの回収は、営業権の部分だけ 3 年間から 5 年間で回収し、純資産の部分を廃業・清算時における残余財産の現金化によって回収することを想定しています。すなわち、仮に 3 年後から 5 年後に廃業したとしても、残された事業用資産を叩き売れば（本来ならば売却は想定しませんが）、投資を回収できるとイメージするものです。それゆえ、事業用資産がいくらで売れるか、その時価評価が問題となるのです。**DCF 法では、事業用資産の売却までは想定しませんが、年買法では事業用資産の売却まで想定すると**

ころが相違点となります。

　中小 M&A の現場では、現金化を期待できる事業用資産は、せいぜい土地くらいでしょう。工場・営業所・店舗などの建物、什器備品、営業用車両などは現金化することが困難であり、換金価値は無いと評価せざるを得ません。逆に処分費用が発生して価値がマイナスになることもあります。

年買法の計算式の分解

> 株価 ＝ 時価純資産 ＋ 営業権
>
> 時価純資産 ＝ 事業用資産の売却可能価額 － 借入金返済額

株式価値 ＝ 時価純資産 ＋ 営業権

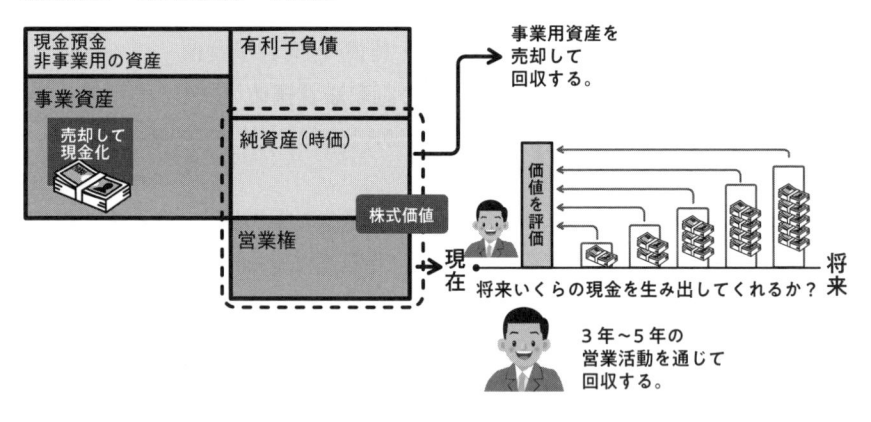

　DCF 法と年買法は、いずれも恣意的に決められてしまう数字によって計算されるため、数字の決め方によって株価が大きく相違します。DCF法では、将来キャッシュ・フローと割引率の予測が必要になるのに対して、年買法では、将来の営業利益とその永続期間、事業用資産の売却可能価額の予測が必要となります。

　ファイナンス理論的には、事業の継続性を前提とした DCF 方式のほう

が正しいと言うことになるでしょう。しかし、事業の継続性に疑義があり、せいぜい５年くらい続けることができれば十分だと評価するケースも数多く存在しています。経営者の感覚に近いものは年買法なのです。したがって、どちらの株価が正しいと決めることはできません。

　譲渡し側の経営者が納得しやすい計算方法は、年買法です。 なぜなら、自ら引退する局面にあり、事業用資産の売却までイメージできるからです。会社の清算でも株式譲渡でも関係ありません。現金化すればいくらになるか、これが譲渡し側の関心事となります。

　これに対して、譲受け側の経営者が納得しやすい計算方法は、DCF法です。なぜなら、３年から５年で廃業してしまうことは考えず、事業の継続性を前提として考えるからです。

　また、譲受け側には、買収資金の調達が必要となるため、金融機関がFAとしてアドバイスするケースが多くなります。その際、公認会計士などの専門家によって理論的に正しい計算が行われることから、DCF法による株式価値算定書が提出されます。結果として、譲受け側の経営者は、「何だかよくわからないけれど、FAがお墨付きを与えてくれるのだから正しい株価なのだろう」となって、譲受け側においてDCF法が採用されることになります。

　ただし、**古くから土地を所有することが多い老舗企業のM&Aにおいては、DCF法による株価が、年買法による株価よりも低くなる傾向にあります。** その主たる原因は、事業の収益性が低下していること、土地の評価額が上がっていることにあります。

　以上のような状況から、中小M&Aの価格交渉では、譲渡し側が公正だと考える株価よりも、譲受け側が公正と考える株価のほうが低くなります。そこに、「高く売りたい」、「安く買いたい」という感情が影響しますから、その差はますます大きくなるのです。

···**【問5】**·······································

　本事例では、売手の想定する２億９千万円と買手の想定する２億３千万円の間で交渉が行われ、合意を目指すこととなります。

●●

譲渡し側が公正と考える株価
年買法
２億９千万円

＞

買手が公正と考える株価
DCF法
２億３千万円

　もし、相対取引が行われ、譲受け側の交渉相手が１社しかいなければどうなるでしょうか。その１社との交渉が決裂すれば、事業承継できず、廃業となります。そのような不利な状況であれば、譲受け側が希望する金額２億３千万円で合意するしかありません。譲受け側がいくらか妥協するとしても、２億３千万円に比較的近い金額で調整されるにとどまるでしょう。

　しかし、競争入札が行われ、交渉相手が複数いる、または今後交渉を開始できそうな候補先が存在している場合はどうでしょうか。交渉を決裂させても、別の候補先との交渉を行うことができます。そのような状況であれば、譲渡し側が希望する金額２億９千万円にこだわることも可能です。譲渡し側の希望を実現できないとしても、２億９千万円に最も近い譲渡価額で合意できる相手を見つけるとよいのです。

　M&A仲介業者に譲受け企業を探すこと（マッチング）を依頼すると、たとえ複数の候補先を紹介されたとしても、交渉の局面では１社との相対取引に誘導されてしまいます。結果として、譲渡し側は価格を大きく下げて妥協することになります。しかし、複数の候補先との交渉を並行させれば、譲渡し側は価格をそこまで大きく下げる必要はないかもしれません。

　すなわち、**譲渡し側は「相手と条件交渉する」のではなく、「最適な条件を提示してくれる相手を選ぶ」**という考え方をとるべきなのです。

| 1社との交渉 | → | 条件を交渉する |

✕

| 複数社との交渉 | → | 良い条件の相手を選ぶ |

◯

2. 譲渡スキームの選択

事 例

A社（機械製造業、従業員数 20 人、売上高 10 億円、営業利益 7 千万円、当期純利益 3 千万円、純資産 2 億円、借入金 1 億円）は、関東の地方都市にある創業 50 年の町工場であり、創業者である甲社長（代表取締役、75 歳）が株式 100% を所有しています。

甲社長は引退を考えるようになりましたが、後継者がいないため、事業を第三者に承継できないかと検討しています。後日、事業承継支援の専門家であるあなたは、甲社長から事業承継について相談を受けました。

（単位：百万円）　　　　貸借対照表

資産	350	負債	150
		資本金	10
		利益剰余金	190
（合計）	350	（合計）	350

あなたは、提携している金融機関から譲受け側の候補先の情報を入手し、有力な候補先 3 社を甲社長に紹介しました。甲社長はその 3 社と面談を行った結果、最も高い 4 億円という譲渡価額を提示してくれた Y 社を条件交渉を始めることとなりました。

事業承継の専門家であるあなたとの会話は以下の通りです。

あなた： 取引条件として決めるべきことは、**譲渡価額**、**譲渡スキーム**、**スケジュール**、**譲渡後の運営方針**の 4 つです。今日は譲渡スキームを検討したいと思います。

甲社長： 譲渡スキームですか？株を売って、現金をもらうだけで

しょう？

あなた：いえ、株式を譲渡する方法だけではなく、事業を譲渡する方法もあります。図に描きますと、このような感じです。

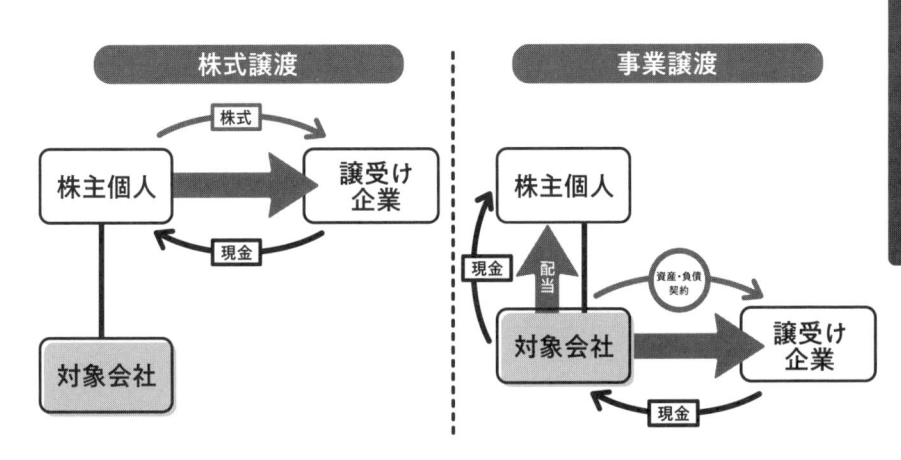

···【問1】··

株式譲渡と事業譲渡の相違点を、税負担や手取り額の観点から説明してください。

あなた：ところで社長、M&Aが成功すれば、多額のお金を受け取ることになりますが、そのお金はどのように使いたいですか？

甲社長：私は、老後に贅沢な生活をすることは考えていません。お金はできるだけ多く子どもに遺して、孫の教育資金にでも使ってほしいですね。

あなた：譲渡代金の現金を相続したいのであれば、個人で現金を持たないほうがいいですね？

甲社長：それはどういうことですか？株を売ったら、私の手元にお金が入るでしょう？

あなた：おっしゃる通りで、株式譲渡では、売却代金は社長個人

の手元に入ってきます。しかし、個人財産を増やしてしまうと相続税負担が重くなるため、それは得策ではありません。

甲社長： それでは、どうすればいいのですか？

あなた： はい、甲社長の場合、事業譲渡を行うべきでしょう。

···【問2】···

相続税対策を考える甲社長が、株式譲渡ではなく事業譲渡を行うべき理由は何でしょうか？相続税負担の観点から説明してください。

··

甲社長： 実は当社はコンプラ上の問題がいろいろあって、粉飾決算を行っていたのですが、大丈夫でしょうか？

あなた： それは困りましたね。粉飾決算を行っていたのであれば、Y社に開示した決算書が適正な財政状態及び経営成績を表していないことになります。これは事前にY社に伝えておいたほうがいいですね。

甲社長： そんなことを言えば、買収に乗り気になったY社が話を白紙にすると言い出さないでしょうか？

あなた： 確かに、問題のある会社を丸ごと買収する話になれば、譲受け側は拒否するでしょう。しかし、事業譲渡であれば、譲受け側に生じる問題が解消され、買収しやすくなるはずです。

···【問3】···

譲受け側の立場から、M&Aにおいて事業譲渡が選択されやすいことを、財務デュー・ディリジェンスの観点、株式譲渡契約書における補償条項の観点から説明してください。

…【問1】………………………………………………………………

　事業を第三者へ承継する方法には、株式譲渡と事業譲渡があります。合併や株式交換などの組織再編は、これに伴って実施されることでしょう。

　株式譲渡とは、譲渡し側の会社の株式を、その会社の株主個人が、譲受け側に対して譲渡し、その対価として株主個人が現金を受け取る方法です。つまり、譲渡し側の会社の株主が売手となります。

　この方法によれば、譲渡し側の会社の法人格をそのまま引き継ぐことから、会社のすべての権利義務をそのまま包括的に移転することができます。そして、株主個人が譲渡代金を受け取ることから、株主個人には、譲渡損益が生じて、所得税等が課されることになります。

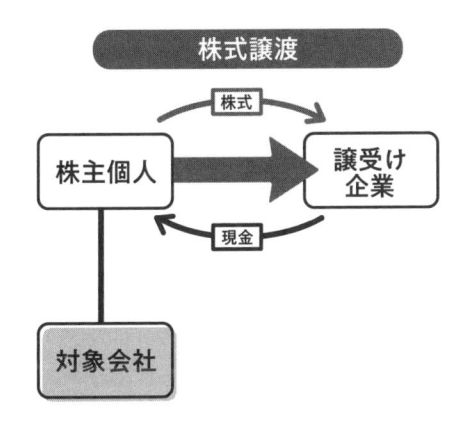

　一方、事業譲渡とは、譲渡し側の対象となる事業を、譲渡し側の会社が、譲受け側に対して譲り渡し、その対価として譲渡し側の会社が現金を受け取る方法です。つまり、譲渡し側の会社が売手となります。

　この方法によれば、譲渡し側の会社の法人格を引き継ぐことはなく、資産や契約を個別に移転することになります。それゆえ、会社の簿外負債や、譲渡対象となっていない経営資源を排除することが可能となります。そして、譲渡し側の会社が譲渡代金を受け取ることから、譲渡し側の会社には、譲渡損益が生じて、法人税等が課されることになります。

事業譲渡によれば、譲渡し側の会社の株主個人ではなく、会社が譲渡代金を受け取ることになります。この際、引退する経営者が老後資金として使うために現金を受け取るには、会社から配当を行う必要があります。ここで所得税等が課されることには注意が必要です。

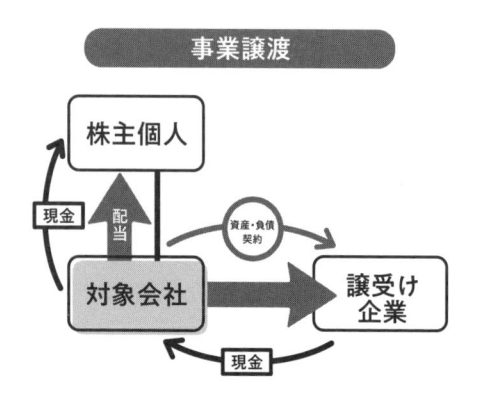

株式譲渡を採用するメリットは、会社の個別資産に含み益があってもそれに課税されることがないこと、株主個人に生じる所得が、配当所得ではなく譲渡所得になり、税負担が軽くなることです。有形資産の譲渡において消費税を課されることもありません。

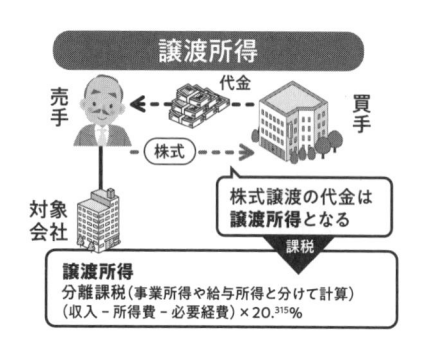
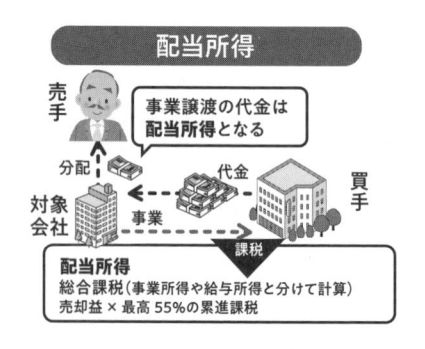

これに対して、事業譲渡を採用するメリットは、譲渡の対象とならない資産や負債を排除することが可能となることです。事業は経営資源の集合体ですが、**法人格で包まれた会社まで譲渡することになると、必要な経営資源だけでなく、必要ではない経営資源まで承継されています。**譲受け側

は、必要ではない経営資源まで承継することを拒否するため、それらを対象から除外できる事業譲渡が選択されるのです。

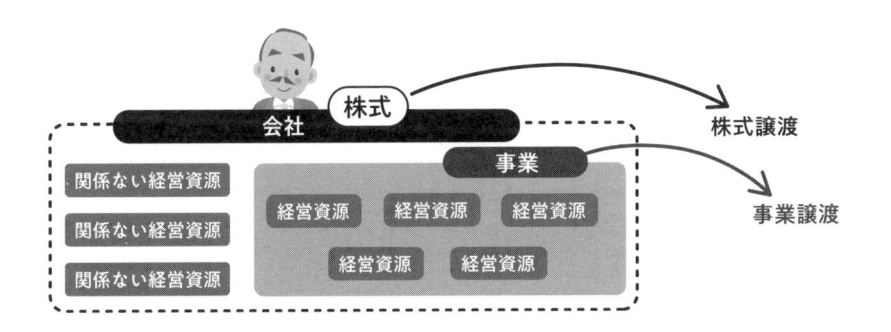

A社のこれまでの経緯をイメージしてみましょう。A社は、50年前の創業時には以下のような状況だったと推測されます。すなわち、10百万円を資本金として出資したばかりの状況です。

（単位：百万円）　　貸借対照表

資産	10	負債	0
		資本金	10
		利益剰余金	0
（合計）	10	（合計）	10

その後、50年間の経営を通じて、利益が内部留保され、以下のような状況になったと考えます。

（単位：百万円）　　貸借対照表

資産	350	負債	150
		資本金	10
		利益剰余金	190
（合計）	350	（合計）	350

ここで、100%株主である甲社長が、Y社に売却することを決定し、価格交渉の結果、譲渡価額が4億円に決まったとしましょう。その場合、税負担は以下のように計算することができます。

① 株式譲渡の場合

まず、株式譲渡の場合、甲社長には、株主個人として譲渡所得に所得税等が課されます。

> **株主個人に対する所得税等**
> ＝（譲渡収入－取得費－経費）× 20%
> ＝（400 百万円 － 20 百万円）× 20%
> ＝ 76 百万円

（注）取得費は、当初の出資額 10 百万円よりも、概算取得費 20 百万円（=400 百万円 × 5%）のほうが大きいため、概算取得費を使っています。
（注）所得税には復興特別所得税が加算されるため、厳密には、所得税 15.315% と住民税 5% を合わせて、20.315% となります。

この一方で、承継される法人には、法人税等は課されません。株主が変わるだけです。

> **承継される法人に対する法人税等**
> ゼロ

② 事業譲渡の場合

これに対して、事業譲渡の場合、法人は譲渡し側の手元に残り、法人税等が課されます。

> **譲渡し側に残る法人に対する法人税等**
> ＝（400 百万円－簿価純資産 200 百万円）× 30%
> ＝ 売却益 200 百万円 × 30%
> ＝ 60 百万円

（注）中小法人の実効税率は 30% と仮定します。

さらに、法人から株主個人へ現金を渡さなければならないことから、甲社長には、株主個人としての配当所得へ所得税が課されます。全額を分配してしまうとすれば以下のようになります。

> 剰余金の分配額
>
> 　＝ 400 百万円 − 法人税等 60 百万円
>
> 　＝ 340 百万円
>
> 株主個人に対する所得税等
>
> 　＝（分配額 − 資本金）× 50%
>
> 　＝（340 百万円 − 10 百万円）× 50%
>
> 　＝ 165 百万円

（注）オーナー社長個人は高額所得者であると想定し、配当所得の税率は約 50% として計算します。

　この一方で、事業譲渡の場合、譲受け側において営業権（税務上は資産調整勘定）を計上することができるため、その償却による節税効果が生じます。

> 譲受け側に対する法人税等の節税効果
>
> 　＝（400 百万円 − 簿価純資産 200 百万円）× 30% の節税（マイナス効果）
>
> 　＝ 200 百万円 × ▲ 30%
>
> 　＝ ▲ 60 百万円

（注）資産調整勘定は 5 年間の均等償却です。5 年間にわたり税務上の損金が計上されるため、課税所得が減り、実効税率 30% を乗じた法人税等が減少します。すなわち、節税効果は 5 年間かけて実現することになります。

株式譲渡と事業譲渡の比較

株式譲渡	株主個人に対する所得税等　76百万円 法人に対する法人税等　ゼロ 譲受け側に対する法人税等の節税効果　ゼロ （合計）**76百万円**
事業譲渡	株主個人に対する所得税等　165百万円 法人に対する法人税等　60百万円 譲受け側に対する法人税等の節税効果 ▲60百万円 （合計）**165百万円**

　株式譲渡を採用した場合の税負担は76百万円ですが、事業譲渡を採用した場合の税負担は165百万円（＝60百万円＋165百万円－60百万円）となりました。このように、最終的に株主個人に現金を渡すことを予定するならば、株式譲渡を採用するほうが、税負担は軽くなります。

···【問2】···

　ここでは、M&Aを行った後の個人の相続税対策を考えましょう。譲渡し側の経営者は、譲渡代金として多額の現金を受け取ることになりますが、その現金を個人で受け取るか、法人で受け取るかによって、譲渡時の税負担が異なります。また、その後の相続まで想定するならば、相続時の税負担まで異なってきます。

　相続時の税負担は、譲渡し側が個人で現金を直接所有するか、法人によって間接所有するかによって異なります。法人で間接所有すると、個人の相続財産が現金ではなく、非上場株式となるからです。

　ここで詳細な相続税の計算は省略しますが、同額の譲渡代金を受け取っていたとしても、現金より非上場株式として持つほうが、相続税は小さくなります。また、事業承継後に行う相続税対策の巧拙によって、非上場株式に伴う税負担を大きく軽減させることが可能となります。

　以上のように、経営者の引退後の相続まで考慮しますと、事業譲渡で法人が受け取った譲渡代金を株主個人に分配すべきではありません。分配時の所得税負担と相続時の相続税負担が重くなるからです。

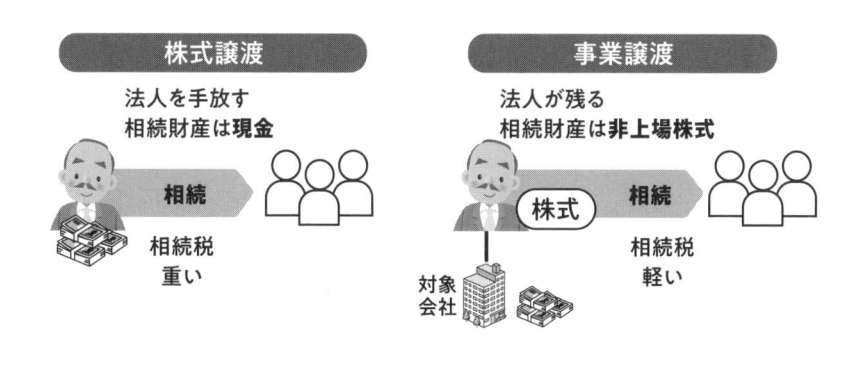

　このように相続時の税負担まで考慮しますと、検討結果が変わるかもしれません。なぜなら、事業譲渡に伴う全体の税負担が変わるからです。

株式譲渡と事業譲渡の比較（相続を考慮するケース）

株式譲渡	株主個人に対する所得税等　76百万円 法人に対する法人税等　ゼロ 譲受け側に対する法人税等の節税効果　ゼロ （合計）76百万円
事業譲渡	株主個人に対する所得税等　**ゼロ（分配しない）** （分配しない）法人に対する法人税等　60百万円 譲受け側に対する法人税等の節税効果　▲60百万円 （合計）ゼロ

　相続税対策を考慮するケースでは、株式譲渡を採用した場合の税負担は76百万円ですが、事業譲渡を採用した場合の税負担はゼロ（=60百万円－60百万円）となりました。

　このように、**相続税対策などの観点から譲渡代金を株主個人に分配しないのであれば、事業譲渡を採用するほうが有利になります。**この主たる理由は、譲受け側が営業権（税務上の資産調整勘定）を計上することができるからです。

･･･**【問3】**･･･

　譲受け側の立場から考えたとしても、株式譲渡よりも事業譲渡が選好さ

れるケースが多く見られます。事業譲渡では、譲受け側が営業権（税務上の資産調整勘定）を計上することができることは、大きなメリットの1つでした。これ以外にも事業譲渡には様々なメリットがあります。

　譲受け側の企業経営の観点から、株式譲渡によって会社の簿外負債や偶発負債まで引き継いでしまうことは大きな問題です。簿外負債や偶発負債を見つけるためには、デュー・ディリジェンスが必要となります。これの専門家による詳細な調査によって、未払社会保険料や退職給付負債などの簿外負債、未払残業代など契約上発生する可能性がゼロではない偶発債務を見つけ出すことが必要となります。損害賠償責任や連帯保証負債なども見逃せません。

　しかし、これらの債務を発見できたとしても、譲渡価格を減額するように交渉することは困難ですし、表明保証に記載して補償させる契約としても、その実効性を担保することはできません。引退後の個人が老後生活を通じてお金を消費してしまい、補償を行うお金が残されないからです。

　また、中小企業の多くが平気で粉飾決算を行っているため、適正な決算書を明らかにするためには、多くの時間と手間を費やして調査を実施することが必要となります。

　このように、会社に隠されている問題点を見つけ出そうとしても、中小企業を対象とするM&Aでは、デュー・ディリジェンスに費やすコスト（専門家の報酬）が、そのメリット（リスク発見による損失の軽減）に見合わないことが多いのです。

　以上のことから、簿外負債や偶発負債を承継しないようにするため、譲受け側は、事業譲渡を選択することになります。**事業譲渡によって、承継する資産及び負債を限定すれば、デュー・ディリジェンスの対象とする資産及び負債の範囲も小さくなり、公認会計士・弁護士の報酬を低く抑えることが可能となります。**

3. 従業員と第三者の選択

事 例

　甲社長（75歳）は、40年前に設立した印刷工場のA社（印刷業、従業員数20人、売上高4億円、当期純利益1千万円、純資産1億円、借入金5千万円）の創業者で、これまで代表取締役社長として頑張ってきました。

　株主構成は以下の通りです。

株主名	持株数	持株比率
甲（代表取締役、75歳）	2,500株	25%
甲の妻（社外、70歳）	500株	5%
乙（取締役、40歳）	500株	5%
丙（取締役、65歳）	3,000株	30%
丁（監査役、80歳）	2,000株	20%
従業員持株会	1,500株	15%
合計	10,000株	

顧問税理士による株式の相続税評価 @10,000円 × 10,000株 ＝ 1億円

　甲社長には子どもがいませんので、有望な若手である乙氏（取締役営業部長、40歳、親族外）が後継者として最適ではないかと考えました。

　しかし、乙氏は、生え抜きサラリーマンであり、顧問税理士が評価した1億円という評価の株式を買い取る資金がありません。

　甲氏は「私と妻の株式を合わせると30%になる。これであれば3,000万円で乙氏が買い取ることができるだろう」と考えています。

　その一方で、会社の借入金5,000万円について連帯保証しており、この保証債務の引継ぎについても気になるところです。

　ある日、業界最大手のX社（上場）から「グループ傘下に入らないか」

との提案がありました。経営幹部の丙氏によれば、「X 社が導入した最新の印刷機械を使えば、当社の収益性は大幅にアップだろう」と賛成しています。しかし、監査役の丁氏は、「X 社の傘下に入れば、当社の工場は操業停止となり、従業員が解雇されてしまうおそれがある」と反対しています。

　後日、事業承継支援の専門家であるあなたは、メインバンクからの紹介を受け、甲社長から事業承継についての個別相談に対応しました。

…【問 1 】……………………………………………………

親族外の乙氏（取締役営業部長）は、後継者候補として指名されました。乙氏は、自分が後継者になることを検討するにあたって、具体的に何を検討すべきでしょうか。事業性評価、経営者の生き方、承継手続きの観点から、問題の有無を確かめるポイントを列挙してください。

…【問 2 】……………………………………………………

乙氏が後継者になることを拒否した場合、または、乙氏を後継者とすべきではないと判断された場合、甲社長は事業承継をどのように進めればよいでしょうか？

…【問 3 】……………………………………………………

A 社を第三者へ承継することを決めた場合、甲社長にとって最適な取引条件を実現するためにどのような戦術を使うべきか、提案してください。

解説

···【問１】···

　従業員承継であっても、最初に検討すべきことは、知的資産が承継され、その事業をこれからも存続・成長させることができるかどうかです（事業性評価）。

　次に検討すべきことは、**後継者となる従業員が「経営者」としての資質を持っているかどうか**です。後継者である従業員が、従業員であったとしても、会社経営の経験はありません。

　優秀な従業員だからと言って、優秀な経営者になれるわけではないのです。この点、事業承継を決定した後、後継者の能力を高めるための教育が必要となります。OJT など社内での教育もあれば、後継者研修など社外での教育もあります。時間をかけて教育することも、先代経営者の仕事の１つでしょう。企業経営の仕事に対する意欲も求められます。

　次に検討すべきことは、**後継者となる従業員が、株式買取資金を持っているか、保証債務を引き継ぐ覚悟があるかどうか**です（経営者の生き方）。

　最後に、株式買取資金については、取得する株式数が問題となります。この点、中小企業の事業承継であれば、議決権の３分の２超を目指しつつ、最低でも過半数（議決権 50% 超）を後継者が承継すべきです。

　そうしますと、本事例で甲社長が考えている、自分（及び妻）が所有する株式 30% では足りず、他の株主が所有する株式も取得しなければなりません。現実的には、従業員持株会 15% を除く、85% の買取りを行うこととなるでしょう。

　しかし、株式 100% 評価で１億円ですから、株式 85% の買取価額は 8,500 万円です。この資金をどのように調達するかが問題となります（承継手続き）。

　このような株式評価の問題については、親族内承継の場合と同様、評価額引き下げという手段が考えられます。**現経営者に対する退職金の支払いによって損失を計上すれば、株式評価額は下がり**、8,500 万円の評価額を、たとえば 3,000 万円とか 4,000 万円まで引き下げることは可能でしょう。

　株式評価額が引き下げられましたら、後継者である従業員の資金調達を

考えます。その資金は、日本政策金融公庫の「事業承継・集約・活性化支援資金」の融資を使えばよいでしょう。これは、7,200 万円まで（国民生活事業）、設備資金の返済期間 20 年（据置期間 2 年）で、事業承継に必要な資金が融資してもらえる制度です。同時に、中小企業経営承継円滑化法の金融支援の適用申請を行えば、通常よりも低い優遇金利が適用されます。

···【問 2】···

　従業員を候補者とすることができなければ、第三者承継（M&A）という方向を検討します。事業性評価の観点において、事業の存続に不安があると判断される場合には、無理に従業員承継を進めることはせず、意図的に第三者承継に切り替えるケースもあります。大企業グループの傘下に入ることで、事業を存続させ、雇用継続を図ることが可能となるからです。特に、業界再編が進んでいる業界では、生き残りのための M&A が行われています。

　本事例においても、印刷業は、衰退産業であり、単独の生き残りは厳しいと判断される可能性が高いでしょう。甲社長が引退した後、会社を経営するのは、甲社長ではなく後継者です。後継者に苦労させることがないよう、残された従業員の幸せを優先して考えるべきでしょう。この場合、業界最大手の X 社に A 社を譲渡すれば、従業員の雇用維持も可能になると考えられます。

···【問 3】···

　X 社に M&A で譲渡することを決めた場合であっても、いきなり X 社と交渉を始めてはなりません。なぜなら、X 社が最適な相手とは限らないからです。

　ここで一歩立ち止まって、業界全体を見回してみましょう。業界トップの企業、上場企業、M&A に積極的な企業など、譲受け側になる可能性が

ある候補先は他にも見つかるはずです。最終的に譲受け側は1社となりますが、最適な相手を見つけるため、候補先を幅広くリストアップすることが必要です。そこで、M&Aの専門家に依頼して、候補先のリストアップを依頼すべきです。

譲受け側の候補先がリストアップできましたら、次に取引条件の交渉を開始します。この交渉は、譲渡価格、譲渡スキーム、スケジュール、承継後の運営体制を決めることを目的とするものです。

この点、交渉の進め方の戦術には、「相対取引」と「競争入札」の2種類があります。

相対取引とは、交渉を「1対1」の関係で進め、合意できれば取引実行、合意できなければ破談となり、別の相手との交渉に乗り換えるというものです。これによれば、交渉を簡単に進めることができますが、他社から提示される条件と比較することができませんので、交渉の相手から提示された条件が最適なものか否かを判断することができません。

これに対して、競争入札とは、交渉を「1対多数」の関係で進め、そのうち1社と必ず合意し、取引を実行するというものです。これによれば、同時並行で進む複数の交渉をコントロールすることが難しくなりますが、複数の他社から提示される条件を比較することができますので、最適な条件が提示してきた候補先1社を選択することができます。競争入札は、いわゆる「相見積もり」であり、最適な取引条件を実現するために効果的な手法です。

4. M&A における価値評価と税務

事 例

　甲社長（75歳）は、創業50年のホテルX社（旅館業、従業員数100人、売上高10億円）の2代目社長です。A社株式1,000株（持分比率100%）を所有しています。40年前に就任してから現在まで頑張ってきました。

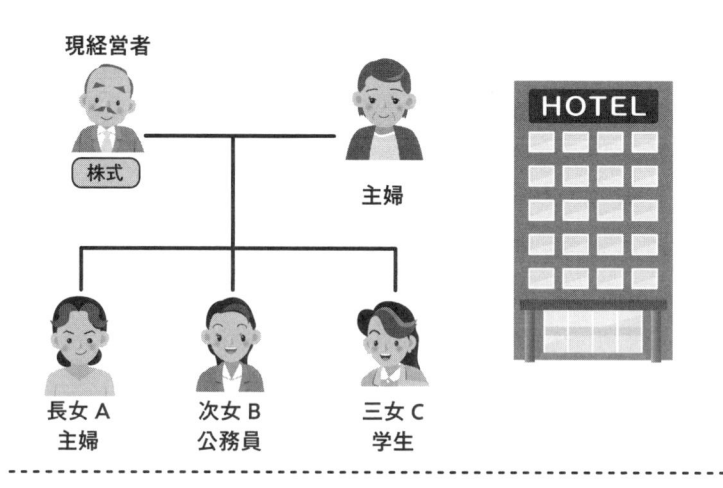

現経営者

株式

主婦

長女A
主婦

次女B
公務員

三女C
学生

【甲社長の個人財産】	
自社株式	5億円
その他の財産	5億円
（合計）	10億円

【甲社長の相続税の試算】

約3億円（相続人合計）

　引退を考えるようになった甲社長は、事業承継を考えましたが、長女A、長女B、長女Cはいずれもホテル事業に関心を持っていません。

　そこで、甲社長は、長女Aの夫の丙氏を入社させ、後継者にしたいと考えていました。しかし、他の幹部社員はそれに反対で、創業時から会社を支えてくれた取締役の乙氏を後継者にすべきだと主張していました。乙氏は、高い営業力を持ち、経理や財務にも精通しており、経営者としての適性を有しています。

　しかし、地元の名士である甲社長一族の知名度は非常に高く、政治家など一流の人脈を持っています。乙氏は、偉大な創業家から家業を引き継ぎ、社長の地位を継ぐには、明らかに器量が小さく、「自分は経営者には向いていない」と強く拒否していました。

　Ｘ社は５年前に売上がピークを迎えた後、会社の業績は毎年悪化しており、甲社長が自力で回復させることが困難な状況です。しかも、今年に入って、大雨の影響で建物の一部が壊れる被害がありました。そのせいで３か月休業することとなり、売上高が激減しています。

損益計算書	3 期前	2 期前	前期
売上高	20 億円	15 億円	10 億円
営業利益	7,000 万円	4,000 万円	2,500 万円
当期純利益	2,500 万円	1,500 万円	1,000 万円

前期の減価償却費 3,200 万円

（単位：百万円）

資産		負債	
現金預金	150	銀行借入金	300
運転資本	50		
不動産（簿価）	1,000		
保険積立金（簿価）	50	純資産	
		資本金	30
		利益剰余金	920
	1,250		1,250

現金預金１億5,000万円、運転資本5,000万円、不動産10億円、保険積立金5,000万円、銀行借入金▲３億円、資本金3,000万円
簿価純資産 ９億5,000万円
（法人税等は30％とする）

この被害の修復を含めて心身ともに披露した甲社長は、ホテル経営のリスクを感じるとともに、体力と気力の限界に来たと悟りました。そこで、甲社長は、第三者承継（M&A）の検討を開始しました。

　後日、事業承継支援の専門家であるあなたは、メインバンクからの紹介を受け、甲社長から事業承継についての個別相談に対応しました。

甲社長：　できれば取締役の乙にX社を承継してほしいです。しかし、自社株式の評価額が高くて、彼が個人で買い取ることは難しそうです。それに、彼は社長をやりたくないと言うのです。

あなた：　幹部社員の方々は、乙さんが次の社長となってほしいとおっしゃっていましたね。乙さんへの事業承継を検討しましょう。

甲社長：　それでは、どうすればよいでしょうか？

あなた：　X社は大きな不動産を所有していますよね？事業と不動産を切り離し、事業だけを承継することができれば、乙さんの資金負担は軽くなります。

甲社長：　そうすると、私の手元に不動産が残りますよね。うちの建物は、旅館かホテルとして使用することしかできませんから、解体しないと売却できません。それでは困ります。

あなた：　それでは、第三者承継（M&A）を検討してみましょう。

甲社長：　おっしゃる通り、M&Aしかないと思っています。いくらで売れそうでしょうか？

あなた：　甲社長はいくらで売りたいと希望されますか？

甲社長：　正直なところ、できるだけ高い金額で売りたいです。具体的な金額は考えていません。譲渡価額どのように計算されるのでしょうか？

あなた：　M&Aは譲受け側から見ると大きな投資です。事業価値に見合う金額で評価すべきでしょう。ただし、譲受け側は、DCF法を使って評価することが多いようです。相手次第

ですね。

甲社長： わかりました。それらの方法で当社の株価を計算してみていただけませんか？

あなた： まず、DCF 法の考え方に従って、概算で評価してみましょうか。税引後の営業利益が 1,800 万円（≒ 2,500 万円×（1 －法人税等 30%））くらいですので、減価償却費を足し戻して簡易なキャッシュ・フローを計算しますと、5,000 万円くらいになりますね。近いうちに設備投資は予定されていますか？

甲社長： 台風の被害を受けましたので、来年は大規模な修繕を予定しています。改修に 5,000 万円くらいかかるようです。

あなた： 貸借対照表を見ますと保険積立金がありますね。含み益はありますか？

甲社長： 保険積立金を解約しますと、返戻金として 1 億円の現金を受け取ることができます。

あなた： わかりました。DCF 法を使うと 5 億円くらいになりそうですね。

甲社長： ちょっと待ってください。純資産が 10 億円近くあるのに株価が 5 億円ってどういうことですか？

あなた： それは収益性が低いからです。旅館業を廃業して不動産だけ売却するほうが、高く売れるかもしれません。

甲社長： 簿価 3 億円の建物は、旧耐震基準ですので、いずれは建て替えないといけません。土地も含み損があるのですが、売れないことはないでしょう。解体費用もかかりますが、5 億円くらいになるのではないでしょうか。

あなた： そうですか、土地を保有しているのは強いですね。中小企業の M&A でよく使われる年買法で評価しますと 6 億円くらいになりそうです。6 億円で売却することを考えましょう。

(単位：百万円)

資産		負債	
現金預金	150	銀行借入金	300
運転資本	50		
不動産（簿価）	500		
保険積立金（簿価）	100	純資産	
		時価純資産	500
	800		800

…【問1】…

X社株式の評価額が、年買法によれば約6億円となりました。年買法による株式評価の計算過程を説明してください。

甲社長： それくらいで売れるのであれば、私の老後資金としては十分です。しかし、税金を取られますよね？株式を売ったときの税金はいくらですか？

…【問2】…

株式評価額（退職金支払い前）が6億円であることを前提として、退職金は支払わずに株式譲渡を行うことを検討します。株式譲渡に係る税金と手取り額を計算してください。ただし、譲渡所得に係る税率は20％と仮定して計算してください。

甲社長： ちなみに、生命保険は私の退職金の財源となることを想定して加入していたのですが、もしこれで退職金を1億円支払う場合には、税金と手取額はどうなります？

あなた：　勤続年数は40年ですよね？退職所得控除と2分の1課税に加えて、分離課税となりますので、税負担は軽くなりますよ。

甲社長：　それから、退職金1億円を支払った後で株式を売ったときの税金はいくらになりますか？

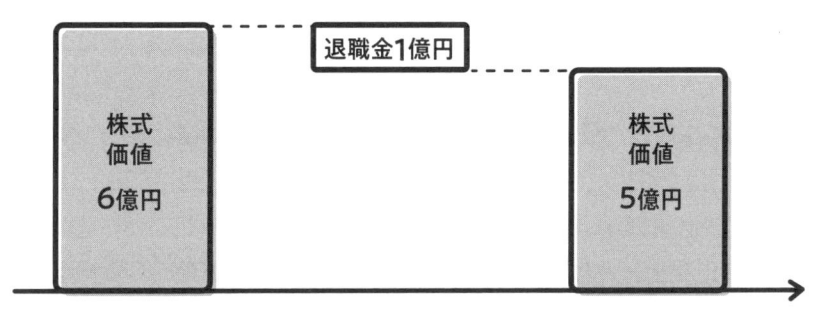

退職金を支払った後に株式譲渡

…【問3】…………………………………………………………………………

株式評価額（退職金支払い前）が6億円であることを前提とし、退職金1億円を支払った後の株式譲渡に係る税金と手取り額を計算してください。ただし、退職所得に係る税率は一律40％と仮定して計算してください。

あなた：　株式評価が6億円でしたので、この金額で売却することを目指しましょう。次に、譲渡し側の相手を見つけることになりますが、甲社長のお知合いの同業者の中に、A社の事業を引き継いでくれるとうれしいと思われる経営者はいますか？

甲社長：　これからのホテル経営は、当社の規模ではやっていけません。大手のHリゾート社の傘下に入るのがいいと思います。Hリゾート社のH社長であれば、うちの事業を立て直してくれるでしょう。当社の従業員も、Hリゾート社の社員になることができれば一生安泰でしょう。

あなた： 確かにHリゾート社は有力な候補先ですね。しかし、H
リゾート社が6億円で合意してくれるかどうかわかりま
せん。

甲社長： それではどうすればいいのでしょうか？

あなた： M&Aの提案を持ち込む相手は、Hリゾート社と、最近急
成長しているAP社の2社ということにしませんか。並
行して交渉を進めましょう。甲社長は、H社長とお知合
いとのこと、連絡を取っていただくことはできますか？

甲社長： はい、H社長とは業界イベントでご一緒したことがあり
ますので、電話してアポを入れることはできます。しかし、
AP社とはお付合いがありません。

あなた： わかりました。それでは、AP社に関しては私にお任せく
ださい。提携しているKY銀行のM&Aアドバイザリー
部門を通じて提案を持ち込みたいと思います。

···【問4】··

事業承継支援の専門家であるあなたは、譲受け側の候補先へM&A提案を
持ち込むことになりました。どのようなアプローチ方法が考えられます
か？

解説

···【問１】···

　年買法とは、**時価純資産＋営業権（営業利益×３年〜５年分）と計算する方法です**。これは、継続企業を前提とはせず、３年から５年後に廃業して清算することを前提とした計算です。DCF法によれば事業用資産が時価評価されることはありませんが、年買法によれば事業用資産までが時価評価され、その含み損益が株式評価に反映されることになります。

（試算過程）

不動産（時価）＝５億円

　＝簿価10億円 − 建物解体費３億円 − 土地含み損２億円 ＝ ５億円

営業権 ＝ 2,500万円 × ４年分（≒３年〜５年）＝ 約１億円

時価純資産

　＝現預金１億5,000万円 ＋ 運転資本5,000万円 ＋

　　不動産（時価）５億円 ＋ 生命保険（時価）１億円 − 銀行借入金３億円

　＝ ５億円

時価純資産 ＋ 営業権 ＝ 株式価値６億円

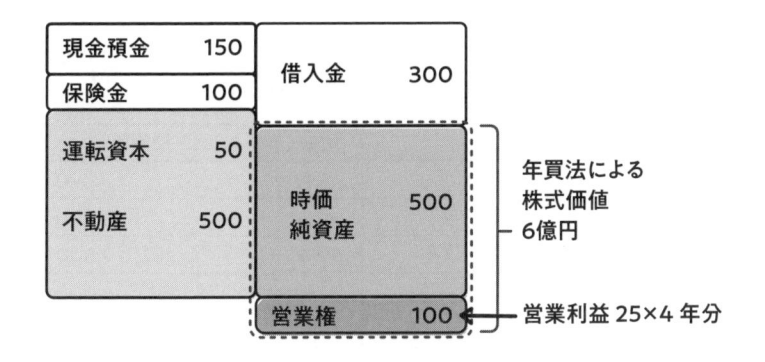

··· 【問 2】 ··

　退職金を支払わないとすれば、譲渡価格は 6 億円のままです。取得費 3,000 万円ですから（資本金の額）、譲渡所得 5 億 7 千万円に税率 20% を乗じた所得税等は 1 億 1,400 万円、手取り額は 4 億 8,600 万円となります。

> （試算過程）
> （譲渡価額 6 億円 − 取得費 3,000 万円）× 税率 20%
> 　＝ 所得税等 1 億 1,400 万円
> 手取り額 ＝ 6 億円 − 1 億 1,400 万円 ＝ 4 億 8,600 万円

··· 【問 3】 ··

　退職金 1 億円に係る税金は 1,560 万円、手取り額は 8,440 万円となります。

> （試算過程）
> 退職所得控除額 ＝ 800 万円 ＋ 70 万円 ×（40 年 − 20 年）＝ 2,200 万円
> 退職所得 ＝（1 億円 − 2,200 万円）× 1/2 ＝ 3,900 万円
> 所得税等 ＝ 3,900 万円 × 40% ＝ 1,560 万円（分離課税）
> 手取り額 ＝ 1 億円 − 1,560 万円 ＝ 8,440 万円

参考：所得税の税率表

課税される所得金額		税率	控除額
195 万円以下		5%	0 円
195 万円を超え	330 万円以下	10%	97,500 円
330 万円を超え	695 万円以下	20%	42 万 7,500 円
695 万円を超え	900 万円以下	23%	63 万 6,000 円
900 万円を超え	1,800 万円以下	33%	153 万 6,000 円
1,800 万円を超え	4,000 万円以下	40%	279 万 6,000 円
4,000 万円を超え		45%	479 万 6,000 円

退職金1億円を支払うと、株式価値が約1億円減少するため、株式価値は5億円となります。取得費3,000万円ですから（資本金の額）、譲渡所得4億7千万円に、税率20%を乗じた所得税等は9,400万円、手取り額は3億600万円となります。

> **（試算過程）**
> **（譲渡価額5億円－取得費3,000万円）× 税率20%**
> 　**＝ 所得税等9,400万円**
> **手取り額 ＝ 4億円－ 9,400万円 ＝ 3億600万円**

	内訳	所得税等	手取り額
退職金を支払わない	退職金ゼロ	ゼロ	ゼロ
	譲渡価額6億円	1億1,400万円	4億8,600万円
	（計）	1億1,400万円	4億8,600万円
退職金を支払う	退職金1億円	1,560万円	8,440万円
	譲渡価額5億円	9,400万円	3億600万円
	（計）	1億960万円	**3億9,040万円**

以上のように、譲渡代金の一部を退職金として支払うことによって、譲渡し側の税負担が軽くなり、手取り額が大きくなります。

┈【問4】┈

譲受け企業の候補の絞り込みが終われば、次はそれら候補にアプローチする段階となります。初期的なM&A提案を行う方法として、以下の4つの方法があります。

> 売り手の経営者が自らアプローチする方法

> M＆Aアドバイザーがアプローチする方法

> 金融機関を通じてアプローチする方法

> M＆A仲介業者に丸投げする方法

第一の方法は、**現経営者（社長）によるアプローチです**。M&A の提案は、日常的な営業トークとは全く次元が異なる機密事項です。従業員を通じて話すようなものではなく、譲渡し側と譲受け側のトップ（社長）同士が直接話すべきものです。このような重要な提案を行うわけですから、支援者などの第三者を通じて行うのではなく、経営者同士の人間関係を通じたアプローチが最適なものとなります。アプローチを受けた譲受け側の経営者は、同業者であれば、真剣に対応するはずです。

　この点、「機密情報を扱うからこそ、M&A 仲介業者が代理人として提案を持ち込むべきだ」という見解もあります。しかし、提案を受ける譲受け側の経営者個人の立場からすれば、M&A という極めて重要な話に、当事者でもない第三者を間に入れる必要性を理解できないケースが意外と多く、「本気で M&A を考えているならば、なぜ社長が自ら相談に来ないのか」と不信感を持たれるおそれがあります。

　経営者同士の面談で、M&A を検討することに合意できれば最大のハードルを乗り越えたと考えられます。それ以降の実務手続きを支援者に任せてしまえばよいでしょう。現経営者が細かい実務手続きまで関与する必要はありません。具体的な交渉段階に入った後は、社内に M&A 実務担当者を任命し、支援者とともに実務手続きを進めさせることになります。

　第二の方法は、**M&A の支援者（M&A 仲介業者、FA、士業）によるアプローチ**です。その場合の具体的な手段は、代表番号への電話や手紙・メールからの飛び込み訪問となります。初めて連絡する場合であっても、譲受け側から拒絶されるケースは少なく、M&A の提案であれば、丁寧に対応してもらえるはずです。譲受け側が M&A に積極な上場企業であれば、専任の M&A 担当者を設け、M&A 案件の持ち込みを日々待ち構えていることもあるでしょう。M&A が身近で関心の高い話になったということです。

　第三の方法は、**金融機関を通じたアプローチ**です。情報力と営業力に乏しい支援者であれば、自力で譲受け側の候補先にアプローチすることは難しいかもしれません。その場合、金融機関に依頼することが最適です。譲受け側の候補先へ連絡し、容易に M&A 提案を持ち込むことができるか

らです。

　金融機関の中でも銀行の情報力とネットワークは豊富です。また、融資のビジネスチャンスだと捉えることから、譲受け側となり得る顧客のM&Aを積極的に後押しします。この際、銀行は、譲受け側だけの片側FAに就きたいと考えます。利益相反取引となるM&A仲介を行うことが難しいからです。

　金融機関にマッチングを依頼するとしても、譲渡し側の経営者に対して自らアドバイスを続けなければいけません。また、M&A仲介業者と異なり、金融機関が紹介料を支払ってくれることはありません。

金融機関を通じたアプローチ

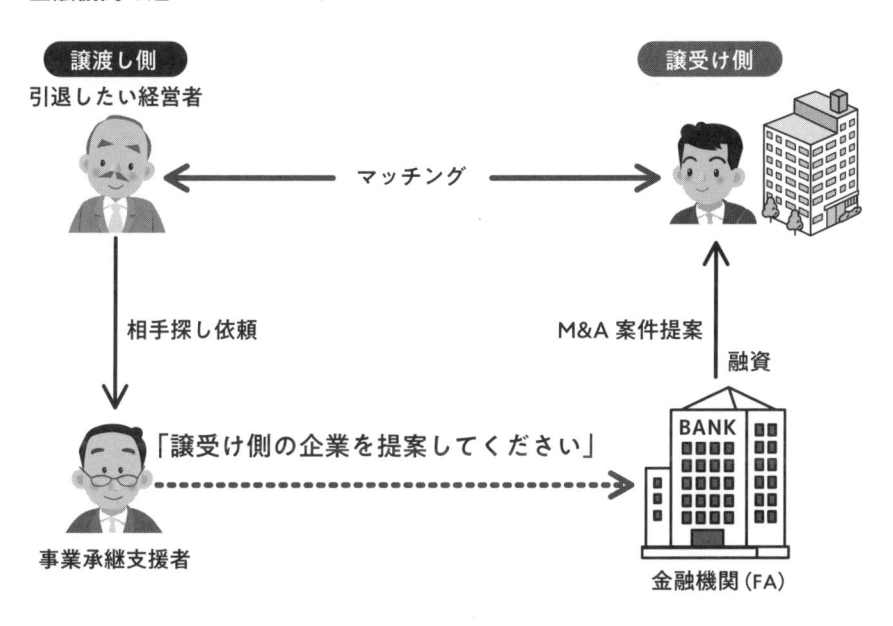

　第四の方法は、**M&A 仲介業者へ丸投げする**ことです。情報力と営業力の乏しい支援者が譲渡し側をアドバイスしているとき、自力でのマッチングを断念するのであれば、この方法となります。各都道府県の商工会議所や商工会連合会などに設けられている「事業承継・引継ぎ支援センター」への持込みも、M&A 仲介業者への丸投げと同じ取り扱いとなります。

M&A 仲介業者は、譲渡し側と譲受け側の両方と顧客と契約し、実務手続きをすべてコントロールしようとします。このため、いったん紹介してしまうと、ここまでアドバイスしてきた支援者は、もはや M&A に関してアドバイスする余地が無くなります。**M&A 仲介業者にすることで、片側の成功報酬の一部（相場は 30%）を紹介料として受け取ることになります。**

　この方法によれば、ほとんど手間がかからずに大きな紹介料収益を得ることができます。多忙な顧問税理士など、自ら M&A 実務を遂行することが難しい士業などの専門家がこの方法を採用しています。

5. M&A の売却プロセス

事例

　甲社長（75歳）は、50年前に設立したホテルA社（旅館業、従業員数50人、売上高20億円、当期純利益1,000万円）の3代目社長であり、株式1,000株（発行済株式の100％）を所有し、30年前に代表取締役社長に就任してから現在まで働いてきました。

　引退を考えるようになった甲社長は、親族内承継と従業員承継を断念して第三者承継（M&A）へ進めることを決意しました。

　後日、事業承継支援の専門家であるあなたは、メインバンクからの紹介を受け、甲社長から事業承継についての個別相談に対応しました。

（A社のオフィスにて）

甲社長：譲受け側の候補先にはどのように話を持ち込みますか？

あなた：Hリゾート社には、甲社長から直接連絡をとっていただ

けますでしょうか。面談を設定いただければ、私も同行
します。一方、B 社については、来週、私が KY 銀行の
M&A チームと同行して訪問し、乙社長へ M&A の提案を
行います。

甲社長：　そうですか、よろしくお願いします。

···【問1】···

事業承継支援の専門家であるあなたが、譲受け側の候補先へ M&A 提案を
持ち込む際、最初にどのような書類を提示しますか？

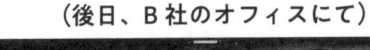

（後日、B 社のオフィスにて）

あなた：　本日はご提案の機会をいただき、ありがとうございます。
こちらの企業概要書をご覧いただきながら、本件の概要
をご説明させていただきます。恐縮ですが、対象会社の
社名は非開示とさせてください。

乙社長：　・・・なるほど、このホテルは、当社 B グループの空白
地帯にありますし、外国人向けに改装することで業績を
改善できる可能性があります。ぜひ詳細に検討させてく
ださい。

（後日、Ａ社のオフィスにて）

あなた： Ｂ社の乙社長は、事業の譲受けに関心があるとのことで
した。情報を開示してもよろしいでしょうか？

甲社長： そうですか、それはよかった。ぜひ進めてください。ど
んな情報を開示することになりますか？

…【問２】……………………………………………………………………

あなたは、M&A を提案した候補先から、「関心がある」との回答を得ました。
次に行うべきことは何でしょうか。締結すべき契約と情報開示の内容につ
いて説明してください。

....

あなた： 甲社長は高く売りたいとのご意向を持っておられますか
ら、魅力的な事業計画を出すことが重要です。５年分の
損益予測で、Ａ社のホテル事業が成長することをアピー
ルしなければいけません。

甲社長： 当社は単年度の予算だけは作っているのですが、５年分
の事業計画など作っていません。作るとしても、厳しい
数字になるでしょう。

あなた： それでは、今から業績回復のシナリオを描いたうえで、
５年間の事業計画を一緒に作りましょう。私が指導します。

…【問３】……………………………………………………………………

高く売りたいのであれば事業計画が重要だと言われていますが、それはな
ぜでしょうか。また、事業計画を受け取った譲受け側は、事業計画をどの
ように使用するのでしょうか。

....

（後日、B社のオフィスにて）

乙社長：いただいた情報を詳細に分析させていただき、また、現場責任者のホテル見学も実施させていただきました。とても魅力的な事業です。ぜひ当社Bグループに入っていただきたいと考えております。

あなた：そうですか、それでは『意向表明書』をご提出いただけますでしょうか。後ほど意向表明書の記載要領をご案内します。

…【問4】……………………………………………………………

事業の譲受けに関心のある候補先が「意向表明書」の記載すべき項目は何でしょうか。4つ挙げてください。

乙社長：わかりました。すぐに意向表明書を提出させていただきます。甲社長が希望されている譲渡価額はどれくらいでしょうか？

…【問5】……………………………………………………………

譲受け側候補から譲渡し側が希望する金額を質問されましたが、譲受け側候補からの意向表明に先立って、譲渡し側から希望する金額を提示すべきか否か、あなたの考えを述べてください。

解説

…【問 1】…

　M&A プロセスの始まりにあたり、最初に作成するべき書類は「企業概要書（Teaser: ティーザー・シート）」です。この段階では、情報管理を優先して、会社名を伏せた形（ノンネームの）で概要だけ提示します。会社名を明かさずとも、事業内容の大まかな概要を伝えることにより、譲受け側候補は初期的な関心の有無を示すことが可能となります。

　この匿名のアプローチにおいて、M&A 仲介業者または FA などの支援者の提案力が重要になります。会社名が特定されないギリギリの範囲で可能なかぎり有用な情報を提供し、効果的なプレゼンテーションを行うことで、譲受け側候補の関心を引き出すのです。

企業概要書（ティーザー・シート）の記載事項

- 売却する理由
- 事業内容
- 設立年月日、簡単な沿革
- 本店所在地（都道府県名までに）
- 売却対象となる株式の数、持株比率（株式譲渡の場合）
- 事業所（本社、主たる営業所・工場、子会社）と従業員数
- 業績推移（直近3期分の主要な財務情報、たとえば、売上高、営業利益、EBITDA、総資産額、純資産額、純有利子負債の額）
- 取引スキーム（株式譲渡または事業譲渡）
- 回答期限と支援者の連絡先

　M&A の提案を行った後は、譲受け側候補に通常2〜3週間の検討期間を与えます。興味を持った譲受け側候補からは、この期間中に質問が寄せられるため、支援者は適切に回答する必要があります。

　本当に関心を持った譲受け側候補であれば、検討期間を無駄に長引かせ

ることはなく、短期間で回答してくれるでしょう。検討期間が長引く場合は、結果的に見送られる可能性が高いとみなし、他の譲受け側候補への対応に専念すべきです。その回答の速さから関心の度合いの強さを判断するのが賢明です。

···【問2】···

企業概要書を見た譲受け側候補が、「関心あり」と回答したら、秘密保持契約を締結させたうえで、インフォメーション・メモランダムを開示します。

ただ、業界内での経営者間の会話においては、M&A情報が自由に交わされることがあり、守秘義務を超越した人間関係が存在します。ここでは、ある程度の情報漏洩は避けられません。これに対して法的措置を取るのは困難です。

秘密保持契約のひな型

秘密保持に関する誓約書

●●株式会社（以下、「当社」という）は、▲▲株式会社（以下、「貴社」という）に対し、以下に定める本件に関して情報の開示を受けるにあたり、下記の事項を遵守することを誓約いたします。

第1条　定義

本誓約書でいう秘密情報とは、本誓約書差し入れの事実、並びに貴社が検討している■■の売却等（以下、「本件」という）に関し、貴社から当社に対し文書、口頭、磁気ディスクまたはその他の媒体により開示される情報（貴社のM&Aアドバイザーを通じて開示される情報並びに貴社が本件を検討している事実を含む）をいいます。

第2条　秘密情報の利用目的

当社は、秘密情報を、当社が本件の実行等を検討する目的のみに使用するも

のとします。

第3条　秘密保持

1. 当社は、本契約締結の内容及び秘密情報を第三者に開示しないことに同意します。ただし、以下の各号の一に該当する場合はこの限りではありません。

   （1）　本件の実行等を検討するため目的のために秘密情報の開示を受ける必要のある当社の取締役及び従業員、並びに当社が委嘱する弁護士、公認会計士、税理士及び M&A アドバイザー（以下、総称して、「開示可能対象者」といいます）に対して、当社が負う守秘義務と同程度の義務を課したうえで開示する情報

   （2）　貴社から事前に承諾を得た情報開示先（以下、「情報開示先」という）に対して、当社が負う守秘義務と同等の義務を課したうえで開示する情報

   （3）　本誓約書差し入れ前に既に公知となっている情報または差し入れ後に貴社若しくは当社の責によらず公知となった情報

2. 当社が前項の規定に基づき秘密情報を開示したことにより、開示可能対象者及び情報開示先以外の第三者に対して秘密情報が開示・漏洩されました は目的外利用された場合の責任は、当社の過失の有無に拘らず当社が負うものとします。

3. 当社は、本条第1項の定めに拘らず、法令若しくは規則に基づき、または政府、所轄官庁、規制当局、裁判所による要請に応じて秘密情報を開示することが必要な場合には、開示を行うことができることとします。この場合、当社は貴社の要求に従い、秘密情報の開示先、開示内容等について速やかに貴社に報告いたします。

第4条　秘密情報の管理

1. 秘密情報の漏洩を防止するため、当社は、秘密情報の複写、秘密情報の書面化及びその複写、秘密情報の電子化及びその複写、磁気ディスクその他媒体への入力については、本件を検討するために必要な範囲で行うものとします。

2. 当社は、秘密情報、秘密情報を書面化したもの及び秘密情報を電子化したものその他秘密情報が含まれている電子媒体並びにこれらを複写したもの（以上を総称して「秘密情報等」という）について、第三者への漏洩または目的外使用がないように管理するものとします。

第5条　秘密情報等の廃棄、消去、返却

理由の如何を問わず、本件が終了したときは、当社は、貴社より開示された

秘密情報等を破棄、消去し、または貴社に返却しなければならないものとします。

第6条　有効期間

本誓約書の有効期間は、本誓約書差し入れの日から3年間とします。

第7条　損害賠償

当社は、その責めに帰すべき事由に基づき本誓約書に定める義務に違背した場合には、貴社及び貴社の関連会社に生じた一切の損害を賠償するものとします。

第8条　協議解決

本誓約書の解釈その他の事項につき生じた疑義および本誓約書に規定のない事項については、貴社及び当社双方が誠意を持って協議の上、解決するものとします。

第9条　準拠法及び管轄裁判所

本誓約書の準拠法は日本法とします。本誓約書に関する紛争等について協議により解決することができない場合、東京地方裁判所を第一審の専属的管轄裁判所とするものとします。

本誓約書は正本1通を作成し、貴社宛てに差し入れ、その写しを当社で保管するものとします。

2024 年●月●日　　　　　　　　　　　　　　会社名　　㊞

　インフォメーション・メモランダムとは、譲受けの可否や譲渡価額の算定など、譲受け側の意思決定のために必要な情報が一式まとめられたものです。事業内容の説明、財務情報、組織の情報、事業計画などが含まれますが、業界や事業分野によって異なります。これらを印刷した書面で提供することもありますが、近年は電子データ化してクラウド・サーバー上にて提供します。

　同時に、M&A 仲介業者や FA などの支援者は、譲受け側候補と直接会って、インフォメーション・メモランダムに係る情報を口頭で説明します。十分な情報提供と説明が、交渉への進展を後押しするのです。対面での質

疑応答を通じて迅速に情報を提供し、譲受け側候補の反応を見極めることが重要です。

　ただし、この段階で交渉に入ることが決まったわけではありません。交渉に入らず終了するケースもあります。それゆえ、すべての情報を開示する必要はなく、特に機密性が高いものは、後日のデュー・ディリジェンスの段階まで開示を留保します。

　インフォメーション・メモランダムの中では、事業計画の部分が特に重要です。3年から5年の損益予測が中心となりますが、数値データ（およびグラフ）だけでなく、その根拠となる事業戦略やアクションプランも同時に説明し、見やすいプレゼンテーション資料としてまとめておくことが求められます。

インフォメーション・メモランダムの構成

（1）会社概要（設立年月日、沿革、株主構成などの基本情報、会社パンフレットなど）

（2）事業の概要
- 業界動向の分析（競合他社の説明、市場占有率）
- 製品カタログ、製品の強みを説明
- 商流図、事業系統図、子会社との資本関係
- 主要な固定資産（土地、建物、機械設備など）のリスト
- 事業別・地域別・製品別売上高明細書
- 得意先リスト（売上高上位）
- 仕入先リスト（仕入額上位）
- 許認可、知的財産権のリスト

（3）組織の情報
- 組織図（各部署ごとの人数）
- 経営陣の紹介（担当職務、略歴）

- 従業員（名前は個人情報なので隠すが、職種と年齢、保有する技能や資格を記載）
- 社内規程（就業規則、退職金規程など）

（4）財務情報

- 過去3年間の財務諸表（P/L、B/S）
- 直近の事業年度の税務申告書
- 土地の時価情報
- 生命保険の解約返戻金の情報
- 退職給付負債
- 銀行借入金、保証債務の明細書（銀行名、残高、返済期限、月額返済額、利率など）

（5）事業計画

- 将来3年〜5年の損益予測、運転資本予測、投資計画（減価償却費）
- 具体的な事業戦略の説明（経営環境に対する見方、投資計画の詳細、営業計画、組織・人事計画、製造、情報システム、財務）

インフォメーション・メモランダムによって情報を開示すると、譲受け側候補から質問や追加情報の要求が出てきます。これに対して、支援者は迅速に対応しなければいけません。支援者は、承継される事業に関する深い知識と理解を持っておくだけでなく、譲受け側候補からよく出される質問には、即座に答えられるように準備を整えておくことが必要です。

- ●退職給付負債に対する引当金は全額が計上されているか？
- ●棚卸資産が増加しているが、不良在庫、陳腐化在庫はないか？
- ●売掛金が多いが、回収可能性は問題ないのか。不良債権はないか？

- 工場に土壌汚染などの環境問題は発生していないか？
- 大口得意先との関係は良好か、今後も継続して取引できる見込みか？
- 機械設備の入替えなど更新投資は適切に行ってきたか。大規模修繕を行う必要性はないか？
- オーナーや関係会社からの間接業務の提供はないか？
- 大口得意先やライセンス供与元との契約書に「チェンジ・オブ・コントロール条項」（オーナーの異動があった場合、契約を継続するためには相手方の事前同意を必要とする条項）は入っていないか？
- 従業員の中で重要なキーパーソンは誰か？
- 未払残業代など重大な簿外負債はないか？

　インフォメーション・メモランダムの次は、譲渡し側の現経営者と譲受け側候補の経営者とのトップ・ミーティング、現経営者（または幹部社員）によるプレゼンテーションを実施します。財務情報などの定量的なデータは書面で渡せば十分ですが、事業内容や事業戦略などの定性的な情報には、口頭での詳しい説明が必要となるからです。

　このトップ・ミーティングの開催場所は、支援者のオフィスやホテルの会議室など、秘密が保持できる環境を選びましょう。

　このミーティングは、ときに出席者にとって初対面の場になることもありますが、譲受け側候補にとっては、譲渡し側の経営者の理念や価値観、幹部社員の能力を見極めるための貴重な機会となります。支援者は、プレゼンテーション資料の作成を支援します。

　製造業の場合、プレゼンテーションに加え、工場見学の機会を設け、生産プロセスを説明することも必要です。工場見学では、現場の工場長や製造部門の責任者が直接プレゼンテーションを行い、生産現場の実態を示します。一般的に、製造業の経営者は、工場を視察してまわるだけで、技術力、生産能力、稼働状況などを瞬時に推測する能力を持っているといわれます。工場見学は、譲受け側の立場から価値評価するうえで有用なプロセスとなります。

　最終的な譲受け側の意思決定は、これらのプロセスで提供された情報と受けた印象に大きく左右されます。譲渡し側の経営者と支援者は、このプ

ロセスを最も重要なものだと認識し、十分な準備を行っておくべきでしょう。

情報開示のプロセス

インフォメーション・メモランダムの提出 M&A 支援者による説明

マネージメント・プレゼンテーション 経営者による説明	質疑応答 M&A 支援者による回答

···【問3】···

　第三者承継（M&A）において、譲渡し側から提供される事業計画は、譲受け側の意思決定にとって非常に重要です。この事業計画は、事業の価値をどのように評価し、どのような譲渡価額を設定するかの基礎となります。したがって、譲渡し側は適切で詳細な事業計画を作成しなければいけません。

　事業計画の作成は、単に数字を並べる作業ではありません。経営戦略、市場分析、財務予測など、さまざまな要素を総合的に考慮し、実現可能で説得力のある計画を立てなければなりません。この過程では、専門家の支援が不可欠です。

　譲渡し側の経営者や支援者にとって、事業計画の作成は、M&A の成否を左右する重要なプロセスです。この事業計画は、譲受け側の経営者が将来の回収額を予測し、それに基づいて投資額を決定する際の根拠となります。

　事業計画における損益予測が、譲渡価額の決定に大きな影響を与えるため、譲渡し側は損益の内訳を詳細に説明することが求められます。また、損益の背景にある事業戦略や経営環境の説明も不可欠です。これらにより、譲受け側は投資額として適切な譲渡価額を決定できるようになります。

　譲渡し側が提示する事業計画は、譲受け側によって慎重に評価されます。

譲受け側は、過去の実績と将来の予測を照らし合わせ、正常収益力を見極めることで譲渡価額を決定します。このため、譲渡し側は、M&A 実行年度だけでなく、それに先立つ数年間の実績を通じて、事業の安定性と成長性を示す必要があります。譲渡価額を高くするには、右肩上がりの実績を残すことが求められます。そのためには、専門家の支援によって、経営の改善や事業の磨き上げが不可欠です。

なお、事業計画は以下のように作成します。

予想 売上高	予想売上高（トップ・ライン）については、買手候補から必ず得意先明細を追加要求されますので、用意しておきます。また、「地域」や「事業」といったセグメントごとの売上高の合計について、過去の業績分析の結果と将来のマクロ経済環境の見通しから、予測することとなります。 　可能であれば、製品・商品・サービスの**単価および販売量を分解して**、単価の上昇（競争力強化）と販売量の増加（市場拡大、シェア拡大）を反映させた金額とします。
予想 売上原価	予想売上原価については、売上原価（製造原価）に属する減価償却費とそれ以外の売上原価に区分し、それぞれ売上高に対する比率を見積もり、当該比率を各期の予想売上高に乗じて算出します。 　可能であれば、製品・商品・サービスの**単価および販売量を分解して**、単価の下落（コスト削減）と販売量の増加を反映させた金額とします。
予想 販売費 及び 一般管理費	販売費及び一般管理費の予想については、減価償却費とそれ以外の費用に区分して予測します。 　固定費に大きな変動がある場合には、その理由を質問されますので、事前に変動要因を説明できるように準備しておきましょう。大規模な修繕や事業所の開設など大きな投資を予定している場合には、予算や見積額を調べておくべきです。正確な予測が困難であれば、それぞれ売上高に対する比率を見積もり、当該比率を各期の予想売上高に乗じて計算します。
予想 減価償却費	買手候補の価値評価において、EBITDA マルチプル（＝企業価値 /EBITDA）を使われることが多いため、EBITDA の構成要素である減価償却費は、売上原価と販管費から抽出しておきます。 　**EBITDA ＝ 営業利益 ＋ 減価償却費** 　すなわち、売上原価の中に含まれる減価償却費と販管費の中に含まれる減価償却費の金額を別建てで計算しておきます。無形固定資産の減価償却費（ソフトウェア、のれん）も含まれますので注意しましょう。

予想 営業外 損益予測、 特別損益	経常的に発生する営業外収益がある場合にはそれを明確にします。たとえば、事業用不動産の一部を外部へ賃貸して家賃を受け取っているケースです。このような営業外収益は、それを生み出す資産を別建てて時価評価していないのであれば、賃貸に伴う損益を営業損益に反映させます。 　それ以外の営業外損益と特別損益は、DCF法などの評価に使用しませんので、予測数値の作成は不要です。 　ただし、多額の退職金支払い等の予定がある場合は、予測数値に織り込みます。また、固定資産の売却予定がある場合には、その売却価額を損益予測に織り込むようにします。損失額が大きくなる場合には、法人税等への影響も考慮すべきでしょう。
設備投資 計画	譲受け側においてDCF法を使って評価が行われることがあるため、予測期間にわたって設備投資計画を作成します。 　特に、経営再建のための大規模な事業再構築、工場移転などを予定している場合には、合理化の目的、設備投資の具体的内容・時期、コスト削減計画の詳細（予想される費用の減少額）について説明しなければなりません。
予想運転 資本	これもDCF法による評価に必要な数値となりますので、営業債権債務の回収及び支払いの決済条件を見込んで、将来の運転資本の予想残高を記載しておくとよいでしょう。 　一般的にDCF法によれば、過去の業績分析で計算した「運転資本対売上高比率（回転率、回転期間）」を一定値と仮定し、その比率を予想売上高に乗じることによって運転資本を予測します。その結果、運転資本がプラスの会社であれば、売上高が成長するにしたがって運転資本が増加し、キャッシュ・フローが減少する予想になります。

…【問4】…

　支援者がFAであれば、譲渡し側の経営者の利益最大化を追求しなければいけません。複数の候補先に対してインフォメーション・メモランダムによる情報開示を行い、最適な候補先を探します。これがM&Aにおけるマッチングのプロセスです。

　この点、譲受け側候補は、M&Aで複数の候補先と競わされることを嫌がりますので、一定のルールを決めて適切に対応しなければいけません。「検討できない」、「譲受けできない」との回答であれば、そこで終了です。

　「譲り受けたい」と回答する候補先が出てきたときには、基本的な取引条件を記載した「意向表明書」（Letter of Intent、LOI「エル・オー・アイ」）

の提出を求めます。差し入れ型のもので、代表者の署名・押印を入れます。**意向表明書の主たる記載事項は、譲渡価額、譲渡スキーム、取引実行後の運営方針、今後の進め方（スケジュール）の4つです。**

これら4項目以外にも付帯条件が記載されることがあります。「大口得意先との関係が継続されることを条件にしたい」など、譲受け側から新たに提案される条件です。真剣に譲受けを検討している候補先ほど、意向表明書への記載項目は多くなるはずです。

これによって、最終目標とする譲渡契約書の諸条件を明確化させるとともに、M&A を実行する心理的な縛りを与えることができます。ただし、法的拘束力はありません。

意向表明書の記載事項

（1）譲渡価格

（2）譲渡スキーム

（3）取引実行後の運営方針

（4）今後の進め方（スケジュール）

複数の候補先から意向表明書が出てくれば、譲渡価額などで最も良い条件を提示してきた候補先1社を選択し、デュー・ディリジェンスの機会を提供して条件交渉を開始します。

しかし、意向表明書が1社だけしか出てこなければ、譲渡し側の交渉力がありません。譲受け側から提示される取引条件をすべて受け入れることになるでしょう。

最悪の場合、どんなに探し回っても、意向表明書を出してくれる候補先が全く見つからないケースもあります。その場合には、M&A を断念して廃業したうえで、残された経営資源を無償で引き継ぐ相手を探すことになります。

2024 年●月●日

●●株式会社
代表取締役（譲渡し側の経営者)●●　様

（譲受け側）●●株式会社
代表取締役　●●　㊞

意 向 表 明 書

拝啓　貴社ますますご隆盛のこととお慶び申し上げます。

　さて、当社は、●●株式会社の株式 100% の譲り受け（以下、「本件取引」といいます）に強い関心を持っております。

　今後本件取引を実行するための具体的手続き等、貴社と実務的な話合いを進めるにあたり、当社は下記の基本的内容で協議させていただきたいと考えております。よろしくお願い申し上げます。

記

（１）本件取引の対象
　　●●株式会社の発行済み普通株式●株

（２）譲渡価額
　　●億円（１株当たり●円）
　　ただし、デュー・ディリジェンスの結果として譲渡価額の減額修正を行う場合があります。

（３）今後の予定
　　●月●日〜●月●日　デュー・ディリジェンス
　　●月●日まで　　　　　株式譲渡契約の締結
　　●月●日まで　　　　　株式譲渡の実行

（４）取引実施後の運営方針
　　取締役の方々全員に退任していただきます。また、従業員の継続雇用を前提として運営いたします。

（５）独占交渉権
　　●月●日まで、当社に独占交渉権を付与していただき、当社以外の第三者との間で本件取引に関する協議を行わないようお願い申し上げます。

　本書は、本件取引に関する当社の現時点での意向を表明するものであり、取締役会での決議等当社における正式な社内手続きを経たものではありませ

ん。したがって、本書の差し入れにより、貴社ないし当社が何らかの法的義務を負うものではありません。

　また、デュー・ディリジェンス、今後の協議および取締役会等での検討により、本書に記載された内容が変更され、または最終契約の締結に至らない可能性があります。

以上

···【問5】···

　価格交渉の局面では、「先手必勝」といわれることもあり、**先に譲渡価額を提示したほうが有利に交渉を進められる**という考え方があります。これは、中小M&Aの現場でも同様で、譲渡し側から先に譲渡価額を提示するほうが、交渉を有利に進めることができます。

　なぜなら、非上場株式の適正な時価は誰にもわからないことから、交渉の出発点となる金額が必要となるからです。譲渡し側から交渉の出発点となる金額が高めに提示された場合、譲受け側が検討する譲渡価額は、多少なりとも高めに誘導されることになります。これを**「アンカリング効果」**と言います。

　ただし、譲受け側は安く買いたいと考えますから、デュー・ディリジェンスの結果などを反映する交渉が行われます。両者が合意する金額は、出発点となる金額よりも低くなるケースが多く見られます。

譲受け側からの提示する希望価額によるアンカリング効果

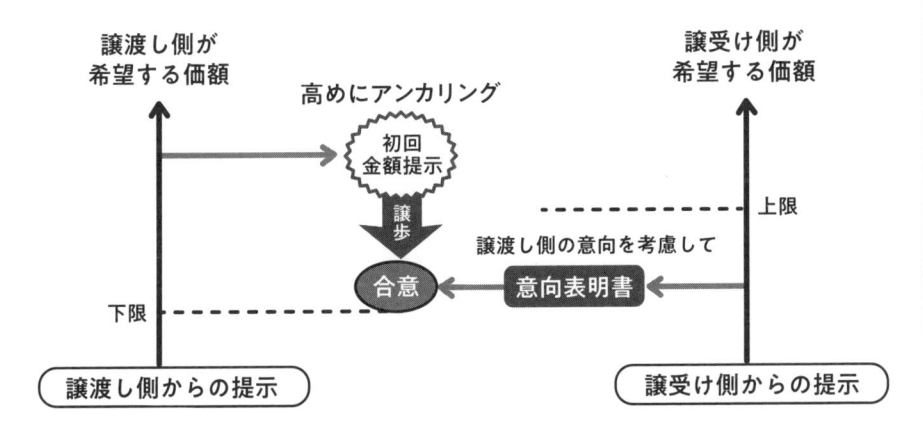

第6章

自社株式の
相続税評価

1. 株式評価の計算例 (1)

事例

　A社（電気機械器具製造業）の甲社長（75歳）は、長男の乙氏（45歳）への事業承継を考えており、所有する株式100%を乙氏に承継する方法について、事業承継支援の専門家であるあなたに相談してきました。A社の株式の評価額を計算してください。

（決算書）売上高8億円、総資産額12億円、資本金等8,000万円

（従業員数）30人

（実際の発行済株式総数）160,000株

（1株当たりの資本金等の額）500円（=8,000万円÷160,000株）

（比準要素）※1株当たりの資本金等の額を50円とした場合の金額

	A社	類似業種
1株50円当たりの年配当金額	3.8円	3.1円
1株50円当たりの年利益金額	23円	18円
1株50円当たりの簿価純資産価額	334円	192円

（類似業種株価）※1株当たりの資本金等の額を50円とした場合の株価

課税時期の属する月の平均株価	260円
課税時期の属する月の前月の平均株価	280円
課税時期の属する月の前々月の平均株価	285円
課税時期の前年の平均株価	265円
課税時期の属する月以前2年間の平均株価	270円

（資産及び負債）　　　　　　　　　　　　　　　　　　　　　　　（単位：円）

	相続税評価	帳簿価額		相続税評価	帳簿価額
流動資産	682,000,000	682,000,000	負債	437,000,000	437,000,000
固定資産	523,000,000	283,000,000			
合計	1,205,000,000	965,000,000	合計	437,000,000	437,000,000

※A社は特定の評価会社に該当していない。

（類似業種比準価額の計算式）

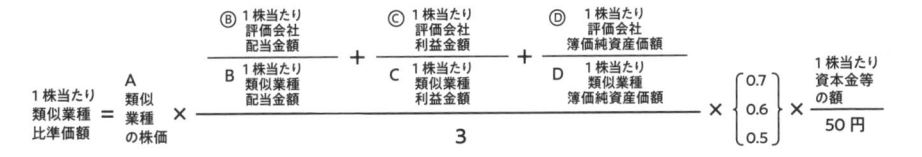

（純資産価額の計算式）

法人税等相当額 ＝
　{（相続税評価による資産－相続税評価による負債）－（帳簿価額による資産－相続税評価による負債）} × 37%

純資産価額 ＝
　（相続税評価による資産－相続税評価による負債－法人税相当額）÷ 実際の発行済株式数

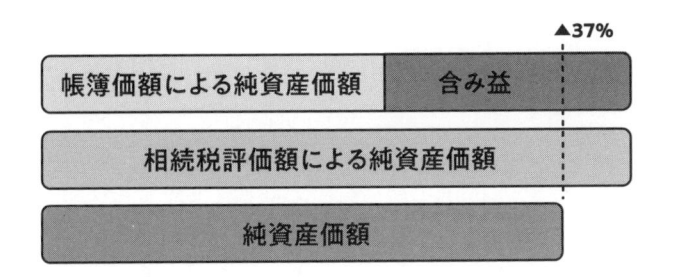

Ａ社の会社規模を判定してください。

Ａ社の類似業種比準価額を計算してください。

Ａ社の純資産価額を計算してください。

Ａ社の実際の発行済株式１株当たりの評価額を計算してください。

解説

···【問1】···

　会社規模の判定基準の1つは、従業員数基準です。従業員数が70人以上の会社はすべて「大会社」とし、従業員数が70人未満の会社は、①従業員数＆総資産基準、②取引金額基準の**いずれか大きい方**とします。

　A社は、売上高8億円、従業員数30人、総資産12億円です。①従業員数＆総資産基準に従いますと、製造業は「卸売業や小売・サービス業以外の会社」で総資産額12億円、従業員数30人ですから、総資産による判定の「中会社の大」と、従業員による判定の「中会社の中」のうち小さい方を選んで、「中会社の中」と判定されます。

　一方、②取引金額基準に従いますと、「卸売業や小売・サービス業以外の会社」、売上高8億円ですから、「中会社の大」と判定されます。

総資産価額（帳簿価額）			従業員数	年間の取引金額			会社規模とLの割合	類似業種の使用割合
卸売業	小売業サービス業	左記以外		卸売業	小売業サービス業	左記以外		
			70人以上				大会社	100%
20億円以上	15億円以上	15億円以上	35人超70人未満	30億円以上	20億円以上	15億円以上	大会社	
4億円以上20億円未満	5億円以上15億円未満	5億円以上15億円未満	35人超70人未満	7億円以上30億円未満	5億円以上20億円未満	4億円以上15億円未満	中会社の大 L=0.9	90%
2億円以上4億円未満	2.5億円以上5億円未満	2.5億円以上5億円未満	20人超35人以下	3.5億円以上7億円未満	2.5億円以上5億円未満	2億円以上4億円未満	中会社の中 L=0.75	75%
7,000万円以上2億円未満	4,000万円以上2.5億円未満	5,000万円以上2.5億円未満	5人超20人以下	2億円以上3.5億円未満	6,000万円以上2.5億円未満	8,000万円以上2億円未満	中会社の小 L=0.6	60%
7,000万円未満	4,000万円未満	5,000万円未満	5人以下	2億円未満	6,000万円未満	8,000万円未満	小会社	50%

1次判定：いずれか下位の区分を採用

2次判定：いずれか上位の区分を採用

　よって、①と②のいずれか大きい方を選択した結果、A社は**「中会社の大」**と判定されることになります。会社規模の判定は、類似業種比準価額の計算における斟酌率の選択や、最終的な株式評価額の計算における類似業種

比準価額と純資産価額の加重平均割合の選択に影響しますので、これを間違ってはいけません。

…【問2】……………………………………………………………………………………

類似業種比準価額は、配当、利益、純資産という3つの比準要素を使って計算を行います。まず、**各要素別比準割合**（= 対象会社の比準要素÷類似業種の比準要素）を計算しますが、ここで小数点第2位未満を切り捨てることがポイントとなります。

配当　3.8円÷3.1円=1.225…≒1.22
利益　23円÷18円=1.277…≒1.27
純資産334円÷192円=1.739…≒1.73

次に、計算式の分数の分母に「3」と書かれているので、これら3つの**比準要素の平均値**を計算します。ここでもまた小数点第2位未満を切り捨てることがポイントとなります。

比準割合の平均値
= (配当の比準割合 + 利益の比準割合 + 純資産の比準割合) ÷ 3
= (1.22+1.27+1.73) ÷ 3
= 1.406… ≒ 1.40

そして、類似業種株価と斟酌率を乗じることで、**1株当たりの資本金等の額50円とした場合の類似業種比準価額**を計算します。ここでも端数処理が発生しますが、10銭未満を切り捨てることがポイントとなります。

なお、類似業種株価については、課税時期の属する月平均、前月平均、前々月平均、前年度平均、以前2年間にわたる平均という5種類の株価の中から**最も低いもの**を選択します。また、斟酌率は、大会社 0.7、中会社 0.6、小会社 0.5 を乗じることとされています。

ちなみに、資本金等の額とは、資本金と資本準備金の合計額を言います。

1株当たりの資本金等の額 50 円とした場合の類似業種比準価額
　＝類似業種株価×比準割合の平均値×斟酌率
　＝最も低い 260 円×1.40 ×中会社 0.6
　＝218.40 円 ≒ 218.4 円

　最後に、**実際の 1 株当たりの類似業種比準価額**を計算します。ここでも端数処理が発生しますが、円未満を切り捨てることがポイントとなります。

　ここまで計算してきた株価は、 1 株当たり資本金等 50 円とした場合における類似業種株価をベースに計算してきました。しかし、最終的に計算したい株価は、評価会社が実際に発行する 1 株当たりの株価であり、それは 1 株当たり資本金等が 50 円というわけではありません。ここでの A 社の実際の発行済株式 1 株に対応する資本金等の額は 500 円です（=8,000 万円 ÷ 16 万株）。それゆえ、 1 株当たり資本金等が異なっているため、50 円に対応する株価から 500 円に対応する株価に換算しなければいけません。

$$218.4 \text{円} \times \frac{500}{50} = 2{,}184.0\cdots \text{円} ≒ 2{,}184 \text{円}$$

　以上の計算の結果、実際の発行済株式 1 株当たりの類似業種比準価額は **2,184 円**となりました。

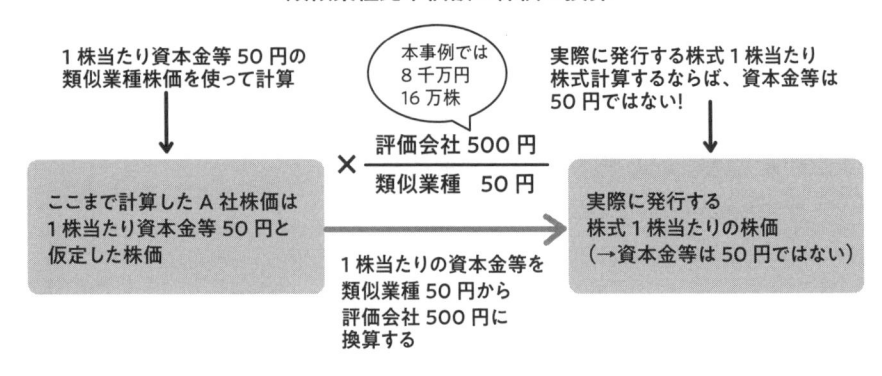

類似業種比準価額の株価の換算

1株当たり資本金等 50 円の
類似業種株価を使って計算

本事例では
8 千万円
16 万株

実際に発行する株式 1 株当たり
株式計算するならば、資本金等は
50 円ではない!

ここまで計算した A 社株価は
1 株当たり資本金等 50 円と
仮定した株価

$\times \dfrac{\text{評価会社 500 円}}{\text{類似業種 50 円}}$

実際に発行する
株式 1 株当たりの株価
(→資本金等は 50 円ではない)

1 株当たりの資本金等を
類似業種 50 円から
評価会社 500 円に
換算する

··· 【問 3】 ··

　純資産価額の計算では、含み損益が生じている資産または負債を把握しなければいけません。

　一般的に、含み損益が生じている可能性が高い資産は、以下の通りです。

- 取引所の相場のある有価証券
- 土地等（借地権を忘れないように注意！）
- 建物
- 保険積立金

　本事例では含み損益が資産全体の合計額として記載されていますので、個別の勘定科目ごとの含み損益は考慮しなくて構いません。

　相続税評価額に基づく純資産額が、帳簿価額に基づく純資産額を上回る部分は、評価差額として認識し、その37%（2024年8月現在）を法人税等相当額として、相続税評価額に基づく純資産額から控除します。

　　相続税評価額ベースの純資産額

　　　＝資産 1,205,000,000 円－負債 437,000,000 円

　　　＝ 純資産 768,000,000 円

帳簿価額ベースの純資産額

= 資産 965,000,000 円 − 負債 437,000,000 円

= 純資産 528,000,000 円

含み益の 37%（法人税等相当額）

=（768,000,000 円 − 528,000,000 円）× 37%

=88,800,000 円

純資産価額

= 相続税評価 768,000,000 円 − 88,800,000 円

=679,200,000 円

発行済株式 1 株当たりの純資産価額

=679,200,000 円 ÷ 16 万株

=4,245 円

　以上の計算の結果、実際の発行済株式 1 株当たりの純資産価額は 4,245 円となります。

⋯【問 4】⋯

　会社規模の区分に応じて、類似業種比準価額と純資産価額を加重平均して株式の評価額を計算します。中会社の大の場合、類似業種比準価額 0.9+純資産価額 0.1 で、純資産価額のほうが加重平均値よりも低い場合は純資産価額を使うことができます。

一般の評価会社

| 大会社 | : | 類似業種比準価額 と 純資産価額 のいずれか低い方 |

中会社の大 :〔 類似業種比準価額 ×0.9 ＋ 純資産価額 × 0.1 〕と 純資産価額 のいずれか低い方

中会社の中 :〔 類似業種比準価額 ×0.75 ＋ 純資産価額 ×0.25 〕と 純資産価額 のいずれか低い方

中会社の小 :〔 類似業種比準価額 ×0.6 ＋ 純資産価額 × 0.4 〕と 純資産価額 のいずれか低い方

小会社 :〔 類似業種比準価額 ×0.5 ＋ 純資産価額 × 0.5 〕と 純資産価額 のいずれか低い方

特定の評価会社

土地・株式の割合の高い会社や開業後 3 年未満の会社等* ：原則として 純資産価額

A 社は、類似業種比準価額が 2,184 円、純資産価額が 4,245 円ですから、

2,184 円 × 0.9+4,245 円 × 0.1=2,390.1 円 ≒ 2,390 円

（2,390 円 < 純資産価額 4,245 円であるため、加重平均値を使用します）

以上をまとめますと、株式評価の一連のプロセスは、以下の通りになります。

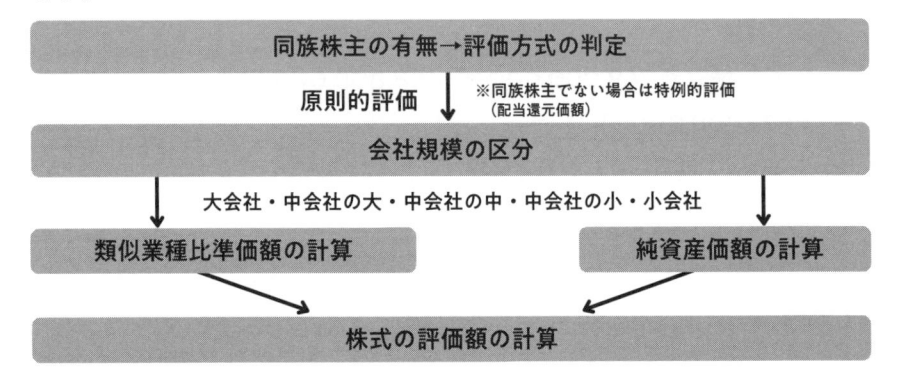

ここでは省略しましたが、同族株主の有無に基づく評価方式は、以下のフローチャートに従って判定します。

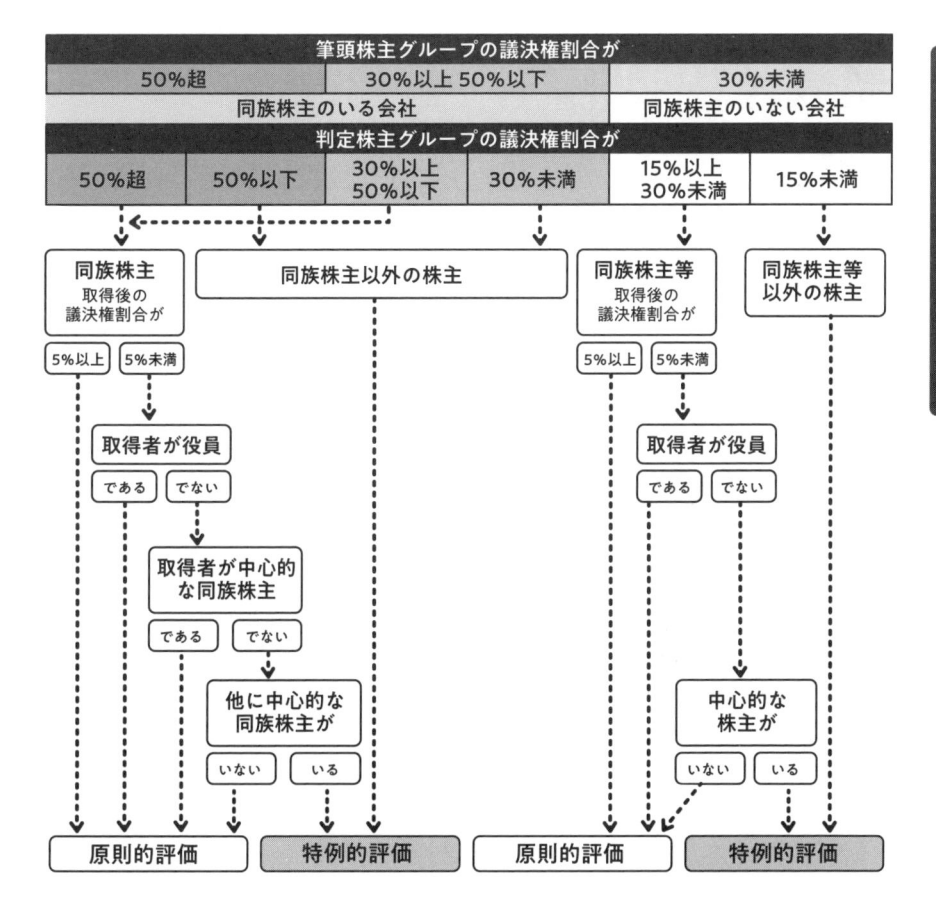

筆頭株主グループの議決権割合が					
50%超	30%以上50%以下			30%未満	
同族株主のいる会社				同族株主のいない会社	
判定株主グループの議決権割合が					
50%超	50%以下	30%以上50%以下	30%未満	15%以上30%未満	15%未満

　また、類似業種比準価額の類似業種株価及び類似業種の比準要素（配当、利益、純資産）は国税庁が公表しているため、インターネットを通じてその数値を調べることになります。その際、対象会社の正確な業種目の判定が問題となりますが、国税庁の類似業種を調べる前に、総務省の「日本標準産業分類」の表を使って判定すればよいでしょう。ここでは国税庁よりも詳細な分類が行われているからです。「日本標準産業分類」に従って業種目を判定することができれば、同様に公開されている国税庁の類似業種比準価額の業種目との対比表を使って、国税庁のどの類似業種に該当しているか、調べるとよいでしょう。

総務省の Web サイトに掲載してある
「日本標準産業分類」から探し出します。

大分類コード	中分類コード	小分類コード	
C	0	0	鉱業、採石業、砂利採取業
C	5	0	鉱業、採石業、砂利採取業
C	5	50	管理、補助的経済活動を行う事業所（05 鉱業、採石業、砂利採取業）
C	5	50	主として管理事務を行う本社等
C	5	50	その他の管理、補助的経済活動を行う事業所
C	5	51	金属鉱業
C	5	51	金・銀鉱業
C	5	51	鉛・亜鉛鉱業
C	5	51	その他の金属鉱業
C	5	51	鉄鉱業
C	5	52	石炭・亜炭鉱業
C	5	52	石炭鉱業（石炭選別業を含む）
C	5	52	亜炭鉱業
C	5	53	原油・天然ガス鉱業
C	5	53	原油鉱業
C	5	53	天然ガス鉱業
C	5	54	採石業、砂・砂利・玉石採取業
C	5	54	花こう岩、同類似岩石採石業
C	5	54	石英粗面岩、同類似岩石採石業
C	5	54	安山岩、同類似岩石採石業
C	5	54	大理石採石業
C	5	54	ぎょう灰岩採石業
C	5	54	砂岩採石業
C	5	54	粘板岩採石業
C	5	54	砂・砂利・玉石採取業
C	5	54	その他の採石業・砂利・玉石採取業

国税庁の対比表で、規模判定の業種と
類似業種を調べます。

(別表)日本標準産業分類の分類項目と
　　　類似業種比準価額計算上の業種目との対比(平成 29 年分)

日本標準産業分類の分類項目			類似業種比準価額計算上の業種目		番号	規模区分を判定する場合の業種
大分類			大分類			
	中分類			中分類		
		小分類			小分類	
A　農業、林業						
	01　農業		その他の産業		113	卸売業、小売・サービス業以外
		011　耕種農業				
		012　畜産農業				
		013　農業サービス業（園芸サービス業は除く）				
		014　園芸サービス業				
	02　林業					
		021　育林業				
		022　素材生産業				
		023　特用林産物生産業（きのこ種の栽培は除く）				
		024　林業サービス業				
		029　その他の林業				
B　漁業						
	03　漁業（水産養殖業は除く）		その他の産業		113	卸売業、小売・サービス業以外
		031　海面漁業				
		032　内水面漁業				
	04　水産養殖業					
		041　海面養殖業				
		042　内水面養殖業				
C　鉱業、採石業、砂利採取業						
	05　鉱業、採石業、砂利採取業		その他の産業		113	卸売業、小売・サービス業以外
		051　金属鉱業				
		052　石炭・亜炭鉱業				
		053　原油・天然ガス鉱業				
		054　採石業、砂・砂利・玉石採取業				
		055　窯業原材料鉱物鉱業（耐火物・陶磁器・ガラス・セメント原材料に限る）				
		059　その他の鉱業				

2. 株式評価の計算例（2）

事 例

　B 社（金属製品製造業）の甲社長（75 歳）は、長男の乙氏（45 歳）への事業承継を考えており、所有する株式 100% を乙氏に承継する方法について、事業承継支援の専門家であるあなたに相談してきました。B 社の株式の評価額を計算してください。

（従業員数）15 人
（総資産額）6 億円
（資本金等の額）5,000 万円
（株主構成）※佐藤氏は取引先の社長であり、同族関係者ではない。

	甲社長との関係	所有株式数
甲社長	本人	70,000 株
甲の妻	配偶者	10,000 株
乙氏	子ども	10,000 株
佐藤氏	－	10,000 株
発行済株式総数		100,000 株

　（1 株当たりの資本金）500 円（=5,000 万円 ÷ 100,000 株）

（比準要素）※ 1 株当たりの資本金等の額を 50 円とした場合の金額

	A 社	類似業種
1 株 50 円当たりの年配当金額	（ a ）円	5.5 円
1 株 50 円当たりの年利益金額	（ b ）円	27 円
1 株 50 円当たりの簿価純資産価額	410 円	372 円

（類似業種株価）※1株当たりの資本金等の額を50円とした場合の株価

課税時期の属する月の平均株価	302円
課税時期の属する月の前月の平均株価	287円
課税時期の属する月の前々月の平均株価	291円
課税時期の前年の平均株価	257円
課税時期の属する月以前2年間の平均株価	272円

（過去3年間の決算）

	売上高	所得金額	配当金額
直前期	2億3,000万円	3,900万円	400万円
直前々期	2億1千万円	（注）4,400万円	600万円
直前々期の前期	2億8,000万円	3,500万円	500万円

（注）非経常的に発生する特別利益として固定資産売却益700万円が含まれている。

※B社は特定の評価会社に該当していない。

（類似業種比準価額の計算式）

$$1株当たり類似業種比準価額 = A 類似業種の株価 \times \cfrac{\cfrac{ⓑ \, 1株当たり評価会社配当金額}{B \, 1株当たり類似業種配当金額} + \cfrac{ⓒ \, 1株当たり評価会社利益金額}{C \, 1株当たり類似業種利益金額} + \cfrac{ⓓ \, 1株当たり評価会社簿価純資産価額}{D \, 1株当たり類似業種簿価純資産価額}}{3} \times \begin{Bmatrix} 0.7 \\ 0.6 \\ 0.5 \end{Bmatrix} \times \cfrac{1株当たり資本金等の額}{50円}$$

···【問1】···

B社の会社規模を判定してください。

···【問2】···

B社の1株当たりの資本金等の額を50円とした場合、1株（50円）当たり年配当金額および利益金額を計算してください。

B社の類似業種比準価額を計算してください。

B社の純資産価額を5,120円とした場合、株式1株当たりの評価額を計算してください。

甲社長は所有する70,000株すべてを**現物出資**することによって、持株会社を新設しようと考えました。持株会社に出資される株式の評価額を計算してください。

···**【問1】**·····································

　会社規模の判定基準の1つは、従業員数基準です。従業員数が70人以上の会社はすべて「大会社」とし、従業員数が70人未満の会社は、①従業員数＆総資産基準、②取引金額基準の**いずれか大きい方**とします。

　B社は、売上高2億3,000万円、従業員数15人、総資産6億円です。①従業員数＆を総資産基準に従いますと、製造業は「卸売業や小売・サービス業以外の会社」で総資産額6億円、従業員数30人ですから、総資産による判定の「中会社の大」と、従業員による判定の「中会社の小」のうち小さい方を選んで、「中会社の小」と判定されます。

総資産価額（帳簿価額）			従業員数	年間の取引金額			会社規模とLの割合	類似業種の使用割合
卸売業	小売業サービス業	左記以外		卸売業	小売業サービス業	左記以外		
			70人以上				大会社	100%
20億円以上	15億円以上	15億円以上	35人超70人未満	30億円以上	20億円以上	15億円以上	大会社	
4億円以上20億円未満	5億円以上15億円未満	5億円以上15億円未満	35人超70人未満	7億円以上30億円未満	5億円以上20億円未満	4億円以上15億円未満	中会社の大 L=0.9	90%
2億円以上4億円未満	2.5億円以上5億円未満	2.5億円以上5億円未満	20人超35人以下	3.5億円以上7億円未満	2.5億円以上5億円未満	2億円以上4億円未満	中会社の中 L=0.75	75%
7,000万円以上2億円未満	4,000万円以上2.5億円未満	5,000万円以上2.5億円未満	5人超20人以下	2億円以上3.5億円未満	6,000万円以上2.5億円未満	8,000万円以上2億円未満	中会社の小 L=0.6	60%
7,000万円未満	4,000万円未満	5,000万円未満	5人以下	2億円未満	6,000万円未満	8,000万円未満	小会社	50%

1次判定：いずれか下位の区分を採用

2次判定：いずれか上位の区分を採用

　一方、②取引金額基準に従いますと、「卸売業や小売・サービス業以外の会社」、売上高2億3,000万円ですから、「中会社の中」と判定されます。

　よって、①と②のいずれか大きい方を選択した結果、B社は**「中会社の中」**と判定されることになります。

 1株当たりの資本金等の額を 50 円とした場合の株式数とは、評価会社の資本金等の額を 50 円で除した数をいいます。これは類似業種株価や類似業種の比準要素を計算するときに使う株式数です。

　　資本金等 50,000,000 円÷@50 円 =1,000,000 株

 これは、**評価会社が実際に発行する株式総数**とは異なる概念ですので注意が必要です。

1株当たりの資本金額等の額を 500 円とした場合の発行済株式数 （評価会社が実際に発行する株式総数）	100,000 株
1株当たりの資本金額等の額を 50 円とした場合の発行済株式数 （類似業種の計算を行うために使う株式数）	1,000,000 株

 1株当たりの資本金等の額を 50 円とした場合の比準要素（配当、利益、純資産）とは、評価会社の比準要素を、1株当たりの資本金等の額を 50 円とした場合の発行済株式数で除して計算したものです。

　　1株（50 円）当たりの配当 = 評価会社の配当金額÷ 1,000,000 株
　　1株（50 円）当たりの利益 = 評価会社の利益金額÷ 1,000,000 株

 1株（50 円）当たりの配当金額は、直前期末以前 2 年間の平均額を、直前期末における、1株当たり資本金等を 50 円とした場合の発行済株式数で除して計算します。直前期、2 年間平均額のうち低いほうを選択できるわけではありません。**配当については、2 年間平均額の選択が強制されています。**

　　（400 万円＋600 万円）÷ 2 ＝500 万円

【平均強制】

> 500万円÷（1株50円）1,000,000株＝@5.0円

※ 1,000,000株は、実際に発行された株式数ではなく、1株当たり資本金等50円で計算した株式数です。

　一方、1株（50円）当たりの利益金額は、直前期、直前期末以前2年間平均額のうち低いほうの金額を、直前期末における、1株当たり資本金等を50円とした場合の発行済株式数で除して計算します。**利益については、低いほうの金額を選択することができます。**また、非経常的に発生する特別利益は、利益金額に含めません。

　　　直前期 3,900万円
　　　直前前期 4,400万円－特別利益 700万円＝3,700万円
　　　2年間平均額（3,900万円＋3,700万円）÷2＝3,800万円

　よって、3,800万円＜3,900万円であるので、低いほうの2年間平均額を選択します。

【選択可能】

> 3,800万円÷（1株50円）1,000,000株＝@38円

※ 1,000,000株は、実際に発行された株式数ではなく、1株当たり資本金等50円で計算した株式数です。

···**【問3】**··

　以上の結果、比準要素がすべて算出できましたので、類似業種比準価額を計算することができます。比準割合の平均値は以下の通りです。

　　　配当　5.0円÷5.5円＝0.909 … ≒ 0.90
　　　利益　38円÷27円＝1.407 … ≒ 1.40

純資産 410 円 ÷ 372 円 = 1.102 … ≒ 1.10

比準割合の平均値

= (0.90+1.40+1.10) ÷ 3

= 1.133 … ≒ 1.13

そして、**類似業種比準価額**を計算します。

1 株当たりの資本金等の額 50 円とした場合の類似業種比準価額

= 類似業種株価×比準割合の平均値×斟酌率

= 最も低い 257 円× 1.13 ×中会社 0.6

=174.246 円 ≒ 174.2 円

実際に発行する株式 1 株当たりの類似業種比準価額

= 174.2 円× $\dfrac{500 \text{円}}{50 \text{円}}$ = 1,742.0…円 ≒ 1,742 円

以上の計算の結果、発行済株式 1 株当たりの類似業種比準価額は **1,742 円**となりました。

…【問４】…

「中会社の中」の場合、類似業種比準価額 0.75＋純資産価額 0.25 と加重平均して計算しますが、純資産価額のほうが加重平均値よりも低い場合は純資産価額を使うことができます。

一般の評価会社

大会社	：	類似業種比準価額 と 純資産価額 のいずれか低い方

中会社の大 ： 〔 類似業種比準価額 ×0.9 ＋ 純資産価額 × 0.1 〕と 純資産価額 のいずれか低い方

中会社の中 ： 〔 類似業種比準価額 ×0.75 ＋ 純資産価額 ×0.25 〕と 純資産価額 のいずれか低い方

中会社の小 ： 〔 類似業種比準価額 ×0.6 ＋ 純資産価額 × 0.4 〕と 純資産価額 のいずれか低い方

小会社 ： 〔 類似業種比準価額 ×0.5 ＋ 純資産価額 × 0.5 〕と 純資産価額 のいずれか低い方

特定の評価会社

土地・株式の割合の高い会社や開業後 3 年未満の会社等※ ： 原則として 純資産価額

Ｂ社は、類似業種比準価額が 1,742 円、純資産価額が 5,120 円ですから、

1,742 円 × 0.75＋5,120 円 × 0.25＝2,586.5 円 ≒ 2,586 円

(2,586 円 ＜ 純資産価額 5,120 円であるため、加重平均値を使用します)

…【問５】…

持株会社へ非上場株式を現物出資する場合、税務上、オーナー個人から法人へ株式が譲り渡したものとして取り扱われます。この場合、株式は、相続税評価ではなく、**法人税法上の時価**によって評価することが基本となります。

法人税法上の時価の、原則的な計算方法は、法人税法基本通達 9-1-13《上場有価証券等以外の株式の価額》に規定されていますが、ほとんどケースはその特例として規定されている法人税法基本通達 9-1-14《上場有価証券等以外の株式の価額の特例》を適用し、相続税法上の時価を援用した計算方法を使うこととなります。

すなわち、純資産価額の計算において、法人税等相当額を相続税評価額の計算上は控除しますが、法人税法の計算上は控除しません。また、土地

の評価について、相続税評価ではなく通常の取引価額（市場価格）によることとなります。そして、類似業種比準価額と純資産価額の加重平均については、0.5+0.5（小会社に該当する場合の計算方式）によって計算することとなります。

　本事例のＢ社の株式は、類似業種比準価額が 1,742 円、純資産価額が 5,120 円ですから、相続税評価を行う場合は、0.75+0.25 で加重平均して 2,586 円でした。しかし、株式を持株会社へ譲渡する場合は、法人税法上の時価を使うことになり、以下のように、0.5+0.5 で加重平均して株式評価を行うことになります。

$$1,742 \text{円} \times 0.5 + 5,120 \text{円} \times 0.5 = 3,431 \text{円}$$

※ 法人税法上の時価は必ず 0.5 で平均値を算出するので、純資産価額との比較は行いません。

著者紹介

岸田 康雄 (きしだ やすお)

公認会計士、税理士、1級ファイナンシャル・プランニング技能士、中小企業診断士、宅地建物取引士、国際公認投資アナリスト (日本証券アナリスト協会認定)、行政書士。一橋大学大学院修了。中央青山監査法人 (PwC) にて事業会社、都市銀行、投資信託等の会計監査および財務デュー・ディリジェンス業務に従事。その後、三菱 UFJ 銀行ウェルス・マネジメント営業部、みずほ証券グローバル投資銀行部門、日興コーディアル証券企業情報部、メリルリンチ日本証券プリンシパル投資部門、税理士法人に在籍し、個人の相続対策から大企業のM&A まで幅広い資産承継と事業承継をアドバイスした。

現在、相続税申告を中心とする税理士業務、中小企業に対する事業承継コンサルティング業務を行っている。

日本公認会計士協会中小企業施策調査会「事業承継支援専門部会」委員。平成 28 年度経済産業省中小企業庁「事業承継ガイドライン」委員、東京都中小企業診断士協会中央支部「事業承継支援研究会」代表幹事。

著書には、「税理士・金融マンのための ChatGPT Plus 活用法」、「富裕層のための相続税対策と資産運用」、「中小企業の両利きの経営」、「事業承継ガイドライン完全解説」、「専門家のための事業承継入門」、「プライベート・バンキングの基本技術」、「プライベートバンカー試験受験対策問題集」、「信託 & 一般社団法人を活用した相続対策ガイド」、「資産タイプ別相続生前対策パーフェクトガイド」、「事業承継・相続における生命保険活用ガイド」、「税理士・会計事務所のための M&A アドバイザリーガイド」、「証券投資信託の開示実務」などがある。

事例研究

事業承継・M&A 支援ガイドブック

発行日	2024 年 11 月 20 日
著　者	岸田 康雄
発行者	橋詰 守
発行所	株式会社 ロギカ書房
	〒 101-0062
	東京都千代田区神田駿河台 3-1-9
	日光ビル 5 階 B-2 号室
	Tel 03 (5244) 5143
	Fax 03 (5244) 5144
	http://logicashobo.co.jp/
印刷所	モリモト印刷株式会社

978-4-911064-13-9　C2034

■M&A の統合プロセスを成功に導く、プロが装備すべきスキルとは！
■顧客に信頼されるための一冊！

専門家のための
中小 PMI
実践ガイドブック

事業承継コンサルティング研究会　編
A5 版・272 頁・並製・定価：3,080 円（税込）

【主要目次】
第1章　M&A と PMI の概要　　　第2章　中小 PMI の進め方
第3章　経営の統合　　　　　　　第4章　事業機能の統合
第5章　管理機能の統合

■今、話題の経営手法を中小企業向けに、中小企業診断士・弁護士・会計士が
　実践的に解説！
■「既存事業の深掘り」「新規事業の探索」、中小企業だって〝両利きの経営〟
　を実践できる！

中小企業の
両利きの経営
未来を創る 10 の視点

事業承継コンサルティング研究会　編
A5 版・288 頁・並製・定価：3,080 円（税込）

【主要目次】
第1部　基本編　土台となる考え方　　両利きの経営とは/成長戦略/従業員の巻き込み/・・・
第2部　4つの視点　　　新規事業の創出/事業再構築/第二創業/DX 戦略
第3部　外部連携・M&A　　フランチャイズによる新規事業/M&A で探索を加速